城市突发事件应急管理及调度优化

杨 枫 著

科 学 出 版 社
北 京

内 容 简 介

本书探讨城市突发事件情境下应急救援的处理机制，重点讨论应急救援时伤员运送和手术调度的问题，以及应急救援物资的协同调度和检伤、转运与手术协同调度问题。全书共 6 章，第 1 章系统讨论城市突发事件特征以及国内外的研究现状；第 2 章是理论基础，介绍突发事件应急救援车辆路径选择研究、应急手术调度研究、伤员检伤和分类问题、不确定理论、深度学习和启发式群智能算法；第 3 章重点探讨城市突发事件中伤员的检伤识别与分类；第 4 章针对伤员转送问题，探讨应急救援车辆的调度及动态路径选择问题的优化；第 5 章探讨城市突发事件情境下的手术调度问题；第 6 章讨论城市突发事件下应急物资协同调度和检伤、转运与手术协同调度问题。

本书可供高等学校从事应急管理、人工智能与计算机科学、信息科学与工程等相关专业的师生及科技人员参考。

图书在版编目（CIP）数据

城市突发事件应急管理及调度优化/杨枫著. —北京：科学出版社，2023.9

ISBN 978-7-03-076013-5

Ⅰ. ①城… Ⅱ. ①杨… Ⅲ. ①城市管理-突发事件-应急对策-研究 Ⅳ. ①D035.29

中国国家版本馆 CIP 数据核字（2023）第 130552 号

责任编辑：滕 云 范培培 / 责任校对：崔向琳

责任印制：赵 博 / 封面设计：蓝正设计

科学出版社 出版

北京东黄城根北街 16 号

邮政编码：100717

http://www.sciencep.com

北京富资园科技发展有限公司印刷

科学出版社发行 各地新华书店经销

*

2023 年 9 月第 一 版 开本：720×1000 1/16

2024 年 5 月第二次印刷 印张：11 1/2

字数：232 000

定价：98.00 元

（如有印装质量问题，我社负责调换）

前　　言

城市突发事件具有突发性、难以预见性和破坏性，有可能会造成大量人员伤亡，并且由于城市建筑物和道路布局的限制，事故发生后会加剧交通路网拥堵，给救援工作带来非常大的困难。在这种情况下，充分考虑各种不确定因素，对突发事件的高效处理显得尤为重要，而高效处理突发事件的关键就是应急救援如何做到用时最短和效率最高，显然，问题的焦点是如何做到对伤员快速有序运送和快捷手术调度。城市突发事件应急管理的研究，立足于城市自身突发事件的特点和应急需求，是提升城市处置突发事件能力的核心要务，也是增强城市科学决策水平的需要。

本书以城市突发事件为背景，针对突发事件发生后伤员检伤分类、救援车辆转送和应急手术调度等问题展开研究，主要内容如下。

(1) 突发事件发生后，需要及时对受伤人员进行救援处置，本书介绍国内检伤分类的等级和标识，以及国际上流行的检伤分类方法——模糊定性法和定量评分法，并提出将两种方法结合的思想：先使用模糊定性法初步筛查，再对筛查出来的重度伤员和中度伤员使用定量评分法准确分类。针对伤员较多、现场混乱的情况，本书提出开辟检伤分类场，为了提高检伤速度，建立伤员检伤分类排队模型，并用模拟实例验证模型的有效性。最后，本书分析我国城市突发事件应急管理体制存在的问题，并给出对策。

(2) 对于城市中存在多事故点、有限条到达路径，并且事故状态在时刻演变的情况，针对突发事件演变的不确定性，本书构建事故演变情况下救援需求的马尔可夫模型，并利用改进的花朵授粉算法对模型进行优化求解。除此之外，对应急救援车辆的行驶路径进行优化，以车辆的行程时间最短为路径优化目标，建立路径行程时间函数，采用路径可靠度进行衡量，并构建动态最优路径选择两阶段目标优化模型。

(3) 针对城市突发事件中产生大量伤病员的情况，研究提高应急手术的效率，尽可能有效地利用有限的医疗资源，并将应急手术调度问题看作存在并行机的流水车间调度问题。这个问题的具体思路是，首先，考虑医生长时间工作的疲劳效应，对批量手术调度进行建模。其次，针对应急手术存在的不确定性问题，使用三参数区间灰数和四参数区间灰数来描述不确定手术时间和不确定手术结束期，并建立灰色手术调度模型，引入可能性测度和必然性测度，定义手术的拖期可信度指标，提出不确定结束拖期优化目标。最后，建立灰色混合整数规划模型。

(4) 研究城市突发事件下应急物资协同调度和检伤、转运与手术协同调度问题，构建外地支援层、外围集结层、内部自救层和灾害事故层四层物资调度网络，建立两阶段数学模型，并提出应急救援协同调度的救援链网络，考虑伤员到达检伤分类场的时间不同和运载车辆运力不同等约束因素下的检伤分类、运输和手术协同调度问题，以最小化救援链流程的总时间跨度为目标，建立混合整数规划模型，并给出两阶段算法。

本书的内容充实了突发事件下应急救援体系的理论基础，丰富了城市公共安全体系中应急救援的研究框架，构建的应急救援物资四层网络调度模型和三级救援链调度协同理论，拓宽了应急救援的应用范围和研究视野，对突发事件的研究具有一定的理论价值和现实意义。

本书得到教育部人文社会科学研究青年基金(18YJCZH216)，河南省哲学社会科学规划项目(2021BZH009)，河南省重点研发与推广专项(科技攻关)项目(202102310637)、(软科学研究)项目(222400410477)，河南中医药大学博士科研基金(BSJJ2020-11)资助。

由于作者水平有限，书中难免存在不妥之处，恳请广大读者、同行与专家批评指正。

杨　枫

2022 年 3 月

目　　录

第1章 绪　论

1.1 研究背景

全球经济一体化是当今社会经济发展的主旋律，其发展的趋势是世界格局的多极化。多极化的特征是各方关系错综复杂，各种矛盾层出不穷，复杂多变的潜在威胁随时会转变成常态化的突发事件，再加上有些人一味追求利益最大化，漠视了自然和事物发展的基本规律。因此经济发展所伴随的负面影响就是环境恶化、自然灾害和突发灾害的发生。突发灾害在危害公共安全的同时，对社会的稳定和经济的发展也带来了极大的损害。此外，过度城市化的弊端也慢慢显现，城市突发事件发生频率增加。一直以来，城市化被认为是我国扩大内需的最大潜力，是未来经济增长的发动机。然而，一些地方政府过度追求 GDP，城市化常常被误读为城市投资、城市建设，所以造成“摊大饼”式的城市扩张。对于城市化，如果只谈其对经济增长的贡献，而不谈城市体制改革问题，其必然结果就是以土地为核心的粗放式城市建设为主要目标，城市的内涵建设得不到重视，城市的配套管理就会被忽略。城市化是中国发展的重头戏，它背负着扩大内需、拉动增长的重任，但是城市化不能是土地的城市化，而是人的城市化。党的十八届三中全会明确提出了“新型城镇化”概念，运用科学的发展观来引导城市化发展，围绕如何提升城市化的质量做文章，善于利用优势，规避劣势，推动城市向着健康有序的方向发展，不论城市的规模有多大，都需要合理布局，与当地的经济产业发展密切结合，与资源环境承载能力相适应。

城市突发事件指的是在城市中由于无法准确预测或者没有监测而突然发生的、危害人民群众生命财产安全和公共利益的意外事件。它的特征是突发性、复杂性、破坏性、可控性、可变性和信息的有限性。近几年来，我国某些城市爆发了一些突发事件，给社会的发展稳定带来了不良影响，给公共安全带来了威胁。例如，2013 年 11 月 22 日凌晨 3 点，在青岛市黄岛区秦皇岛路和斋堂岛街交会处发生一起严重的突发事件，导致输油管线破裂，斋堂岛街大约 1000 平方米路面被原油污染，部分原油甚至顺着雨水管线流入胶州湾，海面过油面积高达 3000 平方米。虽然事件发生后黄岛区安排专业人员在海面设置了围油栏，但是在当日上午 10 点 30 分左右，输油管线破裂的地方发生爆燃，与此同时，入海处的过油海面也发生了爆燃。初步分析可能是由于泄漏的原油渗入市政管网(地下雨水排污管)，而工人对网管进行清洁时引发爆炸所导致。此次事件造成 62 人死亡，136 人受伤，直接经济损失 75172 万元[1]。2014 年 12 月 31 日晚，大量群众在上海外滩地区参加跨年庆祝，由于人员过多，现场极度混乱，出现了严重的踩踏事件[2]，即便当时政府已经公告不再举行跨年活动，但是依旧有大量的人自发会聚于此。狭小的空间，超出限度的人流量，再加上预警不力，应对措施不当，导致出现了恶劣事件。截至 2015 年 1 月 2 日，此次踩踏事件夺走了 36 人的生命，另有 49 人不同程度受伤。2015 年 8 月 12 日，天津港国际物流中心区域内瑞海公司危险品仓库发生特大火灾爆炸事故[3]。爆炸事故造成 165 人遇难，其中包括 99 名消防人员，798 人受伤。

这几起突发事件给政府敲响了警钟，分析事件发生的原因，寻找城市发展的本质内涵，构建突发事件应急管理体系是当前我们需要重点思考的问题。城市突发事件相比其他突发事件有着不一样的特征，首先是城市人口集中，人口分布密度较大。改革开放以来，农村人口大量涌入城市，形成了独特的农民工群体。城市人口增多一方面给城市带来更多的劳动力，增强了城市的活力，另一方面也给城市的管理带来了压力。首先，城市的配套设施，比如医疗、教育、交通等资源跟不上城市人口增长的幅度，提供服务的能力出现瓶颈问题，提高了城市发生突发事件的概率。其次是城市建筑物密集，交通路网复杂，城市保有车辆逐年增多，交通堵塞情况时有发生。这种情况的直接后果就是一旦发生了突发事件，城市区域交通阻塞情况会更加严重，给救援工作带来极大困难。

《中华人民共和国突发事件应对法》明确指出，突发事件是指突然产生，造成或可能造成严重社会危害，需要采取应急处理措施予以应对的自然灾害、事故灾难、公共卫生事件和社会安全事件[4]。该法规还提出，相关部门对可能出现的突发事件，必须及时向当地政府的相关机构上报；突发事件发生后，政府必须快速疏散、撤离并妥善安置受到影响的群众，并启动相应的救助机制，快速查找并控制危险源，划分危险范围，封锁危险区域，必要时要实行交通管制等相关措施。《国家突发公共事件总体应急预案》指出，突发事件的特征为突然出现，可能会造成重大人员伤亡、财产损失、环境破坏与严重的社会危害，影响公共安全[5]。突发事件应急管理指政府及其相关机构对此类事件实施的发生前预警、发生时积极应对、发生后认真处理与善后恢复的过程，借助有效的应对机制，实施必要的手段，运用信息技术等措施，保障人民群众的生命财产安全，维护社会健康有序发展的相关活动[6]。突发事件发生之后，政府部门应该依据相关的法律法规，积极动员社会各界力量加入进来，征调所有能够使用的人力、物力以及财力，积极面对。社会应急机构建立应急制度、应急网络、应急决策，并激活应急管理系统。它的意义体现于能够快速反馈、最大限度做好预案、高效处理、积极善后，从而最大限度地降低事件带来的破坏与影响，最大限度降低给群众的生命财产造成的损失。

城市突发事件出现后，第一需要考虑的是如何快速实施应急响应，减少群众的伤亡与财产的损失。因此，稳定受灾群众的心理，避免受灾人员及其家属的恐慌是首先需要考虑的问题，只有稳定住群众的情绪，才能控制事态的进一步发展，有条不紊地开展应急救援工作。第二，救援车辆和救灾物资及时到达事故现场也是非常重要的问题。生命救援有黄金 72 小时法则，救援力量越早到达救援现场，越能更多地救治伤员。但是城市道路空间狭小，突发事件造成的恐慌可能会使去往救援现场的道路阻塞，而且由于突发事件还会衍生许多不确定的次生灾害，这无形中给救援车辆去往受灾区域带来更多的不确定性，因此，对救援车辆的合理调度显得尤为重要。第三，救援人员到达救援现场后，需要对伤员的伤情进行检伤识别和分类，对于轻伤伤员采取现场救治的方式，对于危重伤员必须立即进行转运，运送到医疗机构进行手术治疗。第四，在医疗资源有限，医疗需求急剧增加的情况下，合理利用医疗资源，科学调度伤员的手术流程非常重要。如何突破资源瓶颈，提高医院手术室的利用效率，这也是急需研究的课题。第五，合理高效地协调整个应急救援过程，实现由救援现场到伤员转运，再到医院手术的整个流程的协同统一，是城市突发事件应急管理的核心，也是检验政府在应急管理中是否高效和科学的主要依据。

总体来讲，城市突发事件有着其他灾害事件不同的特征，涉及的事故场景有着高度的不确定性，因此，研究的方法和思路必须要区别于普通的路径规划和调度策略，必须要更多考虑事件的不确定性、事态演变的模糊性和伤员群体的心理变化。本课题以我国情境下的城市突发事件为背景，基于人的行为、博弈论、排序论和最优化理论，针对突发事件中伤员的群体行为和对伤员的伤情识别分类等问题，研究不确定情况下救援资源的调配、救援车辆的配送和应急手术等课题，以期能够给城市应急管理者提供一定的决策依据和建议。

1.2 研究意义

城市突发事件具有突发性、难以预见性和破坏性，会造成事件发生后人员伤亡数量多、施救路网拥堵，还会造成公众的恐慌心理。合理高效的突发事件应急处理机制是每个城市必须重点研究的课题。处理机制必须考虑尽可能快地对受灾群众进行施救，将受伤群众从受灾现场转运到医院，并进行手术的整个流程，最重要的就是如何科学地实现伤员转运和手术调度。城市突发事件应急管理的研究，建立在城市本身内涵建设的基础上，源于应急形势发展的迫切需要，是提升城市处置突发事件能力的必然要求，也是提升城市科学决策水平的需要。

本课题通过分析城市突发事件情况下应急救援机制的基本特点，考虑突发状态下各种不确定因素，研究救护车辆调度和医院手术调度的统一协调配合，借助供应链的思想，构建满足需求的应急救援车辆调度模型和手术调度模型，为应急救援车辆选择快速合理的出救路线，为有限资源条件下的手术过程建立合理的调度策略，为城市突发事件应急救援工作提供理论依据和技术支持。本课题的理论研究意义在于：①通过对现有应急管理模式的分析，结合城市的地理特点和社会因素，为构建针对城市的应急管理体系提供案例参考和数据依托；②通过对伤员转运的车辆路径规划和医院应急手术的协同调度研究，丰富了不同部门联合应急调度管理体系的理论基础。本课题的应用意义在于：①针对突发事件发生后的实际情况，建立了不确定模式下的资源调度策略，为应急管理部门提供了很好的借鉴，方便其更好地开展救援工作；②针对医院医疗资源有限的情况，提供了一种应急手术调度模式，并考虑了各种不确定性，构建了灰色调度模型，为医院的批量手术过程提供了有益的指导。

1.3 国内外研究现状及评述

城市集中了各种资源，是国家或地区的政治、文化和经济中心，具有建筑物密集与人口密度大的特点。城市里社会活动和经济行为频繁，土地与环境资源的承载压力较大，一旦出现突发事件，遭受的损失相比其他地方要更大更严重。因此，城市突发事件的应急管理与社会安定、经济发展以及人民群众的生活息息相关，同时也是评价政府管理水平的关键指标之一。本节从五个不同方面对城市突发事件应急管理的研究现状进行分析，即城市突发事件的应急管理研究、应急救援车辆路径选择和调度优化研究、应急手术调度及其优化研究、应急车辆的伤员转运与手术协同调度研究和应急调度中的不确定问题研究。

1.3.1 城市突发事件应急管理研究现状

应急管理是突发事件的应对和处置，国内外针对应急管理的研究非常丰富，很多学者阐述了不同的观点，并对应急管理的内涵做了解释说明。通过对大量文献的总结和归纳，应急管理的内涵体现在以下两个方面。首先，应急管理应该符合管理“经典的五个要素”标准，即计划、组织、领导、协调、控制；其次，突发事件是应急管理的目标。因此，在应急管理中必须要考虑事件突发的特点，研究突发事件的内在规律。

突发事件的发展过程由多个阶段组成，对于事件的进程划分，宋英华[7]认为突发事件应急管理过程应包括应急救援、应急资源配置、应急管理能力评估、应急管理模式和管理网络化发展等。对于应急管理能力，国内外研究的侧重点不一样，国外侧重于具体应用研究。Comfort 等[8]认为在突发事件中政府应该占主导地位，在平时就应该敦促各种组织和社区评估发生意外事故的风险，以便在事故发生时灵活应对。Lundberg 等[9]认为为了控制紧急事态，各种信息技术、情感感知、状况预警和资源管理能够发挥更大的作用，必须加强这些技术在应急管理中的应用。McLennan 等[10]的观点是，通过构建相关的机制，可以平衡不同个体的职责，有助于系统化地提升应急管理能力。国内对管理能力的研究侧重于指标体系。邓云峰等[11]认为城市应急能力评估可以提供一个通用的准则，并构建了应急能力评估的判别框架，该框架通过评估规则，能够对城市应急管理工作进行评判。铁永波等[12]给出了建立城市灾害应急体系指标的思路，提出了城市灾害应急能力评价模型，并通过不同的指标权重，建立了应急能力评价系统。杨青等[13]对城市灾害应急管理能力进行了研究，并建立了基于过程管理的评价体系。王重建[14]研究了提高疾病预防控制机构应急能力的应对策略和措施，为我国疾病预防控制事业的可持续发展提供政策建议。孙宁宁[15]考虑应对突发公共事件时，无法定量衡量应急管理工作的优劣问题，建立了城市突发公共事件应急能力评价指标体系。王薇[16]、唐桂娟等[17]针对国内城市的应急管理水平、自然灾害应急管理水平展开了系统评价分析。

在对“应急体系”的研究上，较之国外，国内研究似乎更为常见。我国的“应急体系研究”由薛澜等[18]最先提出，他们在发表的成果中围绕时间序列、组织方式与决策过程等方面，对如何构建应急体系展开了研究。张乃平与夏东海[19]、庄越等[20]、万明国等[21]围绕“前三类突发事件应急管理的实施”，依次针对自然灾害、事故灾难以及公共卫生事件类的应急体系展开了系统的探索。贾海江等[22]把基层应急系统作为目标展开调查与研究。郭晓东[23]详细阐述了国内针对粮食保障方面应急体系的实施方案。

在突发事件应急管理相关理论的研究方面，钟开斌[24]认为应急管理建设的核心问题是非制度化的分权造成制度异常脆弱，导致在应急管理过程中体系的缺失，必然造成应急管理的陈旧与落后，所以必须建设以国家为主导，各种组织机构完善的职能关系，形成分级权责架构，构建有制度、有规范的完整应急管理体系。陈祖义[25]针对网络安全事件，以华东(北)地区网络中心为应用背景展开研究，设计了应急响应管理系统。刘红芹等[26]剖析了我国协调联动机制的现状，从 3 个角度对应急管理协调联动机制进行了分析，考虑了公共危机类型、应急管理的生命周期和组织结构之间的区别和联系，并探讨了构建策略。贾学琼等[27]分析了多元参与应急管理中各行动主体的行动力及其参与机制，提出多元应急模式必须提供有效的制度基础，来准确地界定利益相关者，合理地平衡公共利益与私人利益之间的关系。

突发事件处置过程的实施在不同领域有不同的处置方式，合理做出应急决策能提高应急管理的有效性和科学性。Han 等[28]围绕突发事件应急处置的程序展开了研究，并借助广义随机 Petri 网来构建模型，然后通过优化实施环节的时间指标来增强程序可用性。刘天虎等[29]经过围绕大规模突发事件处置过程中医疗资源分配暴露出的问题展开研究，提出了合理的资源配置计算方式。张海龙等[30]围绕应急资源的调度情况展开研究，并借助启发式遗传算法对此问题进行求解。王晓等[31]使用案例推理的方法来模拟非常规突发事件下需要的资源量。黄卫东[32]根据应急管理的场景，借助案例推理的方法分析了处置过程的知识需求模型。杜磊等[33]针对应急事件处置过程中的多组织协同问题，给出了一种 Petri 网模型，并提出了多 Agent 应急协同的有关问题，对 Agent 内部 Petri 网的结构进行研究，并实现了多 Agent 的协同交互 Petri 网建模，给出了应急协同 Petri 网模型的协同检测算法。

突发事件是在一定环境和情境的基础上发生的，结合情景变化，很多学者研究了突发事件的事件链问题。李藐等[34]围绕灾害理论分析了灾害事件的出现、发展规律，并总结了此类事件的基本构成因素，然后提出了描述事件链效应的方式。季学伟等[35]通过汇总突发事件的基本特征和事件链场景的出现概率等要素，建立了应对突发事件的定量风险研究技术。裘江南等[36]研究了知识工程在应急管理中的应用，利用知识语义技术分析了对象的关联特征，对突发事件中各个对象进行知识管理，设计了包含资源模型、事件对象模型、知识本体模型等构成的知识导航模型。

关于应急管理平台建设的研究，不同领域的研究日趋完善，对跨区域、跨领域和多地区多部门的协同研究，许多学者都有不同的观点。陈安等[37,38]针对应急管理相关理论进行分析，把应急管理体系分为防御避难与救助援助、资源保障与技术支持等不同的子系统，并构建了子系统之间的关联性框架。唐珺珺[39]以城市突发事件为背景，借助信息系统相关理论构建了国内城市应急管理体系结构。齐二石等[40]通过深入研究城市应急处理体系动力学特征，建立了城市应急处理体系的宏观规划，并围绕此过程中涉及的目标、操作、保障以及导致体系内部反馈关联性束缚与激励的运行机理展开了研究。张明媛等[41]将信息技术和城市灾害应急原理有机融合，深层次探索了城市灾害应急管理信息体系。安金朝等[42]提出将突发事件的响应过程作为研究的重点，以便应急管理体系内的所有资源实现有机融合。陈秀万等[43]将 Web GIS 分布式数据库与全局空间设备平台进行有机结合，然后将系统扩展，提高了应急管理体系对城市突发事件的快速反应能力和有效指挥决策能力。姜立新等[44]针对地震现场应急指挥工作展开研究，提出建设地震现场应急指挥技术系统。邵荃等[45]将突发事件系统库内的模型描述成层次网络模型，以便对模型进行管理与检索，有利于应急管理体系的集成。王文俊等[46]以事件 Ontology 语义模型 E2M 为研究基础，分析过程管理的本质，实现了多业务层次的系统融合。王旭坪等[47]根据面向服务的架构(service-oriented architecture，SOA)技术框架，研究应急资源的协调，构建了以应急资源调度为核心的决策支持体系。

吴健宏等[48]将 GIS 体系与 Multi-Agent 理论相结合，建立了突发事件人群的疏散仿真平台，然后分析了相应的仿真策略。

突发事件的应急决策通常针对常规事务，这种研究局限于时间、信息和知识的非时效性特征的影响。如何针对突发事件的不确定性、实时性给予合理的决策是应急决策的研究重点。汪季玉等[49]研究了应急决策中的危机预案问题，指出危机预案对于应急管理有非常大的作用，并建立一种应急决策支持系统，利用案例推理技术和决策支持技术，实现了应急决策管理系统。Jackson[50]基于突发恐怖袭击事件，系统阐述了纽约市应急管理机构在应对恐怖事件进程中的核心决策技术。Kevany[51]分析了 GIS 在应急管理过程中的意义，并阐述了应急处理地图与数据中心在整个应急处理中的协同过程，然后利用恐怖袭击事件案例围绕协同过程的处理方式展开分析。李娟莉等[52]通过对火灾应急处理过程进行研究，构建了基于关联性比较的规律数据挖掘，及其寻找频繁相集的计算方法。凌学武[53]研究公共危机管理中的协调联动机制理论，并分析了协调联动机制的建构模型以及运作特征。Naktani 等[54]围绕突发事件情景中来自外部的各种信息展开了研究，利用自组织规划图建立不同的信息模型，并提出了以突发事件的案件信息为基础的信息过滤体系。

对于突发事件处置过程中分布式协同决策的研究，单承戈[55]针对地域分散的企业组织机构，讨论了协调决策方法，即通过建立某种机制，让代表各自利益的、地域上可能是分散的企业各相关部门作为决策主体，以信息交换方式进行充分的协调，最终完成企业级的决策。辛明军等[56]探讨业务处理中间件的分布计算模式、多主体控制以及分布式问题处理多库管理技术，提出并实现了领域问题求解策略、应用模块的模型化管理方法以及分布式问题求解及其过程监控。Kuwata 等[57]利用过程模拟方式围绕应急管理决策体系中的决策方式展开讨论，并利用应急管理决策体系的仿真模拟定量地评价了应急管理决策体系的决策有效性。Mendonca 等[58]通过研究分布式群决策进程，借助博弈模拟方法对应急处理进程中的分布式群决策体系做出了评价。

1.3.2　应急救援车辆路径选择和调度优化研究评述

城市突发事件发生时，应急救援任务的目标是用最快的速度实现应急救援响应，减少人员的伤亡和财产的损失。因此，如何设置应急救援车辆的行驶路线，使救援车辆尽快到达事故区是最重要的研究内容。面对突发状况，构建科学的应急救援车辆路径选择优化模型，获得符合应急救援车辆特征和应急救援需求的行驶路线是降低伤亡率，减少财产损失的有效方式。

1. 救援车辆调度模型研究

针对车辆行驶路线模型的研究，很多学者通常考虑静态路网下的最短路径问题，但是突发事件下车辆的行驶过程更加复杂，因为路网受到事故的影响，必然会产生车流拥堵。通过大量的突发事件案例，分析突发事件中应急救援的特点，国内外学者对救援车辆的路径规划研究，更多的还是采用动态需求变化来完善应急救援车辆路径静态优化模型，以达到模型尽可能与实际情况相符的目的。图 1.1 为应急救援车辆动态调度问题路径顺序实例。

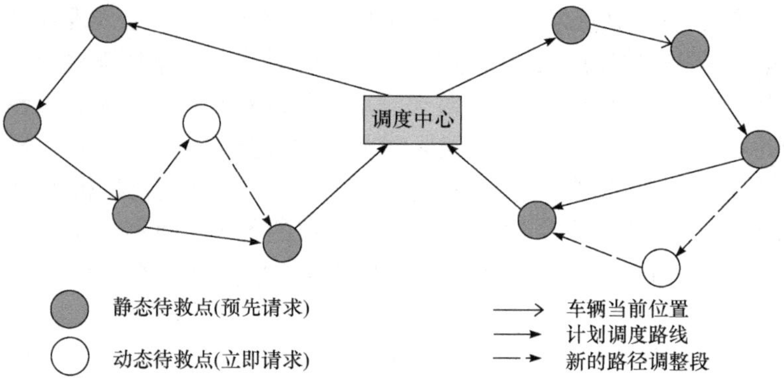

图 1.1 应急救援车辆动态调度问题路径顺序实例

此外，有很多学者还在应急救援车辆路径优化模型中增加了扰动因子，来模拟真实状况下突发事件对救援车辆行驶路径的影响，丰富了应急救援车辆路径优化模型的研究，以期望模型最大限度地与真实状况相符。综合大量文献资料，国内外针对优化模型的构建，通常从应急资源的调配和应急救援时间两个角度来进行研究，利用不同的约束条件，从不同的方面实现应急救援调度优化的目的，合理调配救援物资，合理设计救援车辆行进路线，尽可能地挽救伤员的生命。

关于应急救援物资配送调度模型问题的研究，学者结合救援中心的物资供给和事故灾害区的物资需求两个供需方的特征，构建物资供应层次网，实现救援物资配送。

针对受灾区对物资的需求，学者们重点关注受灾区需求的模糊性与不确定性方面内容。Wohlgemuth 等[59]研究了确定性需求下的车辆的动态路径规划问题。谢秉磊等[60]研究了传统车辆路径的优化问题，建立了需求拆分的车辆路径优化模型，通过对模型的约束，构造了需求可分车辆路径问题(SDVRP)模型。刘波等[61]综合分析了受灾点的动态变化和物资需求的不确定性，指出车辆路径选择受到道路连通性和车辆行程时间的影响，并建立了双层优化模型，证明了模型有较强的鲁棒性。曹二保等[62]针对车辆路径问题中存在的模糊不确定信息，研究了模糊需求的车辆路径规划问题，并建立模糊机会约束模型。

针对应急救援中心向受灾区进行物资供给的研究，在资源匮乏、供给严重不足的情况下，如何高效进行物资调配是研究中的重点和难点。Ruan 等[63]研究了灾区物资需求的不确定性，利用三角模糊数来表示物资的需求量，并借助模糊数的运算法则，计算了灾区对物资的需求量，然后构建了应急救援物资模型，采用比例分配的方式，实现物资调度的统筹安排。王旭坪等[64]研究了运力受限情况下的物资动态调度问题，目标是最小化灾民损失和车辆调度费用，并给出调度模型，设计了针对此问题的遗传算法。吴腾宇等[65]研究了灾后的应急物资车辆调度问题，并构造了具有预知信息的在线配额旅行商问题(quota traveling salesman problem，QTSP)模型，针对受灾点仅在正半轴上的情形设计了有益左移(MLIB)算法和慢速行驶(SW)算法。程碧荣等[66]研究了供应不足的应急物流车辆路径优化问题，优化目标为最小化供应损失和车辆的使用、运输成本，建立了优化模型，并设计了求解算法。苏兵等[67]研究了应急救援物资紧缺的配送车辆路径问题，目标为最小化单个待救点最大缺货量，建立了应急救援物资配送车辆路径选择模型，设计了近似算法进行求解。

应急救援时间是救援力量投放到灾区所用时间，救援时间越短，救援力量越早到达灾区，伤员越能尽快得到救治，因此，缩短救援时间是应急救援研究中一个重要的研究领域。

在对应急救援时间的研究过程中，考虑救援的黄金 72 小时，应急救援实际上是个时间窗问题。Nikolakopoulou 等[68]研究了通过平衡车辆耗费时间来优化车辆路径的问题。徐志宇等[69]研究了应急物流的分批配送多目标问题，目标为最小化供需差异、最小化配送时间和最小化各灾害点的平衡度，建立了优化模型，并分别用改进的遗传算法和蚁群-遗传算法进行求解。何正文等[70]研究了禁止时间窗的应急物资调度问题，并建立了车辆路径选择的整数规划模型。对于应急车辆的路径问题还需要考虑突发事件下路网被破坏时车辆的行程时间发生变化的情况。Wang 等[71]考虑应急救援情境下，行程时间短、路径可靠性强和总成本低三个优化目标无法同时实现全部最优的时候，三者的优化侧重点问题，分析了有关行程时间、路径可靠性和总成本的特点，建立了非线性路径优化模型。张晓倩[72]根据突发情况下物流的特征，考虑道路通畅情况，建立了最小化救援时间和救援成本的车辆路径调度模型。杨晓璐等[73]考虑城市交通系统的复杂性，研究城市救援车辆的最佳路线，并以安德伍德(R.T.Underwood)模仿流体力学导出的车速，根据 Floyd 算法构造时间矩阵，利用 MATLAB 运行 Floyd 算法对城市道路通行时间进行优化，确定一条时间最短的救援路线。徐寅峰等[74]研究方格路网的两车应急救援路径问题，分别设计了横向优先和纵向优先的在线路径选择策略，通过竞争分析法得出该在线策略在两种情形下的竞争比。刘杨等[75]研究了交通信息中心的应急车辆最优路径的多目标属性，求解了应急车辆的救援路径优化问题，建立了多目标规划模型。吴青等[76]针对地震救灾物资的路径选择问题，为了提高应急救援工作的响应能力，建立了地震发生时应急物资车辆路径选择模式，并对建立的路径选择模式进行了实例验证。杨兆升等[77]研究了城市路网下应急救援路径问题，考虑城市道路损毁、交通阻塞等多种不确定性、随机性特点，建立了一种基于双层规划思想的应急救援路径选择模型，并模拟突发灾害环境，对构建的模型进行模拟仿真分析。

2. 救援车辆路径选择及优化研究

应急车辆路径优化问题是应急救援中非常重要的问题之一，已经被证明是NP(non-deterministic polynonial，非确定性多项式)难的，对该问题的求解方法比较多，包括精确算法和智能优化算法两类。精确算法有分支定界法、割平面法等。智能优化算法有布谷鸟搜索算法、萤火虫算法、飞蛾扑火算法、鲸群算法等。对于应急车辆路径优化问题的研究，国外学者主要是基于求解算法的研究。Lee 等[78]建立以总运输成本最少为目标的优化模型，并用动态规划法进行求解。Azi 等[79]研究了单车辆路径问题，该问题有时间窗和多路径约束。Azi 给出了一种精确算法，将其分成了路径的产生和选择排列两个不同的问题，并对其进行了求解。Jin 等[80]针对可拆分车辆路径问题，假设车辆的拆分只发生在停车场，不发生在路途中，然后提出一种两阶段算法(two-stage algorithm，TSA)对问题进行求解。Ma 等[81]研究了车辆路径问题，该问题有时间窗与车辆吨位容量限制的约束，然后提出一种禁忌搜索算法，该算法具有附带自适应惩罚体系的特征。Ursani 等[82]研究了带时间窗的车辆路径问题，并给出了局部优化框架，建立了优化模型。Wei 等[83]研究了配送中心救援物资配送，以及送伤员到医院的车辆调度问题，并介绍了一种元启发蚁群算法，用于解决应急救援车辆路径问题。Chen 等[84]针对有容量上限的车辆路径问题，考虑问题的上下界，并使用混合变邻域搜索算法来进行求解，通过仿真实验证实了这种算法的可行性。

我国学者对于应急车辆路径优化问题的研究主要基于对现有优化算法的改进和应用。缪成等[85]设计了一个多目标数学规划模型，用以求解有延期费用和划分时段的救援物资运输问题，并分析了大规模突发性公共事件或自然灾害的特点，设计了一种多模式分层网络。张景玲等[86]研究了车辆路径问题，该问题具有多车型开放式动态需求特征，给出了混合两元素优化(2-optimization，2-OPT)量子进化算法，算法将整数编码转换成量子比特编码，实验证明该算法能有效地解决问题。刘士新等[87]针对动态车辆路径问题的优化方法，研究了车辆服务顾客的顺序，提出了改进动态车辆路径问题的导向局域搜索算法，建立了在动态环境下车辆执行运输任务过程的仿真模型，并对模型进行了求解。张晓楠等[88]对模糊需求的车辆路径问题展开研究，利用模糊数来表示模糊需求，然后结合混合分散搜索和变邻域搜索，提出了变邻域分散搜索算法，仿真实验表明算法能够有效地解决问题。马华伟等[89]研究了带可选时间窗约束的车辆调度问题，指出两种模式下调度问题的解不受影响，然后提出一种改进的禁忌搜索算法。该算法以向前插入启发式(PFIH)算法和禁忌搜索算法为基础，进行了改进设计，能很好地解决问题。钟石泉等[90]研究了多车场车辆的路径优化问题，指出该问题有容量、时间窗和车型等多因素约束，且都会对调度造成影响，然后构建了路程优化模型，并利用禁忌搜索算法求解。杨善林等[91]针对现有研究只考虑了车辆行驶速度恒定的情况，忽略了各种动态因素影响的情况，提出并探究了时变条件下带时间窗的车辆调度问题，建立了数学模型，然后利用模拟退火算法进行求解。裴小兵等[92]研究了城市物流多目标配送车辆路径优化问题，并运用 GIS 手段和统计产品与服务解决方案(statistical product and service solutions，SPSS)聚类分析方法来确定初始化状态，引入了记忆函数，改进了模拟退火算法。王晓博等[93]研究了装卸车辆混合调度问题，该问题存在多车场、多车型约束因素，在规模较大的情况下很难使用常规方法进行求解，属于 NP 难问题，针对此问题，引入了 2-交换变异策略，降低了求解规模，并以爬山算法为基础优化染色体的局部搜索能力，建立了多车场、多车型的装卸混合车辆调度模型，并进行了求解。彭春林等[94]研究了同时取货和送货的车辆路径问题，提出一种以集成方式处理取货和送货操作的改进遗传算法，并通过采用一种改进的重组交叉算子，保证了算法在遗传进化中保留父代路径之间邻接关系的映射信息，从而改进了算法性能。王飞[95]研究了带时间窗车辆调度问题，构建了优化模型，并提出了一种改进的粒子群优化算法，该算法在惯性权重递减的基础上通过群体极值进行 t 分布变异，使算法跳出局部收敛。温惠英等[96]研究了车辆路径问题，并考虑车场容量、不同车型车辆行驶最大里程等约束条件，目标为最小化车辆配送总费用，然后构建了带时间窗的协同数学规划模型。陈金等[97]研究带时间窗的中转联盟运输调度问题，建立了带中转点的优化运输调度问题的数学模型，并构造了求解该模型的优化算法。陈建军[98]借助蚁群算法求解物流配送路径优化问题，提出了一种蚁群算法的物流配送路径优化算法。该算法首先建立优化物流配送路径的数学模型，然后采用蚁群算法对数学模型进行求解。王超等[99]研究了车辆路径优化问题，考虑顾客有同时取货和送货的需求，且每个顾客都有独立的时间窗，建立了车辆路径规划模型，并使用模拟退火算法进行求解。葛斌等[100]研究了带时间窗车辆路径问题，提出一种动态混合蚁群优化(DHACO)算法，该算法首先借助最大最小蚁群得到初始解，然后采用遗传算法交叉和变异操作对局部解和全局最优解进行二次优化，仿真结果表明，与其他相关的启发式算法相比，DHACO算法优于某些实例的已知最优解。雷秀娟等[101]为了避免基本粒子群算法出现局部极小，引进了遗传算法来提升种群的多样性，并利用收缩因子，加速收敛速度。刘云等[102]研究了车辆路径问题，该问题属于多目标带时间窗约束的问题，然后将蚁群算法与单亲遗传算法相结合，构建混合优化算法，仿真实验证明该算法有很好的计算性能与鲁棒性。费腾等[103]研究了车辆路径优化问题，对蚁群算法进行改进，加入 DNA 算法的交叉变异思想，解决了蚁群算法中参数不可控情况，通过仿真实验表明该算法能很好地求解标准车辆路径问题(VRP)模型。

1.3.3　应急手术调度及其优化研究评述

应急救援的基本目标是降低人员的伤亡，即利用所有急需的资源，让伤员尽早得到有效的治疗。因此，在最短的时间内，实施合理的应急救援行为，对突发事件中的伤员进行救治，显得非常重要。为了提高伤员的救治效率，在医疗资源缺乏、伤员数量巨大，对医疗需求较高的情况下，医疗机构对有限的资源进行合理的配置和调度有非常现实的意义。在应急手术调度中，手术室属于医疗机构的核心部门，同时也是医疗资源最集中的地方。但是，手术调度管理中还存在大量的难题，在较长一段时间内都很难得到解决，因此，手术调度管理研究，尤其是应急手术调度问题研究将是一个长期且艰巨的任务。

在突发事件伤员救护的手术调度管理方面，如何尽可能快地提升伤员救护效率是手术调度首先要考虑的问题。手术调度研究的目标之一是手术室的利用率问题，由于手术调度是一个涉及多方主体的过程，因此，医师、护士、手术病床和医疗设施都是研究的对象[104]。经典手术流程如图 1.2 所示，手术的实施过程如图 1.3 所示。在手术调度过程中，对数据的统计、分析非常重要，利用现有的数据可以方便地实现患者的手术排序。

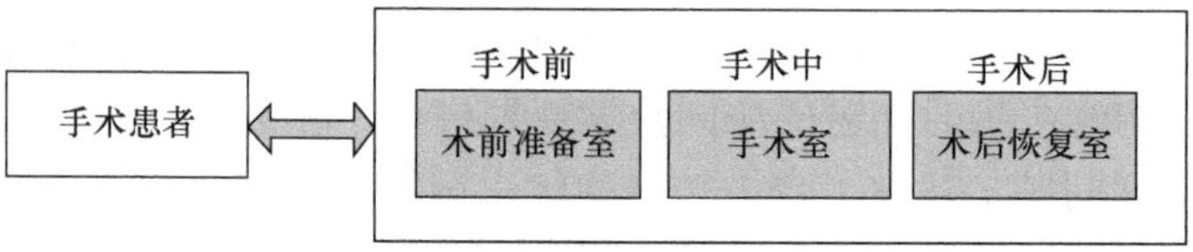

图 1.2　经典手术流程

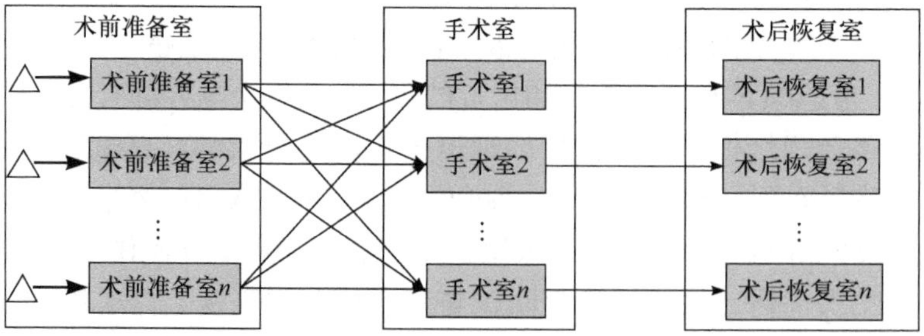

图 1.3　手术实施过程示意图

Dexter 等[105]针对手术服务的模式展开研究，将服务模式分为固定日期和时间下患者分配问题和先到先服务的患者分配问题，并通过实验证实服务时间和手术时间对手术室的使用效率有直接的影响。Blake 等[106]针对主手术调度(master surgical scheduling，MSS)展开研究，认为它可以被当作一张时间表，可以循环使用，该表设置了医院能够被使用的医疗资源，比如手术室数目、类别、开放时长、有优先权的手术室和医生。van Oostrum 等[107]也研究了 MSS 方法，并指出 MSS 方法能够完成周期性的手术排程，同时提升了手术室的组织管理与运行能力。Patrick 等[108]研究了一种动态调度多优先级的患者诊断模式，利用马尔可夫决策方法来研究患者诊断过程的模拟调度，得到一种运行效果较优的预定策略，保证了诊断流程中患者的等待时间较为科学。Pham 等[109]研究手术的分阶段问题，将术前、术中、术后进行合并，以手术病历为主线，提出基于手术病历的统筹调度模式，称为多模式阻塞工作车间(multi-state module blocking job shop，MMBJS)问题，探索了门诊手术中心(ambulatory surgery center，ASC)的管理流程。Cardoen 等[110]对研究的手术排程的文献进行了梳理，从患者特点、评价标准、决策水平、研究种类等角度对研究成果进行归纳和总结，同时介绍了手术调度将来需要研究的重点问题。Yi 等[111]指出，高质量的医院产能规划策略能够从根本上提高对患者的诊治水平与效率，同时研制出了通用的仿真模型，用以模拟大规模地震灾害下的医院手术调度。Demeulemeester 等[112]对手术室的规划与调度决策进行了研究，说明了关于患者、医护工作者以及医疗设备的协同调度的重要性，并探索利用运筹学规划与智能调度的文献演化过程，为今后在此领域中能够进行更深入的研究提供了依据。Abdelrasol 等[113]研究了病例组合、主手术和辅助手术调度三者的逻辑关系，给出了一种动力学模型，实现了手术室部门与医院其他部门之间的联动与交互。Saremi 等[114]研究了以仿真为研究手段的优化方法，用以优化患者的随机服务时间，改善医患体验。Astaraky 等[115]研究了手术的调度策略问题，给出了马尔可夫决策模型，用以降低患者的手术预约等待时间。Saadouli 等[116]以手术恢复时间与资源服务的不确定性为研究基础，对手术室和术后恢复室两类资源构建了一种背包模型，并对其进行实验，给出了混合整数规划模型，目标函数为最小化所有手术完成时间，并对离散事件案例进行了仿真实验，证实了模型的有效性。赵亮等[117]研究了手术资源利用率问题，通过数学协同优化的计算机算法，建立了手术资源的协同调度模型，实现了手术资源的动态优化和合理配备。李惠等[118]研究了手术排程问题，并建立了数学模型，目标为最小化所有患者完成手术过程的最长时间和平均时间，给出了一种混合优化算法，并对问题进行了求解，仿真实验表明所建立的数学模型和优化算法很好地解决了规模较大的手术排程问题。殷姣[119]针对划分了多个阶段的手术排程中存在多种附加资源约束的问题，给出了类似柔性车间的多资源手术调度模型，并借助蚁群算法对模型进行了求解，实验表明该模型在解决多目标优化问题时有较好的性能。项薇等[120]研究了手术调度中护士排班等多约束性问题，设计了考虑多重约束的手术排程数学模型，并对蚁群算法进行了改进，给出了双层嵌套的优化策略，实验结果表明设计的模型能够很好地解决多约束性问题，有很好的实用价值。刘子先等[121]研究了手术排程规则，目标是均衡手术调度时间，并使用目标规划方法建立了手术调度模型，通过仿真实验比较表明最短排程方法能够得到更均衡的手术调度时间。钟力炜等[122]研究了国内大型医院的手术排程问题，提出了两阶段优化数学模型，并使用优化算法进行求解，实验结果表明该方法使得手术排程管理获得更有效的结果。李智等[123]研究了大型灾害下的手术资源调度问题，并以权变理论方法研究各种资源的机动调度，以芦山地震为例，结果表明该方法能最大限度地对应急物资进行调度，更好地实现了手术排程。翟爱华[124]研究了手术室管理中的流程化调度方法，将程序化的调度管理方式运用到手术室中，提高了手术室的运用与监管效率，实验结果显示应用程序化的调度方法后，手术效率与管理效率均得到了显著的提高。朱悦等[125]研究了优化手术排程来降低手术完成时间的问题，构建了两目标优化模型，分别优化手术间准备时间和医疗团队间准备时间，并以最小化两个目标总完成时间为目标，通过仿真实验证明该方式能缩减手术完成时间。欧阳骥等[126]研究了护士排班问题，提出将整数规划(integer programming，IP)和演化优化算法(evolutionary optimization algorithm，EOA)结合，并给出了一种优化算法，实验结果表明该算法能很好地解决护士排班问题，相比其他优化算法，有更好的性能。

手术调度涉及手术医师、护士、手术室等多个因素，研究的角度也比较多，比如手术排程、手术资源利用率等。徐靖等[127]针对医院手术室资源限制的特点，为了提高手术室的运营率，建立了综合的运营调度模型，并提出一种病例调度思想，实验表明该方法提高了手术室的利用率。邓富民等[128]针对手术调度中约束因素众多，优化处理较难的问题，构建了模糊调度模型，目标为最大化患者满意度和最小化手术总流程时间，充分考虑了手术台和医师等资源的约束特点，并设计了改进的非支配排序遗传算法(non-dominated sorting genetic algorithmⅡ，NSGA-Ⅱ)，实验表明该方案有效可行。秦晓燕等[129]研究了血液应急保障系统的优化问题，考虑了多时段、多类型和多运输方式的约束，建立了车辆运输优化调度模型，目标为最小化响应时间和运营成本，并利用 CPLEX 软件进行求解，最后通过仿真实验来分析该模型的有效性。张政等[130]研究了手术室调度分派的开放成本、加班成本、手术切换和偏好四个指标的优化问题，给出了线性规划模型，在考虑手术时间的不确定性情况下，利用蒙特卡罗方法建立了优化模型，然后利用 CPLEX 软件的标准线性规划求解器组件对案例进行分析，结果显示调度的各个指标均有所改善。王昱等[131]研究了手术风险的规避和手术人性化问题，建立了数学模型，目标为最小化手术取消风险和患者病情恶化风险，并设计了多目标粒子群算法，将离散问题通过编码设计转变成连续问题，最后给出了帕累托(Pareto)最优解方案。周炳海等[132-134]对手术利用率进行了研究，目标为最小化手术的最大完成时间，并考虑了手术分配约束和资源能力约束等多资源约束问题，设计了可行调度解策略，建立了数学规划模型，采用正交实验明确算法中的参数，实验结果表明该模型能优化手术时间，所用的算法相比遗传算法和粒子群算法有更好的效果。为了降低医院的成本，提高患者满意度，周炳海等还设计了基于拉格朗日松弛的手术中心调度算法，目标是最小化医院成本和最大化患者满意度，建立了数学规划模型，用分支定界法对子问题进行了求解。除此之外，周炳海等给出了不确定手术时间下带资源约束的手术室调度方法，并建立了最小最大遗憾决策准则，给出了数学模型，设计了分散搜索超启发式调度算法。

1.3.4　应急车辆的伤员转运与手术协同调度研究评述

党的二十大报告中指出：“坚持安全第一、预防为主，建立大安全大应急框架，完善公共安全体系，推动公共安全治理模式向事前预防转型。推进安全生产风险专项整治，加强重点行业、重点领域安全监管。提高防灾减灾救灾和重大突发公共事件处置保障能力，加强国家区域应急力量建设。”

当突发事件发生后，通常临时成立由分管领导统一指挥，各部门全力应对的应急救援机构，协调应急管理工作。政府作为城市的决策者、管理者，决定社会资源的统筹安排和人员的调配，起着主导的作用。但是，突发事件的发生地在城市，城市有着与其他地方不同的特征，应急救援呈现动态性、不确定性和复杂性等特点，涉及多个领域，政府很难有充足的资源和能力独立完成应急救援任务，因此，应急管理工作必须由不同的主体相互协同配合来完成。本课题研究的重点是应急救援中伤员的转运和手术实施过程的协同，这两个救援过程是整个应急救援的核心，构成了由伤员运送到医院救治的完整链条。

城市突发事件应急救援过程中的相关应急能力的统筹协调和合作非常重要。基于协同运作的应急救援中伤员的转运和手术的实施要注重不同主体的协同与资源的合理整合，倡导构建具备不同主体，合作、互助的治理体系，整合多种多样的资源，汇集社会各界的力量，自信地面对危机，减少突发事件带来的损失。但是，想要实现不同主体的协作，多部门资源的有效整合，就需要构建完整的应急管理体系网络和法律法规，以及合理的组织结构与制度，发挥网络体系的效能与作用。

生产制造中的加工和配送是协同调度研究中研究比较多的内容之一。王珊[135]针对供应链管理中的协同管理，研究通过供应链成员企业之间的合作与协调来降低成本、提高客户服务水平和快速响应市场需求的能力，并建立了多制造商和多个客户的两级供应链模型。马文琼等[136]通过研究两阶段装配作业方式问题，提出了一种基于遗传算法和反向变邻域搜索的混合智能优化算法，该算法融合反向学习思想，构造反向邻域结构，增大搜索范围，提高遗传变邻域搜索算法的局部搜索能力，使生产和配送之间的时间衔接更精确，实现整体最优。薛梅等[137]研究了批处理机环境下生产与两阶段运输协同调度问题，所提出的供应链是由一个制造商和一个客户组成的两级供应链。该研究通过分析问题的性质，设计了 X_n 维向量的编码方式，引入交叉和变异算子对离散粒子群算法进行改进，利用它对制造跨度进行优化。Xue 等[138]提出一种供应链管理中协同调度的两级规划方法，采用大规模系统理论的分解-协调思想，运用多级规划理论，建立了协同调度决策的二级规划模型，为建筑供应链(construction supply chain，CSC)的每个合作伙伴找到满意的解决方案。Li 等[139]给出一种具有多个供应商和多个制造商的供应链协同调度模型，提出多个供应商必须在供应枢纽的运行下将其部件交付给多个制造商的观点，研究发现基于供应枢纽的调度模型是一个 NP 完全问题，并提出了一种自适应微分进化算法来解决这一问题。Niu 等[140]提出一种基于启发式规则的柔性制造单元协同调度算法，通过分解制造单元之间的耦合，形成独立的制造单元，根据调度目标，选择启发式规则，对来自不同制造单元的作业进行协同调度。Zhang 等[141]研究了基于启发式策略的多任务协同调度问题，建立了农用机械协同调度模型，设计了多任务协同调度算法，并采用了最早启动时间优先和最小资源分配能力优先策略。刘玲等[142]建立了单一制造机器与若干个车辆运输协同调度的模型，优化目标是最小化最大完工时间，并设计了改进的遗传算法，采取了染色体实数编码方式来表示订单的生产顺序，在解码过程中嵌入了局部优化算法来提高车辆路径的质量。陈业华等[143]针对突发事件情景下串联式需求系统遭受破坏问题，分析了突发事件情况下物资协同调度的特点，在对系统提供应急物资进行修复的基础上，以串联式需求系统修复的时间最短及成本最小为目标，分别构建了纵向配送的应急物资调度模型和纵向配送与横向转运相结合的应急物资协同调度模型，并设计了一种遗传算法对两种模型进行求解。马晓玉[144]研究了突发事件下串联式需求系统的应急响应与应急物资调度问题，以雅安地震中电力系统的应急响应与应急物资调度问题为背景，提出突发事件下串联式需求系统应急管理提升的建议。裴军[145]以铝制品制造供应链为背景，从调度角度出发研究了物联网环境下供应链成员之间的生产运输协同调度，考虑了运载车辆有限情形、工件动态到达情形、工件加工时间恶化情形、机器发生故障情形以及分布在不同地理位置的多制造商情形的协同调度问题。薛梅[146]结合批调度与生产运输的协同调度等相关理论，认为优化目标是在单机和平行机环境下协同调度的最小化最大跨度时间，并设计了求解算法。易宣齐等[147]研究了应急救援物资与伤员的协调转运问题，并建立了优化调度两阶段数学模型,求解结果表明模型能有效地解决车辆的配置和调度问题，能够协调物资和伤员两种类型的转运需求。聂宗瑶等[148]研究多个施救点应急物资调度问题，提出了并行协同差分进化算法，仿真实验表明该算法在解决具有时间约束的多施救点应急物资调度优化问题方面具有较快的搜索速度和较好的寻优能力。马雪丽等[149]研究了一类生命周期服从负指数分布的易腐食品运输问题，综合考虑配送的软时窗约束以及随机时间约束，目标为最大化供应链的整体利润，并设计了混合智能算法对模型进行求解。

1.3.5 应急调度中的不确定问题研究

城市突发事件呈现出显著的突发性、不确定性等特征，如果未能及时进行应急处理，这些事件的恶化效果会进行累积，可能变成破坏性更大的灾难，带来更严重的损失。因此，突发事件发生后，城市决策者必须在尽可能短的时间内制定科学合理的救援方案，以应对突发事件带来的威胁，降低突发事件带来的损失。

应急救援中，车辆的行驶路径会因为城市道路在突发事件下带来的大量不确定性因素而变得异常复杂，同样地，对于大量伤员需要被送往医院的情况，应急手术方案的制定也会因为各种不确定条件约束而变得更加困难。救援车辆行进路线的制定与手术调度方案的制定一般与救援中的多个主体、多种救援方案密切相关，属于多属性决策问题。由于实际的救援环境状况瞬息万变，获得的各种信息都是粗糙的、模糊的，给决策的制定带来更多的复杂因素；由于应急管理协同系统涉及多部门、多种救援力量，因此不同救援主体反馈的信息和经验对应急救援决策的制定尤为重要。

关于应急调度中的不确定问题研究，学者通常以不确定理论为基本的数学建模方法来研究处理相关问题中的不确定性。姚俊超等[150]通过引入不确定理论，在运输时间为不确定变量和需求为随机变量的条件下建立了一个不确定随机规划模型，并在相应的置信水平下将其转化为确定的非线性规划模型，再根据此模型的特点，设计了相应的启发式算法。王婧[151]以突发事件发生后的初级阶段，不确定条件下应急物资多式联运调度决策相关问题作为研究目标，运用决策理论、优化建模等技术，将定性分析与定量分析结合，全面地研究了不确定条件下应急物资多式联运调度决策问题。孟丹[152]研究了应急物资调度问题，该问题有需求信息不确定和路网部分受阻两个约束因素，并指出约束因素对应急物资调度有较大影响，然后构建了应急物资调度模型，以车辆行程时间最小为优化目标，并结合突发事件案例，考虑各种不确定情况，设计了遗传-粒子群混合算法，并对调度问题进行了求解。周德群等[153]研究了多资源持续消耗的应急系统调度问题，针对车辆出发点至待救点行驶时间难以确定的问题，利用区间数表示应急救援时间，并借助区间数的相关运算和区间数最大值的计算方式，建立了基于区间数的多资源持续耗费的应急系统的数学模型，目标是最小化救援开始时间和最大化救援完成时间，并对模型进行求解。郭子雪等[154]引入三角模糊数描述应急调度的不确定属性，构建基于三角模糊的物资调度模糊优化模型，目标是最小化应急物资调度时间，并构建了与其等价的模糊机会约束规划模型，然后探究参数为三角模糊数时模型的转化方法。杨勃等[155]考虑应急救援系统中应急救援时间不确定性的特点，利用模糊数来表达出救点至受灾点的出救所需时间，将最小化最大应急时间和出救点最少作为优化目标，构建模糊环境下具有多种资源和多个出救点的应急资源调度模型，并提出了基于 Pareto 的模拟退火(Pareto simulated annealing，PSA)算法对该多目标问题模型进行求解。周炳海等[132]提出了不确定手术时间下带资源约束的手术室调度方法，将最小最大遗憾作为决策准则，建立数学规划模型，并建立可行调度解策略，然后考虑手术室某些特殊资源的限制，构建分散搜索超启发模式的手术室调度实施方案。李惠等[156]针对患者手术的持续时长存在的不确定性因素，考虑医院运行费用与患者满意度，利用绝对鲁棒优化方法，建立手术持续时间不确定的手术排程优化模型，并提出了将单亲遗传算法与内点法进行结合的混合算法，对模型进行求解。赵韩涛等[157]针对不确定条件下突发事件的响应效率，用数学规划的方法优化了城市应急车辆调度模型，并建立了以带权重响应时间成本为目标函数的数学模型，从时空限制的角度初步探讨了不同交通流量下的行程时间计算问题。李梅霞等[158]针对出救点到应急点有多条道路可供选择的情况，专家依据已报导的信息和个人经验，将不同时期路况信息进行了对比，构建了区间数判断矩阵，然后利用该矩阵来判断区间数权重，建立可能度矩阵，并建立每条道路的权重向量，明确救援路径。杨海强等[159]针对常规的应急车辆调度模型进行改进完善，考虑当前灾害状况，以及未来可能出现的状况，构建了应急车辆调度模型，并提出基于遗传算法的模型求解方法。

1.3.6 研究现状的局限性

综合以上研究情况，从国内外与本课题相关的问题研究来看，主要存在以下几个方面的局限性。

(1) 国内外研究人员构建救援车辆路径优化相关的模型时，对于目标函数的定义，通常由单目标优化模型发展到多目标优化模型。对于目标的选择，大多研究以最短车辆行驶路径问题、最大限度地满足受灾区域的物资需求问题等为优化目标。对于约束条件，大部分研究人员将道路的通行能力作为模型的主要约束。但是，突发事件和常规事件之间有明显的差异，构建的模型涉及的因素仅仅只能体现突发事件发生后，应急救援工作的单一或部分影响要素，无法体现救援的真实状况。在突发事件情境下，救援时间就是生命，救援过程必须最大限度地节约救援时间，同样也要以影响救援时间的因素为主要约束条件。此外，由于突发事件影响范围大小的不同和事件的不确定性，城市路网交通状况也会出现不确定性，因此，必须充分考虑各种不确定因素对车辆行驶时间的影响，增强优化模型的实际应用效果。

(2) 突发事件发生后，对伤员群体的行为研究还远远不够。由于突发事件容易造成恐慌情绪，而且大众群体有从众心理，所以对突发事件发生后伤员和群众的心理安抚显得非常重要，一方面可以减少因突发事件发生后产生的次生灾害，另一方面也可以使应急救援有条不紊地进行，而现有对突发事件情境下群体行为的研究严重不足。

(3) 现有关于手术调度问题的研究，通常以医院为研究背景，研究手术的排程问题，将医疗资源进行排序处理。但是突发事件发生后，会有大量的伤员被送到医院，手术的性质变成了批量手术，这种情况下要求医生牺牲更多的时间，必然存在医生的疲劳效应的问题，如果按照传统的研究方法，那么理论结果与实际情况之间一定存在较大偏差。

(4) 现有的应急救援车辆调度研究和手术调度研究并没有合理地集成起来，而是完全独立处理。事实上，城市突发事件的应急处理是一套完整的、流程化的体系，必须统筹安排，协同调度，并且要充分考虑各个环节的不确定因素，只有这样才能高效地实现由事件现场到医院救护中心的伤员运送和应急手术的调度全过程。

1.4　研究内容和目标

本书以城市突发事件为背景，针对突发事件发生后伤员检伤分类、车辆转运和应急手术调度等问题展开研究，并选择典型突发事件案例，以验证所提出的观点、模型和方法的有效性，指导应用实践。具体的研究目标如下。

(1) 考虑突发事件的性质，针对伤员的伤情情况进行伤情检伤分类，分批运送伤员。在大量伤员分批救治过程中，按照优先级分级救治是救援工作的有效方式，其中最重要的是伤情的识别与分类。突发事件的伤员伤情可分为四种，轻伤伤员、中度伤员、危重伤员和死亡伤员，其中轻伤伤员只需要考虑由救援人员实施现场救治即可，中度与危重伤员必须在最短的时间内运送到医院实施抢救，死亡伤员需要立即送到殡仪馆。依据国际通用的伤情检定方法，获得伤员不同伤情特征，给伤员佩戴不同颜色的伤情卡，并将伤员伤情信息进行网络共享，实现对伤员的快速归类与批次划分。如果有大量的伤员需要被救治，则需要开辟检伤分类场，构建伤员排队检伤模型，有利于对伤员进行高效的车辆转运和手术治疗。伤员检伤分类流程和分类处理方法如图 1.4 所示。

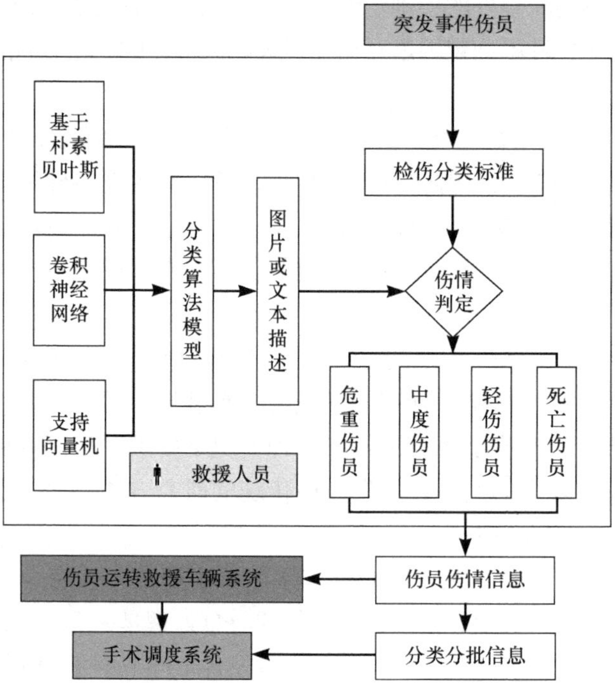

图 1.4 伤员检伤分类系统流程图

(2) 对救援资源的调度配置和伤员运送车辆的路径选择进行优化，并针对城市突发事件的突发特点，充分考虑应急救援体系中各种情景和因素，研究制定包含各种不确定因素的伤员运送车辆路径选择方案。通过分析城市突发事件下路况的变化以及应急救援需求的特点，根据伤员分类、分批情况，考虑现场救援车辆参数及性能，研究在需求随机分布的条件下，车辆优化调度问题，建立满足需求的伤员分批转送调度模型。

(3) 针对批量应急手术的特点，考虑应急手术调度中的不确定信息，建立伤员应急手术调度模型，并对调度方案进行优化求解。手术调度过程中，借鉴流水生产车间调度策略，考虑手术并行进行的特点，构建柔性流水手术调度模式。除此之外，还需要考虑批量手术过程中医生的疲劳问题，建立带疲劳恶化效应的批量手术调度模型，并进行求解。

(4) 在城市突发事件的情境下，研究伤员检伤分类、车辆运送调度与手术调度的集成协同调度。应急救援过程能否得到高效运转，各个救援环节的团结协作非常重要，救援车辆和医院手术室的协同调度必须是一个完整的救援体系。针对目前城市突发事件应急处理机制的特点，对突发事件发生地、现场救援、救护车辆集结和医疗机构建立一种一体化的应急救援调度网络。通过信息共享，对整体救援效率进行评估，并做出应急决策，然后根据应急救援方案的实施情况和各种不确定因素的特点，及时做出调整。以多部门、多技术工种联动为基础，充分调动各种的资源，共同制定切实可行的救援方案。

整个研究内容按照点、线、面分为调度和优化、协同两个层次，研究内容框架如图 1.5 所示。

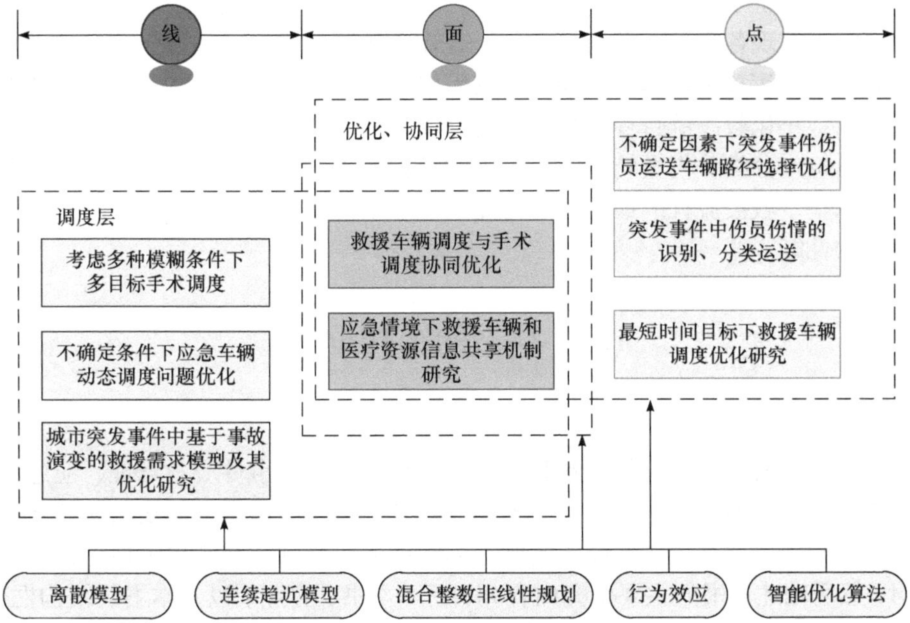

图 1.5 研究内容框架

1.5 本书的创新

(1) 本书针对突发事件演变的不确定性，以及待救点的救援物资需求不断发生变化等情况，构建了事故演变情况下救援需求的马尔可夫模型，依据事故的发展演变来制定出救援物资的调配策略，并利用改进的花朵授粉算法对模型进行了优化求解。除此之外，对应急救援车辆的行驶路径进行优化，以车辆的路径行程时间最短为优化目标，建立路径行程时间函数，采用路径可靠度进行衡量，并构建动态最优路径选择两阶段目标优化模型。

(2) 本书通过分析城市突发事件下应急手术的特点，将应急手术调度问题看作存在并行机的流水车间调度问题，并考虑医生的疲劳效应，建立批量手术调度模型。除此之外，针对应急手术存在的不确定性问题，提出使用三参数区间灰数和四参数区间灰数来描述不确定手术时间和不确定手术结束期，建立灰色手术调度模型，引入可能性测度和必然性测度，定义手术的拖期可信度指标，提出不确定手术结束拖期优化目标，建立灰色混合整数规划模型。

(3) 本书针对城市中发生大型灾害的救援物资的协同调度问题，构建外地支援层、外围集结层、内部自救层和灾害事故层四层物资调度网络，建立两阶段数学模型，并使用布谷鸟搜索算法分别对两阶段模型进行求解。针对检伤分类、伤员转运和应急手术三个救援环节，本书提出应急救援协同调度的救援链网络，利用信息技术实现各个环节的信息共享、合作与协同，并考虑伤员到达检伤分类场的时间不同和运载车辆运力不同等约束因素下的检伤分类、运输和手术协同调度问题，以最小化救援链行程的总时间跨度为目标，建立混合整数规划模型，然后结合伤员检伤分类、伤员转运和伤员手术等情形下的问题性质，给出了两阶段算法，并以整个救援流程的最大时间跨度与理想状况下的最优性能的相对差距来衡量算法的性能。

1.6　本书的结构框架

本书各章的主要内容简述如下。

第 1 章分析本书研究的背景和意义，并对城市突发事件应急管理、应急救援车辆路径选择和调度优化、应急手术调度及其优化、应急车辆的伤员转运与手术协同调度和应急调度中的不确定问题等的国内外研究现状及其局限性进行了分析说明，然后阐述本书的主要研究内容和目标、本书的创新，以及本书的结构框架。

第 2 章介绍突发事件下应急救援车辆路径选择和应急手术调度研究的基本知识，并简单阐述朴素贝叶斯分类、基于支持向量机的分类、不确定理论、深度学习和启发式群智能算法等基础理论。

第 3 章城市突发事件中伤员的检伤识别与分类，首先介绍国际上流行的检伤分类方法；然后针对存在大量伤员的情况，提出在检伤分类场中构建检伤分类排队模型，并运用排队理论，给出科学的组织方案，确保伤病员检伤分类的有序快速完成；最后分析我国城市突发事件应急管理体制存在的问题，并给出建议和对策。

第 4 章分两个部分来研究，首先针对城市突发事件演变的不确定性，构建事故演变情况下救援需求的马尔可夫模型；然后对应急救援车辆的行驶路径进行优化，以车辆的路径行程时间最短为优化目标，建立路径行程时间函数，采用路径可靠度进行衡量，并构建动态最优路径选择两阶段目标优化模型。

第 5 章分两个部分进行研究，首先研究城市突发事件中基于疲劳效应的应急手术调度问题；然后研究不确定因素下的手术调度。

第 6 章分两个部分进行研究，首先是应急物资的多层协同调度研究；然后是检伤分类、伤员转运和应急手术的协同调度研究。

本书的内容结构安排如图 1.6 所示。

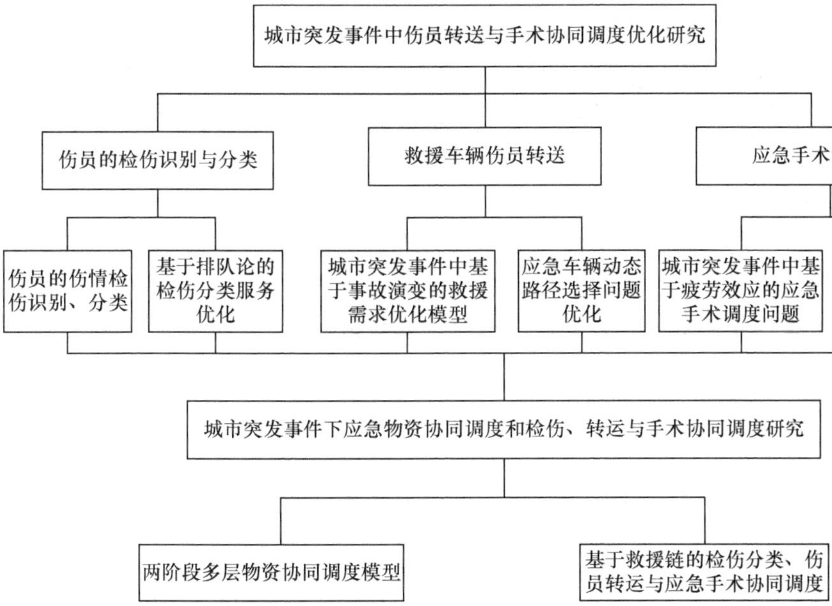

图 1.6　本书的内容结构图

第2章 理论基础

2.1 引　　言

城市具有建筑物多、道路网发达、道路狭窄、人员密集程度大等特点，因此，一旦出现了突发事件，往往要结合突发事件现场的实际情况综合考虑。

突发事件发生后，现场的交通可能不会像正常情况下那么畅通，所以其他地区的救援车辆必须考虑如何能够快速顺利地抵达事件现场，应急救援车辆的行驶路径选择是重中之重，既不能让车辆受阻于被突发事件破坏的路上，又不能让所有车辆选择有限的几条路径，必须要结合道路的实时情况动态调度。因此，车辆路径问题的研究是本章的研究重点之一。

突发事件的发生会为医院手术室的运营管理带来很大的冲击，如大量急诊手术需求的激增、原定择期手术的推迟、特定医护资源的紧缺等。在常规手术室排程优化问题基础上进一步考虑突发事件特点，同时协调优化择期手术和急诊手术，以伤员等待时间最短、关键资源利用率最高和同质资源利用率均衡为多目标决策，构建优化调度数学模型。

此外，针对突发事件发生后大量伤员的检伤、分类问题，本章给出朴素贝叶斯和支持向量机等数学模型的分类原理；针对突发事件中的不确定情况，利用不确定理论和深度学习、强化学习技术，分析这类问题的思路，给出求解问题的群智能算法，如花朵授粉算法、布谷鸟搜索算法和飞蛾扑火算法。

2.2 突发事件应急救援车辆路径选择研究

当突发事件发生，需要救援车辆参与救援的时候，最关键的问题就是救援过程中耗费的时间问题。通常耗费时间最多的地方就是车辆从救援中心抵达目的地所用的时间，时间越短伤员存活的概率越大，所以需要对路径进行优化，通常路径越短所用时间越短。因此，近年来很多研究都集中在如何选择最优路径这一问题上。

2.2.1 车辆路径问题及其数学模型

标准车辆路径问题(vehicle routing problem，VRP)可以用一个完备图 $G(V,E)$ 来表示，$V=\{0,1,2,\cdots,n\}$ 为图的顶点集，其中 0 表示车场，$V'=\{1,2,\cdots,n\}$ 表示受

灾点集，$E=\{(i,j)\,|\,i,j\in V,i\neq j\}$ 表示弧集或者边集[160]。VRP 问题中变量或者符号定义如下：

Q：车辆运载能力的上限；

g_i：受灾点 i 的需求量；

m：提供服务的车辆数，这里假定车辆的型号相同；

R：车辆集合 $R=\{1,2,\cdots,m\}$；

L_i：车辆路线 $L_i=\{(0,i_1,i_2,\cdots,i_n,0)\,|\,i_1,i_2,\cdots,i_n\in V',i\in R\}$；

$x_{ijk}=1$：表示车辆 k 访问了弧 (i,j)，否则 x_{ijk} 为 0；

$y_{ik}=1$：表示待救点 i 由车辆 k 提供服务，否则 y_{ik} 为 0；

c_{ij}：表示车辆由待救点 i 抵达路网节点 j 所产生的运输成本。

假设优化目标为总运输成本最小，则标准车辆路径问题的数学模型如下：

$$\min \quad Z=\sum_{i=0}^{n}\sum_{j=0}^{n}\sum_{k=1}^{m}c_{ij}x_{ijk} \tag{2.1}$$

$$\text{s.t.} \quad \sum_{i=1}^{n}g_i y_{ik}\leqslant Q,\quad \forall k\in R \tag{2.2}$$

$$\sum_{k=1}^{m}y_{ik}=1,\quad \forall i\in V' \tag{2.3}$$

$$\sum_{i=0}^{n}x_{ijk}=y_{ik},\quad \forall j\in V',\forall k\in R \tag{2.4}$$

$$\sum_{j=0}^{n}x_{ijk}=y_{ik},\quad \forall i\in V',\forall k\in R \tag{2.5}$$

$$x_{ijk}=0\ \text{或者}\ x_{ijk}=1,\quad \forall i,j\in V',\forall k\in R \tag{2.6}$$

其中式(2.1)是目标函数，式(2.2)表示配送车辆的运载能力限制，式(2.3)表示每个待救点都存在一辆配送服务车，式(2.4)～(2.6)表示任何受灾点在一个时刻只有一辆服务车为其提供服务。

2.2.2 城市突发事件应急救援车辆路径问题及其数学模型

城市突发事件下的应急救援车辆的数学模型与标准车辆路径问题有很大区别，下面给出应急救援车辆路径选择的基本模型。

假设有一个应急救援中心，有 n 个待救援的待救点，第 i 个待救点的救援物资需求量为 $d_i(i=1,2,\cdots,\alpha)$，应急救援中心派出载重量为 $c_q(q=1,2,\cdots,K)$ 的救援车辆赶往救援点救援，规定 $d_i \leqslant c_q$，求满足应急救援需求下总的救援车辆行驶路径最短(或总耗时最短)，且总的运输费用最小。该模型约束条件如下：

(1) 每个救援车辆装载的救援物资总量不大于其装载量的上限；

(2) 每个救援点可由多辆救援车辆进行救援；

(3) 每辆救援车辆的救援时间有一个上限值；

(4) 所有应急救援车辆完成救援任务后回到应急救援中心。

突发事件情境下，救援车辆到达救援点的时间相比其他因素重要得多，因此，应急救援车辆路径问题的目标是通过合理组织救援车辆、选择较优的车辆线路，使应急救援时间最短。假设应急救援中心的救援车辆数量为 K_c，待救点用 $1,2,\cdots,n$ 进行标记，用 0 标记应急救援中心。那么，应急救援车辆某一路径运行图如图 2.1 所示。

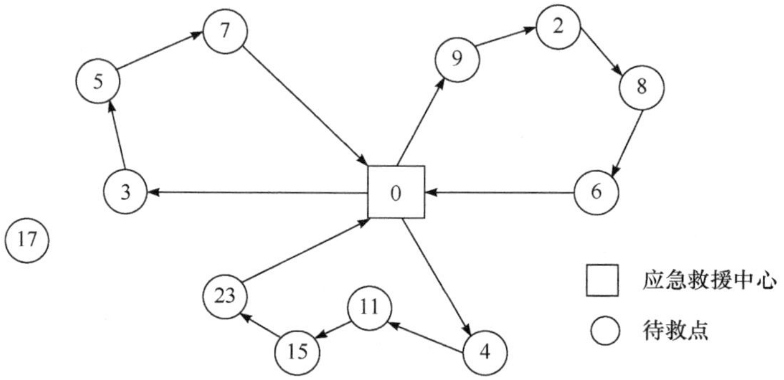

图 2.1　应急救援车辆某一路径运行图

定义变量 x_{ijk}，y_{ik} 如下：

$$x_{ijk} = \begin{cases} 1, & \text{车辆 } k \text{ 从 } i \text{ 行驶到 } j, \\ 0, & \text{其他} \end{cases}$$

$$y_{ik} = \begin{cases} 1, & \text{待救点 } i \text{ 由车辆 } k \text{ 提供服务}, \\ 0, & \text{其他} \end{cases}$$

如果 K 表示所需的应急救援车辆数目，Q 表示救援车辆最大运载量，i 表示待救点，j 表示应急救援中心，l_{ij} 表示从待救点 j 到应急救援中心 j 的车辆行驶路程，d_i 表示待救点 i 的救援物资需求量，那么目标函数为

$$\min \quad \sum_{i=0}^{n}\sum_{j=0}^{n}\sum_{k=1}^{K} l_{ij} x_{ijk} \tag{2.7}$$

s.t.

$$\sum_{i=0}^{n} d_i y_{ik} \leqslant Q, \quad k=1,2,\cdots,K \tag{2.8}$$

$$\sum_{k=1}^{K} y_{ik} \leqslant K, \quad i=1,2,\cdots,n \tag{2.9}$$

$$\sum_{i=0}^{n} x_{ijk} = \sum_{j=0}^{n} x_{ijk} = y_{ik}, \ i=0,1,2,\cdots,n; \ j=0,1,2,\cdots,n; \ k=1,2,\cdots,K \tag{2.10}$$

$$\sum_{k=1}^{K} y_{0k} = K, \quad k=1,2,\cdots,K \tag{2.11}$$

$$\sum_{i=1}^{n}\sum_{j=1}^{n} x_{ijk} \geqslant y_{rk}, \quad r=1,2,\cdots,n; \ k=1,2,\cdots,K \tag{2.12}$$

$$x_{ijk} = \begin{cases} 1, & \text{道路节点 } i \text{ 和 } j \text{ 连通,} \\ 0, & \text{道路节点 } i \text{ 和 } j \text{ 不连通,} \end{cases} \tag{2.13}$$
$$i=1,2,\cdots,n; \ j=1,2,\cdots,n; \ k=1,2,\cdots,K$$

$$y_{ik} = \begin{cases} 1, & \text{车辆 } k \text{ 完成了对待救点 } i \text{ 的救援} \\ 0, & \text{车辆 } k \text{ 没有完成对待救点 } i \text{ 的救援} \end{cases} \tag{2.14}$$
$$i=1,2,\cdots,n; \ k=1,2,\cdots,K$$

式(2.7)为目标函数，表示最短应急救援路径；式(2.8)表示救援车辆运载能力限制；式(2.9)表示每个待救点可由多辆应急救援车辆对其进行救援；式(2.10)表示每个待救点至少得到一次救援物资，且到达和离开待救点的救援车辆数目相同；式(2.11)表示共有 K 辆车离开应急救援中心；式(2.12)表示车辆 k 的救援路线连通性；式(2.13)表示救援车辆是否从待救点 i 到救援中心 j ；式(2.14)表示待救点 i 的救援任务是否为救援车辆 k 完成。

实际上，城市突发事件应急救援中的不确定性特别多，情况非常复杂，如何在多目标优化的问题中找到可行的救援方案，还需要考虑很多因素。在应急救援车辆路径选择的过程中，应考虑当前情况下路径行程时间可靠性、路径的风险程度和路径复杂程度。常见的车辆路径行驶问题大都使用美国道路局(Bureau of Public Road，BPR)路阻函数，该函数可求得各路径的行驶时间[161]。BPR 路阻函数如下：

$$T_{ij} = t_{ij}\left[1+\alpha\left(\frac{y_{ij}}{C_{ij}}\right)^{\beta}\right] \tag{2.15}$$

其中 T_{ij} 为救援车辆在路径 (i,j) 上的实际行驶时间；t_{ij} 为车辆畅通无阻碍行驶时间；y_{ij} 为理论通行能力；C_{ij} 为实际通行能力服从均匀分布，且在实际情况下受到很多不确定因素干扰，$C_{ij} \in [\theta_{ij}, y_{ij}]$，其中 θ_{ij} 为下限，且 $0<\theta_{ij}<1$，α 和 β 为阻抗影响参数，美国道路局推荐 $\alpha = 0.15$，$\beta = 4$。

假设各路段的通行能力是独立的，且不考虑该救援车辆在路径上运行的交通流量，则该救援车辆行驶时间的均值和方差如下：

$$E(T_{ij}) = t_{ij} + t_{ij}\alpha E\left(\frac{y_{ij}}{C_{ij}}\right)^{\beta} = t_{ij} + t_{ij}\alpha y_{ij}^{\beta} - \frac{1-\theta_{ij}^{1-\beta}}{\overline{C}_{ij}^{\beta}(1-\theta_{ij})(1-\beta)} \tag{2.16}$$

$$D(T_{ij}) = t_{ij}^2\alpha^2 y_{ij}^{2\beta} D\left(\frac{1}{C_{ij}^{\beta}}\right)^{\beta} = t_{ij}^2\alpha^2 y_{ij}^{2\beta}\left[\frac{1-\theta_{ij}^{1-2\beta}}{c_{ij}^{-2\beta}(1-2\beta)(1-\theta_{ij})} - \left(\frac{1-\theta_{ij}^{1-2\beta}}{c_{ij}^{-\beta}(1-\beta)(1-\theta_{ij})}\right)^2\right] \tag{2.17}$$

假设道路交叉路口没有延时，那么救援路径行驶时间由该路径上的各路段行驶时间组成，如

$$T_z = \sum_{(i,j)\in A} T_{ij} x_{ij} \tag{2.18}$$

根据中心极限定理，

$$T_z \sim N(E(T_z), \sigma_{T_z}^2) \tag{2.19}$$

其中，

$$E(T_z) = \sum_{(i,j)\in A} E(T_{ij}) x_{ij} = \sum_{(i,j)\in A}\left[t_{ij} + t_{ij}\alpha y_{ij}^{\beta} - \frac{1-\theta_{ij}^{1-\beta}}{c_{ij}^{-\beta}(1-\theta_{ij})(1-\beta)}\right] x_{ij}$$

$$\sigma_{T_z} = \sqrt{\sum_{(i,j)\in A} D(T_{ij}) x_{ij}} = \sqrt{\sum_{(i,j)\in A} t_{ij}^2\alpha^2 y_{ij}^{2\beta}\left[\frac{1-\theta_{ij}^{1-2\beta}}{c_{ij}^{-2\beta}(1-2\beta)(1-\theta_{ij})} - \left(\frac{1-\theta_{ij}^{1-2\beta}}{c_{ij}^{-\beta}(1-\beta)(1-\theta_{ij})}\right)^2\right] x_{ij}}$$

在突发事件应急救援中，应急救援车辆的行驶时间可靠性有一定的要求，通常规定在救援路径上的行驶时间应小于某一阈值，因此有

$$P_r\left(\sum_{(i,j)\in A} T_{ij} x_{ij} < T_l\right) = \Phi\left(\frac{T_l - E(T_z)}{\sigma_{T_z}}\right) \tag{2.20}$$

由于突发事件中，对救援时间的要求十分紧迫，车辆的路径行程时间相比路径长度更为重要。因此，式(2.20)可转化为路径行程时间可靠性函数：

$$f(x)=1-P_r\left(\sum_{(i,j)\in A}T_{ij}x_{ij}\right) \tag{2.21}$$

在城市中进行救援行动时，由于城市内道路的情况复杂，所以车辆在不同道路上行驶所遇到的风险是不一样的。因此在计算的过程中需要对选择的路径风险进行评估，通常评估的指标有建筑物倒塌概率和路段阻断风险概率。城市建筑物在事故中的倒塌概率为 P_{ij}，则有

$$P_{ij}=\begin{cases}1, & m<m_0,\\ 1-\dfrac{1-\mathrm{e}^{-\alpha(m-m_0)}}{1-\mathrm{e}^{-\alpha(m_\mu-m_0)}}, & m_0\leqslant m\leqslant m_\mu,\\ 0, & m>m_\mu\end{cases} \tag{2.22}$$

其中，m_0 表示预测的事故规模的上限，m_μ 表示下限。

对于路段阻断风险概率，首先需要定义路段的阻断严重程度：

$$s_{ij}=\frac{h_{ij}}{d_{ij}} \tag{2.23}$$

其中，s_{ij} 表示城市道路网络中路段 (i,j) 的街道调和比，h_{ij} 表示城市道路网络中路段 (i,j) 的建筑物平均高度，d_{ij} 表示城市道路中路段 (i,j) 的宽度。然后定义路段的阻断曝光量：

$$e_{ij}=k_{ij}\times l_{ij} \tag{2.24}$$

其中，e_{ij} 表示城市道路中路段 (i,j) 的阻断曝光量，k_{ij} 表示城市道路网络中路段 (i,j) 两侧建筑物的密集程度，l_{ij} 为城市道路路网中路段 (i,j) 的实际长度。

因此得到城市道路路网中路段 (i,j) 的阻断风险概率为

$$r_{ij}=p_{ij}\times s_{ij}\times e_{ij} \tag{2.25}$$

进而获得车辆行驶路径风险最小化所对应的目标函数：

$$g(x)=1-\prod_{(i,j)\in A}(1-r_{ij})x_{ij} \tag{2.26}$$

应急救援车辆路径的复杂度指的是该路径内所有道路交叉口的数量：

$$h(x)=\sum_{(i,j)\in A}x_{ij} \tag{2.27}$$

城市突发事件下考虑多种复杂因素的救援车辆路径选择问题是一个多目标优化问题。如果同时考虑路径行程时间可靠性、路径的风险程度和路径复杂程度，则目标函数模型为

$$\min\{f(x),g(x),h(x)\} \tag{2.28}$$

约束条件为上述的式(2.15)、式(2.22)～(2.25)。

2.3　应急手术调度研究

近年来，针对常规的手术室优化调度问题已经有大量的研究，主要包括确定性择期手术的手术室计划调度、护士排班以及一些集成手术排程和护士排班的优化研究等，但针对大规模突发事件下的应急手术调度研究很少[162-174]。突发事件产生后，危重伤员被当作急诊患者进入医院系统，医院启动应急管理机制，对现有资源进行分配与调度。医院应急管理机制包括建立应急预案、建立应急队伍、急诊检诊和分诊制度、增加现场急救和现场分区管理制度等。

2.3.1　突发事件下应急手术调度优化指标

突发事件发生后，手术室除了激增的紧急手术的涌入，还有一个明显的特征，就是突发事件产生的急诊手术患者特点相对集中，往往集中于某一科室，比如城市突发地震事故，应急手术以外科创伤手术为主，包括骨折、软组织损伤和挤压综合征等。因此突发事件后，相对集中的紧急手术对该类型手术相应的医护人员或设备设施资源带来相当大的压力，这些关键资源的充分高效利用显得尤为重要。假设用 E_m 表示关键资源 m 的利用率，即关键资源 m 的有效工作时间占整个工作时间的比率，有

$$E_m=\frac{\sum_{i=1}^{n}(T_{i2}^{cm}\cdot x_{i2}^{cm}\cdot K_m)}{\max\left(\sum_{i=1}^{n}\mathrm{ET}_{i2}\cdot x_{i2}^{cm}\cdot K_m,\mathrm{ET}_{(i-1)2}\cdot x_{i2}^{cm}\cdot K_m\right)} \tag{2.29}$$

其中，K_m 用以判断该资源是否为关键资源集合，x_{i2}^{cm} 指手术 i 的第二阶段(术中阶段)由选择第 c 类资源中的 m 提供服务，ET_{i2} 是 c 类资源中的 m 资源所服务的手术的第二阶段结束时间。有效工作时间比例越大，说明该类资源在工作中的利用率越高，医院就能尽快减轻由突发事件给手术室带来的压力。

由于突发事件带来了大量手术患者，因此手术室的开放时间也要延长。只有手术室利用率提高了，才能做更多的手术，因此手术室的均衡利用是应急手术调

度必须考虑的另外一个优化指标。图 2.2 是某医院的 12 个手术室按照日常排程的利用时间。从图中可以看出手术室 2 的利用率最高，达到 8.5 小时，手术室 4 的利用率最低，只有 3.4 小时。

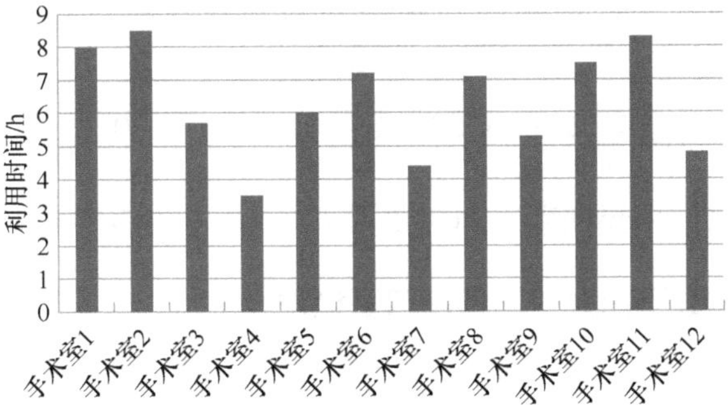

图 2.2 某医院 12 个手术室利用时间

假设将各手术室利用的均衡性作为一个评价指标，用 Util_c 来表示均衡资源利用率，那么有下式：

$$\text{Util}_c = \frac{\sigma_c}{\mu_c} \tag{2.30}$$

其中，

$$\mu_c = \frac{1}{|M_c|}\sum_{m\in M_c}\sum_{j\in J_i}\sum_{i\in I}T_{ij}^{cm}x_{ij}^{cm} \tag{2.31}$$

$$\sigma_c = \sqrt{\frac{1}{|M_c|}\sum_{m\in M_c}\left(\sum_{j\in J_i}\sum_{i\in I}T_{ij}^{cm}x_{ij}^{cm} - \mu_c\right)^2} \tag{2.32}$$

μ_c 和 σ_c 分别代表各类资源的工作时间均值和标准差。μ_c 是将资源集合 c 中的每一个资源的所有工作时间累加后，再除以资源集合中资源的个数，求得资源集合 c 的均值；σ_c 则是资源集合 c 的标准差。两者之比越小，表明资源集合 c 的利用越均衡。

突发事件中，大量伤员集中在医院，伤员等待手术的时间直接影响到伤员的救活率，特别是危重患者。伤员等待时间越短，手术越快，救治效率越高，因此，伤员的等待时间是医院在应对突发事件时的一个重要管理指标。在医院中，患者等待时间可详细划分为紧急手术(急诊手术)和非紧急手术(择期手术)两种类型。对于突发事件中的伤员，将其归纳到紧急手术部分。择期手术的等待时间主要是应急情况下急诊手术插入重新调整后的排程时间与初始排程的差值决定的。一般择期手术会往后延迟，这种情况下差值为正数；而对于那些提前手术的，差值为负数，没有等待时间。择期手术的等待时间可以表示为 $\max\{\mathrm{ST}_i-\mathrm{ST}_i',0\}$，其中 ST_i 和 ST_i' 分别表示手术 i 在新排程和初始排程的开始时间，而应急手术排程的等待时间主要是新排程与初始排程的开始时间之差，为 $\mathrm{ST}_i-\mathrm{ST}_i'$。

医院的应急管理中通常优先考虑减少应急患者的等待时间，所以引入两个权重系数 δ_1 和 δ_2，构建应急患者等待时间函数为

$$\mathrm{CWT}=\sum_i(\delta_1\cdot\lambda_i\cdot\max\{\mathrm{ST}_i-\mathrm{ST}_i',0\}-\delta_2\cdot(\lambda_i-1)\cdot(\mathrm{ST}_i-\mathrm{ST}_i'))\tag{2.33}$$

其中，参数 λ_i 用来区别择期手术和应急手术，$\lambda_i=0$ 表示手术为应急手术。

2.3.2　突发事件情景下应急手术调度问题模型

常规手术调度与突发事件下的应急手术调度是不同的，常规手术调度大都以手术管理成本最低、患者满意度最高、医护工作人员加班时间最短等作为研究目标。应急手术是突然发生的，且根据规模不同手术量也会不同程度地增加。另外，突发事件发生后，由于短期内存在大量待救治的伤病员，手术治疗的快速性相比手术过程中的人力物力成本对舆情的影响要更加重要。因此，应急手术调度的优化目标通常是关键资源利用率、手术室利用的均衡性和伤员的等待时间。

很显然，突发事件下的应急手术调度优化是一个多目标多约束的优化问题，具体的目标函数、约束条件和优化变量如下所示：

$$f_1=\min\left(\sum_i(\delta_1\cdot\lambda_i\cdot\max\{\mathrm{ST}_i-\mathrm{ST}_i',0\}-\delta_2\cdot(\lambda_i-1)\cdot(\mathrm{ST}_i-\mathrm{ST}_i'))\right)\tag{2.34}$$

$$f_2=\max\left(\sum_{m=1}^{|M_c|}\frac{\sum_{i=1}^{N}(T_{i2}^{cm}\cdot x_{i2}^{cm}\cdot K_m)}{\max\left(\sum_{i=1}^{N}\mathrm{ET}_{i2}\cdot x_{i2}^{cm}\cdot K_m,\mathrm{ET}_{(i-1)2}\cdot x_{i2}^{cm}\cdot K_m\right)}\right)\tag{2.35}$$

$$f_3=\min\max_{c\in C}\left(\frac{\frac{1}{|M_c|}\sum_{m\in M_c}\sum_{j\in J_i}\sum_{i\in I}T_{ij}^{cm}x_{ij}^{cm}}{\sqrt{\frac{1}{|M_c|}\sum_m\left(\sum_{j\in J_i}\sum_{i\in I}T_{ij}^{cm}x_{ij}^{cm}-\frac{1}{|M_c|}\sum_{m\in M_c}\sum_{j\in J_i}\sum_{i\in I}T_{ij}^{cm}x_{ij}^{cm}\right)^2}}\right)\tag{2.36}$$

s.t.

$$\mathrm{ET}_{ij}=\mathrm{ST}_{ij}+\max_{c\in C_{ij},m\in M_c}(T_{ij}^{cm}\cdot x_{ij}^{cm})-(j-3)^{i-1}r_i\cdot T_{i1}+A,\quad i\in I,\ j=1,2,3\tag{2.37}$$

$$\mathrm{ET}_{ij}=\mathrm{ST}'_{i(j+1)},\quad i\in I,\ j=1,2\tag{2.38}$$

$$\mathrm{ET}_{ij'}-\mathrm{ET}_{ij}\geqslant T_{ij'}^{cm},\quad j,j'\in J_i, j<j', i\in I, c\in C, m\in M_c \tag{2.39}$$

$$\mathrm{ET}_{i'2}-\mathrm{ET}_{i2}+H(1-Z_{i,i'})\geqslant T_{i'2}^{cm},\quad i,i'\in I, i\neq i' \tag{2.40}$$

$$\mathrm{ET}_{i2}-\mathrm{ET}_{i'2}+HZ_{i,i'}\geqslant T_{i2}^{cm},\quad i,i'\in I, i\neq i \tag{2.41}$$

$$x_{ij}^{cm}\cdot x_{ij'}^{cm}=0,\ j,\ j'\in J_{cm} \tag{2.42}$$

$$\begin{aligned}&T_{\mathrm{S}w}\leqslant \mathrm{ST}_{i1}\leqslant T_{\mathrm{E}w}-T_{i1}-T_{i3}-\max(T_{i2}^{cm}\cdot x_{i2}^{cm}),\\ &c\in C_{ij}, m\in M_c, T_{Sw}, T_{Ew}\in c_w, w\in\mathbb{N}^+, i=1,2,\cdots,n\end{aligned} \tag{2.43}$$

$$\sum_{m\in M_c} x_{ij}^{cm}=n_{ij}^c,\quad c\in C_{ij} \tag{2.44}$$

变量说明如下：I 表示全体手术的集合，$i=1,2,\cdots,n$；J_i 表示手术 i 的手术阶段集合，包括术前准备、手术中、术后恢复，$i\in\{1,2,3\}$；C 表示资源类型的集合，包括医生、巡回护士、洗手护士、手术室、麻醉师、恢复室床位和准备室床位；M_c 表示第 c 类资源的集合；n_{ij} 表示手术 i 的第 j 阶段所需的资源集合；J_{cm} 表示第 c 类的资源 m 辅助操作手术各阶段的集合；n_{ij}^c 表示手术 i 的第 j 阶段需要第 c 类资源的数量；T_{ij}^{cm} 表示第 c 类资源 m 在手术 i 的第 j 阶段的持续服务时间；T_{i1}，T_{i3} 分别表示手术 i 的准备阶段、恢复阶段的持续时间；c_w 表示第 w 天的工作时间段；$T_{\mathrm{S}w}, T_{\mathrm{E}w}$ 分别表示第 w 天工作的开始和结束时间点，$w\in\mathbb{N}^+$；A 表示一个任意大的整数；$\mathrm{ST}_{ij}, \mathrm{ST}_{ij}'$ 分别表示手术 i 的第 j 阶段的优化开始时间和初始开始时间；δ_1, δ_2 分别表示择期手术推迟惩罚系数和紧急手术延迟惩罚系数；ET_{ij} 表示手术 i 的第 j 阶段的结束时间；K_m 判断资源 m 是否为关键资源，$K_m=1$ 说明 m 资源为关键资源，$K_m=0$ 则为一般资源，无需优化；λ_i 用来区别手术类型，$\lambda_i=1$ 为择期手术，$\lambda_i=0$ 为突发事件带来的应急手术。x_{ij}^{cm} 表示在手术 i 的第 j 阶段是否使用了第 c 类资源中的资源 m，若使用 $x_{ij}^{cm}=1$，否则 $x_{ij}^{cm}=0$；$Z_{k,l}$ 表示选用一个资源时，若手术阶段 k 在手术阶段 l 之前，则 $Z_{k,l}=1$，否则 $Z_{k,l}=0$；r_i 表示手术 i 是否是某间手术室的第一例手术，若是则 $r_i=1$，否则 $r_i=0$。

式(2.34)～(2.36)为应急手术调度的三个目标函数。式(2.34)表示为了考虑不同惩罚系数的所有患者复合等待时间，优化目标为所有患者的复合等待时间最短。式(2.35)强调关键资源的有效工作时间占总工作时间的比例，优化目标为有效工作时间的比例最大。式(2.36)是同质资源的离散系数，针对同质资源利用均衡性问题，目标函数为离散系数最小。式(2.37)表示手术阶段的结束时间由该阶段手术的开始时间与在该阶段中各资源的操作时间的最大值相加，如果是手术室的第一例手术，则其术前准备直接在手术室进行，因此，其术中阶段的结束时间要减去术前准备时间。式(2.38)和式(2.39)表示手术三阶段必须连续执行，顺序不可变，前一阶段完成后才能执行下一阶段，相邻阶段间不能有时间间隔。式(2.40)和式(2.41)表示同一手术在同一时刻不能同时在两个阶段实施。式(2.42)表示在同一时间段内某个资源只能服务一例手术。式(2.43)表示所有手术必须在当天完成。式(2.44)表示参与手术的所有资源必须满足手术标准，才能被分配，不满足标准的资源不能被分配。由此可知，模型既遵循了医院原有的手术排程规则，又增加了急诊手术的特殊要求，符合应急管理需求。

2.4 伤员检伤、分类问题

在突发事件现场，医疗救援力量往往有限，尤其在事发初期急救医疗资源可能十分匮乏。因此必须将有限的急救资源用在刀刃上，优先保证抢救重伤员。检伤分类就是要尽快把重伤员从一批伤亡人群中筛查出来，争取在第一时间拯救。面对重大的灾害事故，检伤分类可以将众多的伤员分为不同等级，按伤势的轻重缓急有条不紊地展开现场医疗急救和梯队顺序转送，从而提高灾害救援效率。同时，通过检伤分类可以从宏观上对伤亡人数、伤情轻重和发展趋势等做出一个全面、合理的评估，以便及时、准确地向有关部门汇报灾情，指导灾害救援，判断是否需要增援。

突发事件发生后，伤员伤情的评估、识别和分类通常需要专业的医疗人员来实施，在现场混乱且伤情复杂的情况下，一般医护人员很难准确做出判断。这种情况下，如果让普通医护人员仅仅做出伤员伤情的描述并记录，比如伤员的受伤部位、症状，那么这种工作就容易很多。普通医护人员做出伤员伤情的文字描述或图片描述后，将采集到的这些信息输入到计算机，利用智能分类算法来对伤员的伤情进行识别和分类，不但可以提高分类效率，而且能够提高分类的准确性。因此，这种方法得到了越来越多的学者的关注。下面介绍两种常见的文本和图片分类方法。

2.4.1 朴素贝叶斯分类

朴素贝叶斯分类(naive Bayesian classification，NBC)是贝叶斯学习方法中最常用的方法，是一种简单而又非常有效的分类方法。朴素贝叶斯分类建立在经典的贝叶斯概率理论基础之上，其基本思想是利用特征项和类别的条件概率来估算给定文本的类别概率，是一种基于概率分类的方法。

假设每个训练样本集都用一个 n 维的向量 $X=(x_1,x_2,\cdots,x_n)$ 表示，分别描述对

n个属性$A_1, A_2, \cdots, A_n$的度量，这些属性相关联的类标号集合为$\{C_1, C_2, \cdots, C_n\}$。当给定一个测试样本$x$，利用极大后验假设对其分类，得到最可能的类标号为

$$c(x) = \underset{c \in C}{\arg\max}\, P(x_1, x_2, \cdots, x_n \mid c) P(c) \tag{2.45}$$

其中，c为类集合中的某一类别。$P(c)$的值容易估计，只需计算每个类标记c出现在训练样本集中的频率即可，但估计$P(x_1, x_2, \cdots, x_n \mid c)$就不太容易。因此，朴素贝叶斯分类器假定样本的$n$个属性之间相互独立。根据事件的独立性，$P(x_1, x_2, \cdots, x_n \mid c)$可以表示为每个单独属性的概率乘积，如下式：

$$P(x_1, x_2, \cdots, x_n \mid c) = \prod_{j=1}^{n} P(x_j \mid c) \tag{2.46}$$

朴素贝叶斯分类器为

$$c(x) = \underset{c \in C}{\arg\max}\, P(c) \prod_{j=1}^{n} P(x_j \mid c) \tag{2.47}$$

有了条件独立性假设，就不需要计算x的每个组合的类条件概率，只需对给定的类别，分别计算每个x_j的条件概率即可。

对于突发事件下伤员伤情的描述性文本信息，朴素贝叶斯分类器的任务就是将表示成向量的待分类伤情描述文档$D_i(x_1, x_2, \cdots, x_n)$归类到与其关联最紧密的伤情类别集合$C_i(i = 1, 2, \cdots, m)$中的某一类，其中，$D_i(x_1, x_2, \cdots, x_n)$为待分类文档$D_i$的特征向量，$C = \{C_1, C_2, \cdots, C_m\}$为给定的文档类别集合。也就是说，问题的目标是求解$D_i(x_1, x_2, \cdots, x_n)$属于给定类别$C_1, C_2, \cdots, C_m$的概率值$p_1, p_2, \cdots, p_m$，其中$p_j$为$D_i(x_1, x_2, \cdots, x_n)$属于$C_j$的概率，则$p_1, p_2, \cdots, p_m$中最大的值所对应的类别就是文档$D_i$所属的类别。假设$D_i$为任意文档，根据贝叶斯分类器，文档$D_i$属于$C_j$的概率为

$$P(C_j \mid D_i) = \frac{P(C_j) P(D_i \mid C_j)}{P(D_i)} = \frac{P(C_j) P(x_1, x_2, \cdots, x_n \mid C_j)}{P(x_1, x_2, \cdots, x_n)} \tag{2.48}$$

该式中，$P(x_1, x_2, \cdots, x_n)$对应所有的类都是常量，只需估算$P(C_j) P(x_1, x_2, \cdots, x_n \mid C_j)$即可。根据上面描述，计算式(2.48)的最大值

$$c(D_i) = \underset{C_j \in C}{\arg\max}\, P(x_1, x_2, \cdots, x_n \mid C_j) P(C_j) \tag{2.49}$$

其中$P(x_1, x_2, \cdots, x_n)$对应所有的类均为常量，所以只需估算$P(C_j) P(x_1, x_2, \cdots, x_n \mid C_j)$。由$P(x_1, x_2, \cdots, x_n \mid C_j) = \prod_{i=1}^{n} P(x_i \mid C_j)$，式(2.49)可简化为

$$c(D_i)=\arg\max_{C_j\in C} P(C_j)\prod_{i=1}^{n} P(x_i\mid C_j) \tag{2.50}$$

朴素贝叶斯文本分类的关键就是计算 $P(C_j)$ 和 $P(x_i\mid C_j)$。它的分类过程就是建立分类模型的过程，通过计算 $P(C_j)$ 和 $P(x_i\mid C_j)$，求出后验概率，再依据 $x_k(k=1,2,\cdots,n)$ 的概率最大值判断 D_i 的类别。根据 $P(D_i\mid C_j)$ 计算方式的不同，朴素贝叶斯分类方法可分为最大似然模型(maximum likelihood model，MLM)、多变量伯努利模型(multi-variate Bernoulli model，MBM)、多项式模型(multinomial model，MM)、泊松模型(Poisson model，PM)等。下面介绍多变量伯努利模型[175,176]和多项式模型。

多变量伯努利模型只考虑特征项在文档中是否出现，权重为 1 表示特征项在文档中出现，0 表示未出现。这种方法不考虑特征词出现的顺序，也不考虑特征项在文档中出现的次数。假定特征项为 n 项，将文档当作一个事件，设 B_{xt} 表示特征项在文档中的出现或不出现的情况，则多变量伯努利模型如下：

$$P(D_i\mid C_j)=\prod_{i=1}^{n}(B_{xt}P(x_i\mid C_j)+(1-B_{xt})(1-P(x_i\mid C_j))) \tag{2.51}$$

其中，$P(x_i\mid C_j)$ 表示属于 C_j 类的情况下 x_i 出现的概率。从式(2.51)可以看出，在多变量伯努利模型中，文档是所有特征项的类条件概率之积，如果特征项在文档中出现，乘以 $P(x_i\mid C_j)$，否则乘以 $1-P(x_i\mid C_j)$。给定类别 C_j 和特征项 x_i 的类条件概率，那么 $P(x_i\mid C_j)$ 的估算采用文档频数：

$$P(x_i\mid C_j)=\frac{n_{ij}}{n_j} \tag{2.52}$$

其中，n_{ij} 为类 C_j 中包含特征项 x_i 的文档数，n_j 为类 C_j 中包含的总文档数。为了避免出现零概率，通常需要加入平滑因子，比如拉普拉斯平滑因子。一般采用 m 估计(m-estimate)方法来估算条件概率：$P(x_i\mid C_j)=\dfrac{n_{ij}+mp}{n_j+m}$，其中 m 称为等价样本大小的参数，p 是用户指定参数。采用 m 估计方法，通常取 $m=2$，$p=\dfrac{1}{2}$，因此 $P(x_i\mid C_j)$ 的计算公式如下：

$$P(x_i\mid C_j)=\frac{1+n_{ij}}{2+n_j} \tag{2.53}$$

先验概率 $P(C_j)$ 的计算公式如下：

$$P(C_j)=\frac{\mathrm{TN}(C_j)}{\mathrm{TN}} \tag{2.54}$$

其中，$\mathrm{TN}(C_j)$ 为类 C_j 中的训练文本总数，TN 为训练样本总数。

多变量伯努利模型忽略了每个特征项在文档中出现的次数，而决定一个文档的类别的时候，这些信息往往具有重要的价值。多项式模型考虑了特征项在文档中出现的次数。文档被看作词序列，并且假定文档的长度与类别无关，文档中的任何一个词与它在文档中的位置以及上下文无关。文档属于类 C_j 时特征词 x_i 出现一次的概率为 $P(x_i \mid C_j)$，出现 n_k 次的概率为 $P(x_i \mid C_j)^{n_k}$，假定共有 n 个词，则 $n=n_1+n_2+\cdots+n_k$，则多项式模型为

$$P(D_i \mid C_j)=n!\prod_{i=1}^{n}\frac{P(x_i \mid C_j)^{n_k}}{n_k!} \tag{2.55}$$

在多项式模型中，$P(x_i \mid C_j)$ 采用词频估算：

$$P(x_i \mid C_j)=\frac{\sum_{k=1}^{|D|}N(x_i,D_k)}{\sum_{i=1}^{|V|}\sum_{k=1}^{|D|}N(x_i,D_k)} \tag{2.56}$$

其中，$\sum_{k=1}^{|D|}N(x_i,D_k)$ 表示特征项 x_i 在类 C_j 的各文档中出现的次数之和，$\sum_{i=1}^{|V|}\sum_{k=1}^{|D|}N(x_i,D_k)$ 为类 C_j 中所有特征项的总次数。为了避免出现零概率，通常需要加入平滑因子。一般采用 m 估计方法来估算条件概率：$P(x_i \mid C_j)=\dfrac{\sum_{k=1}^{|D|}N(x_i,D_k)+mp}{\sum_{i=1}^{|V|}\sum_{k=1}^{|D|}N(x_i,D_k)+m}$，其中 m 称为等价样本大小的参数，p 是用户指定参数。通常取 $m=|V|$，$p=\dfrac{1}{|V|}$，如下所示：

$$P(x_i \mid C_j)=\frac{\sum_{k=1}^{|D|}N(x_i,D_k)+1}{\sum_{i=1}^{|V|}\sum_{k=1}^{|D|}N(x_i,D_k)+|V|} \tag{2.57}$$

其中，V 是训练样本的单词表。在多项式模型中，先验概率 $P(C_j)$ 的计算如下：

$$P(C_j)=\frac{\mathrm{TN}(C_j)}{\mathrm{TN}} \tag{2.58}$$

其中，$\mathrm{TN}(C_j)$ 为类 C_j 中的特征项总数，TN 为训练样本的特征项总数。

多变量伯努利模型与多项式模型的区别是:多变量伯努利模型以文件为粒度，多项式模型以词即特征项为粒度，因此二者的先验概率和类条件概率的计算方法不同。

2.4.2　基于支持向量机的分类

若突发事件中伤员伤情情况是以图片的形式呈现，此时对伤情进行识别和分类，则采用支持向量机(support vector machine，SVM)分类器进行处理。伤员伤情图像分类的本质是指将图像自动识别到不同伤情类别中，以便在进行伤员转运中合理安排伤员到不同的病室。

基于支持向量机的图像分类主要包括提取图像的特征和构建支持向量机。图像特征提取首先需要对图像进行预处理，然后提取特征并利用计算机对图像进行描述，并为后续的分类器学习做好准备。分类器学习的步骤是：首先将需要进行分析的图像的描述特征输入到分类器，然后选择合适的核函数和核参数，接着对图像样本进行训练、学习和测试，从而得到不同类别的图像样本集，并存入数据库，具体过程如图 2.3 所示，其中 RBF 为非线性核函数，参数选取方法为交叉验证法。

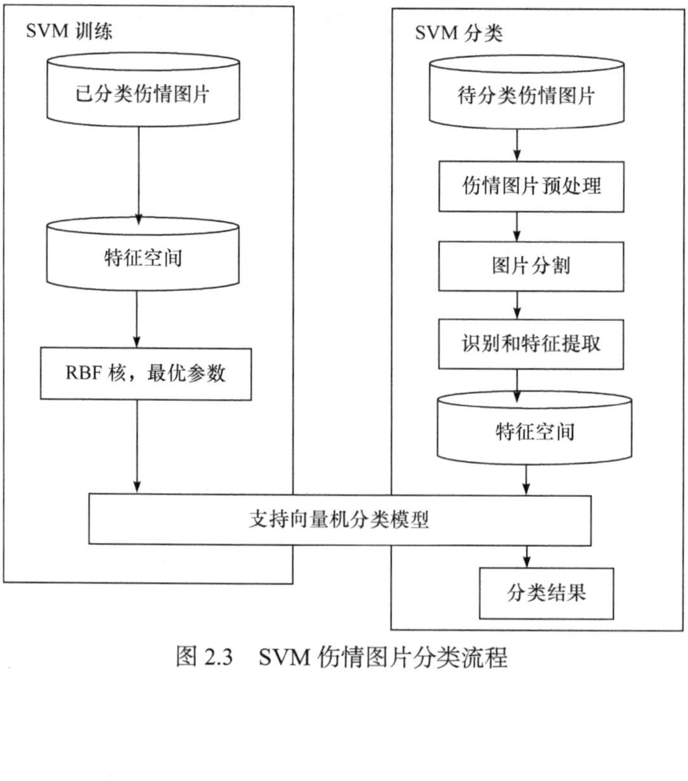

图 2.3　SVM 伤情图片分类流程

支持向量机是由 Maji 等[180]基于结构风险最小化原理提出的有监督的统计学习方法，利用机构化风险最小原理，来增强学习机泛化能力，最小化经验风险与置信范围。SVM 的基本思想是在样本空间或者特征空间中，寻求一个最优的超平面，使不同类的样本相互分开，直到超平面的距离最大，以实现最大的泛化能力。

SVM 分类情况分为线性可分和线性不可分两类。对于线性可分，假定对于给定的 n 个线性可分的训练样本 $(x_1,y_1),(x_2,y_2),\cdots,(x_n,y_n)$ ， x_i 是一个 m 维向量， $y_i\in\{-1,1\}$ ，在这个 m 维空间中存在一个超平面 $\omega^{\mathrm{T}}x_i+b=0$ ，对任意的 i 都有 $y_i(\omega^{\mathrm{T}}x_i+b)\geqslant 1$ ，如图 2.4 所示。

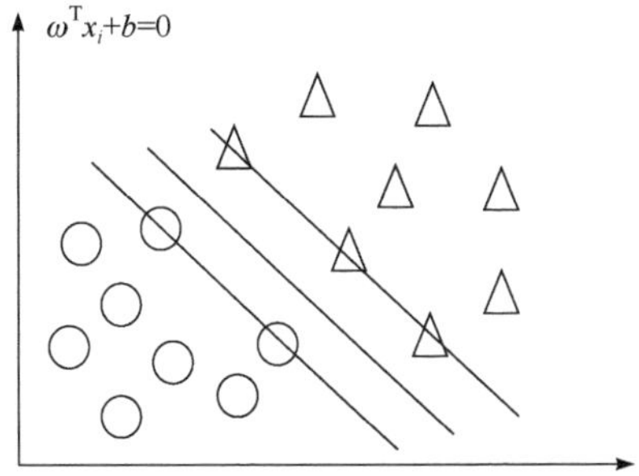

图 2.4　超平面和样本数据

从图 2.4 中可以看出，中间的 $\omega^{\mathrm{T}}x_i+b=0$ 这条线把三角形和圆形两种形状的点分开了，这条线就是超平面。也就是说，这个所谓的超平面把两种不同形状的数据点分隔开，在超平面一边的数据点 y_i 所对应的全是 -1 ，而在另一边全是 1 。SVM 分类的目的就是找到最佳的权重 ω_0 和最佳偏置 b_0 ，使两类边界上的点到超平面的距离最大，因此得到目标函数：

$$\max \quad \frac{1}{\|\omega\|} \tag{2.59}$$

s.t.

$$y_i(\omega^{\mathrm{T}}x_i+b)\geqslant 1,\quad i=1,2,\cdots,n$$

等价于

$$\phi(\omega,b)=\min\ \frac{1}{2}\|\omega\|^2 \tag{2.60}$$

$$\text{s.t.}\ \ y_i(\omega^{\mathrm{T}}x_i+b)\geqslant 1,\quad i=1,2,\cdots,n$$

这是一个典型的凸二次规划问题，引入 Lagrange 函数[178]：

$$L(\omega,b,\alpha)=\frac{1}{2}\omega^{\mathrm{T}}\omega-\sum_{i=1}^{n}\alpha_i[y_i(\omega^{\mathrm{T}}x_i+b)-1] \tag{2.61}$$

其中，$\alpha_i > 0$ 是 Lagrange 系数，目标是对 ω，b 求 Lagrange 函数的极小值。分别对式(2.61)中 ω，b 求偏导并令其等于 0，得

$$\frac{\partial L(\omega,b,\alpha)}{\partial \omega} = 0 \Rightarrow \omega = \sum_{i=1}^{n} \alpha_i y_i x_i \tag{2.62}$$

$$\frac{\partial L(\omega,b,\alpha)}{\partial b} = \sum_{i=1}^{n} \alpha_i y_i = 0 \tag{2.63}$$

将式(2.62)和(2.63)代入式(2.61)中得到

$$\begin{aligned} & L(\alpha) = \sum_{i=1}^{n} \alpha_i - \frac{1}{2}\sum_{i=1}^{n}\sum_{j=1}^{n} \alpha_i \alpha_j y_i y_j (x_i^{\mathrm{T}} x_j) \\ & \text{s.t.} \quad \alpha_i \geqslant 0, \quad \sum_{i=1}^{n} \alpha_i y_i = 0 \end{aligned} \tag{2.64}$$

根据求解式(2.64)中 $L(\alpha)$ 的最大值可以得到最优解 α_i，由式(2.62)可知

$$\omega_0 = \sum_{i=1}^{n} \alpha_i y_i x_i \tag{2.65}$$

根据 KKT(Karush Kuhn Tucker)条件[179]可知，该优化问题的解一定满足 $\alpha_i[y_i(\omega^{\mathrm{T}} x_i + b) - 1] = 0$。因此，大多数样本的 $\alpha_i = 0$，只有 $\alpha_i \neq 0$ 的样本对 ω 才有贡献，对应的向量 x_i 落在最优边界，称为支持向量(support vector, SV)。依次得到最佳偏置 b_0 和分类函数 $f(x)$：

$$\begin{aligned} b_0 &= -\frac{1}{2}\left(\min_{y_i=1} \omega_0^{\mathrm{T}} x_i + \max_{y_i=-1} \omega_0^{\mathrm{T}} x_i \right) \\ &= -\frac{1}{2}\left(\min_{y_i=1} \sum_{j=1}^{n} \alpha_j y_j x_j^{\mathrm{T}} x_i + \max_{y_i=-1} \sum_{j=1}^{n} \alpha_j y_j x_j^{\mathrm{T}} x_i \right) \end{aligned} \tag{2.66}$$

$$f(x) = \operatorname{sign}(\omega_0^{\mathrm{T}} + b_0) = \operatorname{sign}\left(\sum_{i=1}^{n} \alpha_i y_i x_i^{\mathrm{T}} + b_0 \right) \tag{2.67}$$

在大多数情况下，样本是线性不可分的，如图 2.5 所示，因此可以用一个非线性 $\phi(x \to z)$ 映射到另一个高维空间 F，使样本可以在空间 F 中线性可分。在 F 空间中，$z = \phi(x)$ 是线性可分的，只需将 x 换成 z。式(2.64)可以变换成

$$L(\alpha) = \sum_{i=1}^{n} \alpha_i - \frac{1}{2}\sum_{i=1}^{n}\sum_{j=1}^{n} \alpha_i \alpha_j y_i y_j (z_i^{\mathrm{T}} z_j) \tag{2.68}$$

$$z_i^{\mathrm{T}} z_j = \phi(x_i)^{\mathrm{T}} \phi(x_j) = K(x_i, y_j) \tag{2.69}$$

这里将计算两个向量在映射过后的空间中的内积函数 K，该函数称为核函数(kernel function)，显然 K 是一个非负的对称函数。核函数可以选取多种形式，常见的有：线性核函数、多项式核函数、高斯核函数等。有了核函数后，二次规划问题变成

$$L(\alpha)=\max\sum_{i=1}^{n}\alpha_i-\frac{1}{2}\sum_{i=1}^{n}\sum_{j=1}^{n}\alpha_i\alpha_jK(x_i,y_j)$$
$$\text{s.t.}\quad \alpha_i\geqslant 0,\quad \sum_{i=1}^{n}\alpha_iy_i=0 \tag{2.70}$$

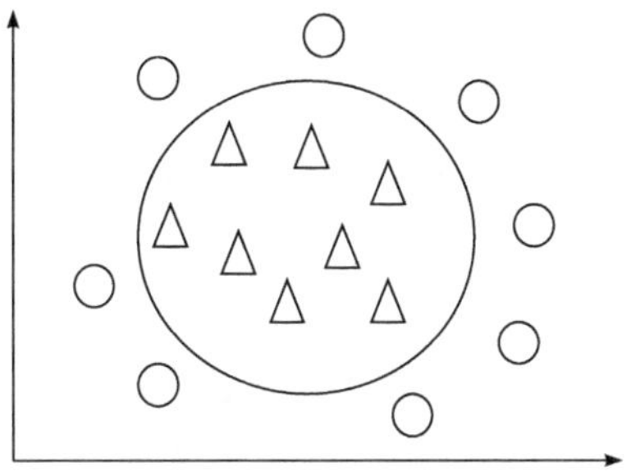

图 2.5 非线性情况

对应的分类函数变为

$$f(x)=\operatorname{sign}\left(\sum_{i=1}^{n}\alpha_iy_iK(x_i,x)+b_0\right) \tag{2.71}$$

其中，

$$b_0=\frac{1}{2}\left(\min_{y_i=1}\sum_{j=1}^{n}\alpha_jy_jK(x_i,x_j)+\max_{y_i=-1}\sum_{j=1}^{n}\alpha_jy_jK(x_i,x_j)\right)$$

2.5 不确定理论

突发事件发生后，由于多种原因的影响，比如道路突然中断，伤情恶化导致伤员死亡等，对于经典的调度方法由于受到不确定因素的影响，必然不再适用，这种情况下必须要充分考虑常规救援情况下的各种不确定因素，才能更好做出应对。因此，在常规处理方式中加入模糊、不确定的处理方法，能更好地给出合理的应急救援方案。下面重点介绍不确定理论的相关概念和运算法则。

不确定测度、不确定变量和不确定分布是不确定理论中的三个重要概念，其中不确定测度反映事件发生的机会大小和衡量方法，不确定变量描述了可能发生的不精确的事件，不确定分布反映了不确定变量的分布状况，以便更好地使用不确定变量。

定义 2.1[181,182] 假设 Γ 为一个非空集合，L 是定义在 Γ 上的 σ-代数，称 L 中的元素 $\Lambda\in L$ 为事件。M 是定义在 L 上的集函数，则满足下面五条公理的集函数 $M\{\Lambda\}$ 为不确定测度：

(1) $M\{\Gamma\}=1$；

(2) $\forall\Lambda_1\subset\Lambda_2$， $M\{\Lambda_1\}\leqslant M\{\Lambda_2\}$；

(3) $\forall\Lambda$，$M\{\Lambda\}+M\{\Lambda^c\}=1$；

(4) 对 $\{\Lambda_1,\Lambda_2,\cdots,\Lambda_n\}$ 可列事件集，有 $M\left\{\bigcup_{i=1}^{\infty}\Lambda_i\right\}\leqslant\sum_{i=1}^{\infty}M\{\Lambda_i\}$，那么三元组 (Γ,L,M) 称为不确定空间；

(5) 假设 M_k 是定义在非空集合 Γ_k 上的不确定测度，$k=1,2,\cdots,n$，那么定义在乘积 σ- 代数 $L=L_1\times L_2\times\cdots\times L_n$ 上的不确定测度 M 满足 $M\left\{\prod_{k=1}^{n}\Lambda_k\right\}=\min_{1\leqslant i\leqslant n}M_k\{\Lambda_k\}$，即对任何一个事件 $\Lambda\in L$，有

$$M\{\Lambda\}=\begin{cases}\sup\limits_{\Lambda_1\times\Lambda_2\times\cdots\times\Lambda_n\in\Lambda}\min\limits_{1\leqslant k\leqslant n}M_k\{\Lambda_k\}, & \sup\limits_{\Lambda_1\times\Lambda_2\times\cdots\times\Lambda_n\in\Lambda}\min\limits_{1\leqslant k\leqslant n}M_k\{\Lambda_k\}>0.5,\\ 1-\sup\limits_{\Lambda_1\times\Lambda_2\times\cdots\times\Lambda_n\in\Lambda}\min\limits_{1\leqslant k\leqslant n}M_k\{\Lambda_k\}, & \sup\limits_{\Lambda_1\times\Lambda_2\times\cdots\times\Lambda_n\in\Lambda}\min\limits_{1\leqslant k\leqslant n}M_k\{\Lambda_k\}<0.5,\\ 0.5, & \text{其他}\end{cases}\tag{2.72}$$

定义 2.2[181] 不确定变量是由不确定空间 (Γ,L,M) 到实数集的可测函数。对任意实数集 B 中的实数，集合 $\{\xi\in B\}=\{\gamma\in\Gamma\mid\xi(\gamma)\in B\}\in L$，其中 $\{\xi\in B\}$ 为一个事件。通常将 $\{\xi\in B\}$ 表示为 $\{\xi\leqslant t\}$ 或 $\{\xi\geqslant t\}$，其中 t 为实数。

在实际应用中，一个随机变量通常用它的概率密度函数或概率分布函数来表示。类似地，不确定变量也可以用它的不确定分布函数来表示。

定义 2.3[181] 设 ξ 是一个不确定变量，是实数集上的函数，如果对于任意实数 x 都有 $\Phi(x)=M\{\xi\leqslant x\}$，则称 $\Phi(x)$ 为 ξ 的不确定分布函数。

定义 2.4 设不确定变量 ξ 满足式(2.43)的不确定分布函数($\xi\sim L(a,b)$)：

$$\Phi(x)=\begin{cases}0, & x\leqslant a,\\ \dfrac{x-a}{b-a}, & a\leqslant x\leqslant b,\\ 1, & \text{其他}\end{cases}\tag{2.73}$$

那么不确定变量 ξ 称为线性不确定变量。

由不确定变量的性质，如果 $\xi_1,\xi_2,\cdots,\xi_n$ 全部为线性不确定变量，且 $\xi_i\sim L(a_i,b_i)$，$i=1,2,\cdots,n$，那么它们加权求和后得到的变量 $\eta=\sum_{i=1}^{n}\lambda_i\xi_i$ 也是线性不确定变量，且 $\eta\sim L\left(\sum_{i=1}^{n}\lambda_i a_i,\sum_{i=1}^{n}\lambda_i b_i\right)$，其中 $\lambda_i\geqslant 0$，$i=1,2,\cdots,n$。

定义 2.5　设不确定变量ξ满足式(2.74)的不确定分布函数($\xi \sim N(e,\sigma)$):

$$\Phi(x)=\left(1+\exp\left(\frac{\pi(e-x)}{\sqrt{3}\sigma}\right)\right)^{-1},\quad x\in\mathbb{R},\sigma>0 \tag{2.74}$$

那么称ξ为正态不确定变量。

由不确定变量的性质,假如$\xi_1,\xi_2,\cdots,\xi_n$均为正态不确定变量,且$\xi_i \sim N(e_i,\sigma_i)$,$i=1,2,\cdots,n$,那么它们加权求和后得到的变量$\eta=\sum_{i=1}^{n}\lambda_i\xi_i$也是正态不确定变量,且$\eta \sim N\left(\sum_{i=1}^{n}\lambda_i e_i,\sum_{i=1}^{n}\lambda_i\sigma_i\right)$,其中$\lambda_i \geqslant 0$, $i=1,2,\cdots,n$。

定义 2.6　设不确定变量ξ满足式(2.75)不确定分布函数($\xi \sim Z(a,b,c)$):

$$\Phi(x)=\begin{cases}0, & x\leqslant a,\\ \dfrac{x-a}{2(a-b)}, & a<x<b,\\ \dfrac{x+c-2b}{2(c-b)}, & b\leqslant x\leqslant c,\\ 1, & x>c\end{cases} \tag{2.75}$$

那么称ξ为折线不确定变量,式中a, b和c全部为实数,且$a<b$。

由不确定变量的性质,如果$\xi_1,\xi_2,\cdots,\xi_n$均为折线不确定变量,且$\xi_i \sim Z(a,b,c)$,$i=1,2,\cdots,n$,那么它们加权求和后的变量$\eta=\sum_{i=1}^{n}\lambda_i\xi_i$仍是折线不确定变量,且$\eta \sim Z\left(\sum_{i=1}^{n}\lambda_i a_i,\sum_{i=1}^{n}\lambda_i b_i,\sum_{i=1}^{n}\lambda_i c_i\right)$,其中$\lambda_i \geqslant 0$,$i=1,2,\cdots,n$。

定理 2.1[183]　假设$\xi_1,\xi_2,\cdots,\xi_n$是相互独立的不确定变量,不确定分布为$\Phi_1,\Phi_2,\cdots,\Phi_n$。假设$f(r_1,r_2,\cdots,r_n)$为$r_1,r_2,\cdots,r_n$的递增函数,那么$\xi=f(r_1,r_2,\cdots,r_n)$为一个不确定变量,其反函数的不确定分布为

$$\Psi^{-1}(\alpha)=f(\Phi_1^{-1}(\alpha),\Phi_2^{-1}(\alpha),\cdots,\Phi_n^{-1}(\alpha)),\quad 0\leqslant\alpha\leqslant 1 \tag{2.76}$$

定理 2.2[183]　假设$\xi_1,\xi_2,\cdots,\xi_n,\xi_{n+1},\cdots,\xi_{n+m}$为彼此独立不确定变量,对应的不确定分布为$\Phi_1,\Phi_2,\cdots,\Phi_n,\Phi_{n+1},\cdots,\Phi_{n+m}$。设$g(r_1,r_2,\cdots,r_n,r_{n+1},\cdots,r_{n+m})$是关于$r_1,r_2,\cdots,r_n$的严格递增函数,同时是关于$r_{n+1},r_{n+2},\cdots,r_{n+m}$的严格递减函数,则$\eta=g(r_1,r_2,\cdots,r_n,r_{n+1},\cdots,r_{n+m})$是一个不确定变量,其反函数的不确定分布为

$$\Psi^{-1}(\alpha)=g(\Phi_1^{-1}(\alpha),\Phi_2^{-1}(\alpha),\cdots,\Phi_n^{-1}(\alpha),\Phi_{n+1}^{-1}(1-\alpha),\cdots,\Phi_{n+m}^{-1}(1-\alpha)) \tag{2.77}$$

定义 2.7[181]　设ξ为一个不确定变量，如果$\int_0^{\infty} M\{\xi \geqslant x\}\mathrm{d}x$和$\int_{-\infty}^{0} M\{\xi \leqslant x\}\mathrm{d}x$中有一个积分为有限积分，那么确定变量$\xi$的期望值为

$$E[\xi]=\int_0^{\infty} M\{\xi \geqslant x\}\,\mathrm{d}x-\int_{-\infty}^{0} M\{\xi \leqslant x\}\mathrm{d}x \tag{2.78}$$

通过计算可知，如果不确定变量ξ服从正态不确定分布，即$\xi \sim N(e,\sigma)$，则它的期望值$E[\xi]=e$；如果不确定变量ξ服从线性不确定分布$\xi \sim L(a,b)$，则它的期望值$E[\xi]=(a+b)/2$；如果ξ服从折线不确定分布$\xi \sim Z(a,b,c)$，则它的期望值$E[\xi]=(a+2b+c)/4$。

定理 2.3[182]　设ξ是不确定变量，其不确定分布函数为$\varPhi$，如果其数学期望存在，那么

$$E[\xi]=\int_0^{1} \varPhi^{-1}(\alpha)\,\mathrm{d}\alpha \tag{2.79}$$

定义 2.8[181]　设ξ为一个不确定变量，且其分布的期望值为e，则ξ的方差定义为

$$V[\xi]=E[(\xi-e)^2] \tag{2.80}$$

ξ的方差计算过程如下：

$$\begin{aligned}
V[\xi]&=\int_0^{\infty} M\{(\xi-e)^2 \geqslant x\}\,\mathrm{d}x\\
&=\int_0^{\infty} M\{(\xi \geqslant e+\sqrt{x}) \cup (\xi \leqslant e-\sqrt{x})\}\,\mathrm{d}x\\
&=\int_0^{\infty} M\{(\xi \geqslant e+\sqrt{x})+M(\xi \leqslant e-\sqrt{x})\}\,\mathrm{d}x\\
&=\int_0^{\infty} (1-\varPhi(e+\sqrt{x})+\varPhi(e-\sqrt{x}))\,\mathrm{d}x\\
&=\int_e^{+\infty} 2(t-e)(1-\varPhi(t)+\varPhi(2e-t))\,\mathrm{d}t \quad (t=e+\sqrt{x})
\end{aligned}$$

其中ξ的不确定分布函数为$\varPhi$。

定理 2.4[184]　若ξ_1和ξ_2是两个相互独立的不确定变量且具有确定的期望值，对于任意实数a_1和a_2，有

$$E[a_1\xi_1+a_2\xi_2]=a_1E\xi_1+a_2E\xi_2 \tag{2.81}$$

2.6　深度学习

机器学习算法具有强大的功能，通过学习策略，可以让机器从已有的大量无

规律的数据中获取潜在的信息和知识，对未来某些事件的发生或将要采取的行动提供决策，提高应对问题的速度[184]。深度学习是机器学习的一个分支领域，用于解决深层次结构相关的优化难题。在城市突发事件中，对于伤员的伤情识别、应急救援车辆路径选择以及伤员手术调度等问题都可以利用深度学习算法对已有数据进行训练学习，从而得到合理的决策支持。下面对卷积神经网络和强化学习两种深度学习方法进行介绍，并阐述二者在伤员伤情图像分类方法研究和应急救援车辆路径规划问题研究上的应用。

2.6.1　卷积神经网络

1959 年，Hubel 与 Wiesel 对猫进行视觉实验时发现猫的视觉系统具有分级性，即逐层迭代特征，眼睛瞳孔接收像素，视觉的边缘由选择细胞描绘和抽象，从而得到物体具体的形状，并判断出具体是何种物体[185]。20 世纪 90 年代，LeCun 等设计了一种特殊的网络体系，即多层人工神经网络(LeNet-5)，该网络具有强大的功能，对手写体数字的分类非常有效，这就是卷积神经网络(convolutional neural network，CNN)的初级框架。CNN 不同于一般神经网络模型，具有局部感知与全局共享的特点，对于图像分类，除了能提取原始图像的核心特征，还能减少网络参数的数量，实现图像的精细分类，并加快了网络训练的速度。

CNN 主要分为特征提取与模式识别两个部分。在特征提取的过程中对卷积层和池化层进行交替处理，卷积层利用卷积核进行卷积操作，对象为上一层的输出图像。卷积核的处理过程与图像处理中的窗口类似，卷积处理之后得到特征图。卷积操作其实就是利用卷积核在原始图像的对应区域进行一系列的计算，并扩展到整个图像，该图像可以被多个卷积核处理。卷积操作的优点是经过卷积操作后可以得到图像的核心特征。池化层的作用是将卷积后得到的图像进行降采样处理，删除掉图像中多余的无关信息。模式识别层为多层感知器，卷积和池化之后获取的图像特征经过一维向量转化和全连接之后作为多层传感器的输入部分，构成了完整的图像分类网络。图 2.6 为单张图像单个卷积核示例的卷积神经网络结构。

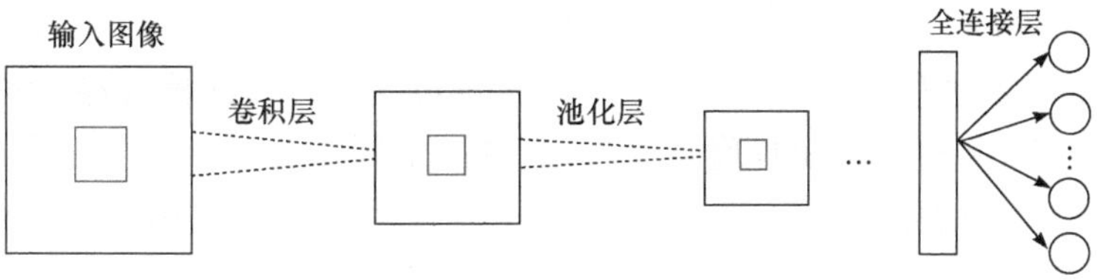

图 2.6　卷积神经网络基本结构

对于突发事件下的伤员伤情识别和分类来说，伤员伤情图像分类时，卷积神经网络中的小神经元集合与输入图像的一个小区域相连，而且这些集合允许有重叠，平铺后能够更加真实地描述原始图像。CNN 中所有层均重复操作上述步骤，并且允许输入图像存在微小变形。池化层结合神经元族的输出，通过池化来降低卷积层输出的特征向量，同时改善结果。神经网络中存在数十亿的参数，实现了对所有层的全连接，且卷积运算有小区块化特征，实现了权重的共享，大大降低了存储器容量的耗费，对性能有较大的提升。

CNN 使用相对较少的预处理,并专注于滤波器的学习,不需要依赖先验知识,相比传统分类算法有较大优势。图 2.7 为 CNN 分类模型。

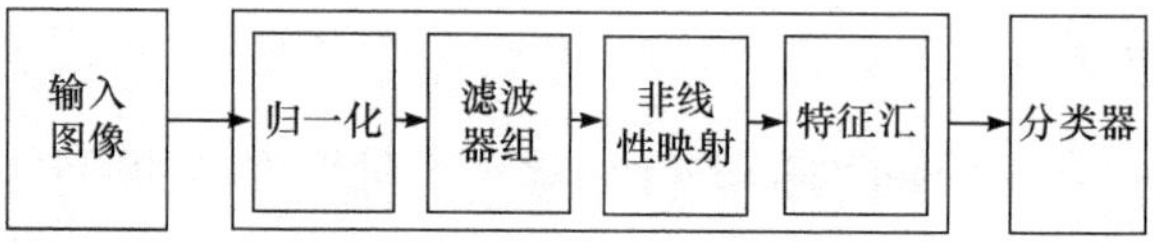

图 2.7　CNN 分类模型

CNN 训练与 BP(back propagation)算法非常类似，包含前向传播与反向传播。前向传播具体为：

(1) 从所有训练数据集中随机选取样本 (X,Y_P) ，样本具备无差别性特征，这里 X 为待输入图像，Y_P 为图像具体类别。

(2) 通过卷积核对图像进行重复卷积计算，得到测试类别 O_P ，然后循环执行卷积与池化行为，最终结果能够表述为

$$O_P = f_n(\cdots(f_2 f_1(X_P W^{(1)})W^{(2)}\cdots)W^{(n)}) \tag{2.82}$$

上式中，f_n 指的是第 n 层网络的激活函数，$W^{(n)}$ 指的是第 n 层卷积核或池化矩阵。X_P 为原始图像，每次迭代最初的图像都作为原始图像。

反向传播的具体操作为：

(1) 通过计算得到实际输出 O_P 与理想输出 Y_P 的差。

(2) 调整各权值矩阵，遵循极小化误差准则。

CNN 的激活函数通常使用非饱和线性修正单元(rectified linear units，ReLU)：$f(x)=\max(0,x)$ ，全连接层使用 Softmax 分类器进行分类。标准神经网络激活函数包括 Sigmoid 函数 $f(x)=1/(1+\mathrm{e}^{-x})$ 和 $\tanh(x)$ 函数，由此得到神经元的输出。在具体训练时，将遵循随机梯度下降准则，假如网络深度太大，会出现梯度消失、收敛速度慢、训练效果差等问题。针对 ReLU 分段函数，当 $x\leqslant 0$ 时，$\nabla f(x)=0$ ；当 $x>0$ 时，$\nabla f(x)=1$ ，所以能够很好地解决上述问题，并且加快了收敛速度。Softmax 回归模型为 Logistic 模型的扩展，能够准确地预测 k 种不同的类别。假如将输入特征描述为 $x^{(i)}$ ，样本标签描述为 $y^{(i)}$ ，就能够组建分类层中具有监督学习的训练集 $S=\{(x^{(1)},y^{(1)}),(x^{(2)},y^{(2)}),\cdots,(x^{(m)},y^{(m)})\}$ ，对于给定的输入 x ，利用假设

模型对每个类别 j 估算其概率值 $P(y=j\mid x)$，假设函数为

$$h_\theta(x^{(i)})=\begin{bmatrix}P(y^{(i)}=1\mid x^{(i)},\theta)\\P(y^{(i)}=2\mid x^{(i)},\theta)\\\vdots\\P(y^{(i)}=k\mid x^{(i)},\theta)\end{bmatrix}=\frac{1}{\sum_{j=1}^{k}\mathrm{e}^{\theta_j^{T_x(i)}}}\begin{bmatrix}\mathrm{e}^{\theta_1^{T_x(i)}}\\\mathrm{e}^{\theta_2^{T_x(i)}}\\\vdots\\\mathrm{e}^{\theta_k^{T_x(i)}}\end{bmatrix}\tag{2.83}$$

上式中，$\theta_1,\theta_2,\cdots,\theta_k$ 指的是可学习的模型参数，$\sum_{j=1}^{k}\mathrm{e}^{\theta_j^{T_x(i)}}$ 指的是归一化项，它能保证全体概率之和等于 1，从而得到代价函数：

$$J(\theta)=-\frac{1}{m}\left[\sum_{i=1}^{m}\sum_{j=0}^{1}I\{y^{(i)}=j\}\log\frac{\mathrm{e}^{\theta_j^{T_x(i)}}}{\sum_{j=1}^{k}\mathrm{e}^{\theta_j^{T_x(i)}}}\right]\tag{2.84}$$

式中 $I\{\cdots\}$ 为指示性函数，其数值为真时，对应的函数值为 1，反之为 0。

式(2.83)其实是逻辑回归的推广，所以能够将上述回归代价函数转化为

$$\begin{aligned}J(\theta)&=-\frac{1}{m}\left[\sum_{i=1}^{m}(1-y^{(i)})\log(1-h_\theta(x^{(i)}))+y^{(i)}\log h_\theta(x^{(i)})\right]\\&=-\frac{1}{m}\left[\sum_{i=1}^{m}\sum_{j=0}^{1}I\{y^{(i)}=j\}\log P(y^{(i)}=j\mid x^{(i)},\theta)\right]\end{aligned}\tag{2.85}$$

求 Softmax 代价函数 $J(\theta)$ 的偏导数，得到梯度公式

$$\nabla_{\theta_j}J(\theta)=-\frac{1}{m}\left[\sum_{i=1}^{m}x^{(i)}(I\{y^{(i)}=j\}-P(y^{(i)}=j\mid x^{(i)},\theta))\right]\tag{2.86}$$

$\nabla_{\theta_j}J(\theta)$ 是一个向量，它的第 l 个元素 $\frac{\partial J(\theta)}{\theta_{jl}}$ 指的是对 θ_j 的第 l 个分量求偏导数。

根据式(2.85)，并利用随机梯度下降法对 $J(\theta)$ 求最小值，然后在迭代中更新其参数，有 $\theta_j=\theta_j-\alpha\nabla_{\theta_j}J(\theta)\ (j=1,2,\cdots,k)$，最后完成 Softmax 回归分类模型。

2.6.2　强化学习

在城市突发事件发生后，应急救援车辆的路径选择和路径规划问题是救援行动小组首先需要解决的问题，但是救援过程中各种状况瞬息万变，传统的路径规划方法已经无法解决此类问题。

强化学习又叫再励学习、评价学习，由试错学习、参数扰动自适应控制、时

序差分等理论发展而来。强化学习指学习系统通过与外部环境交互取得状态与行为的映射关系，并从中学习经验和知识，从而对系统进行指导的一种学习行为[186]。强化学习其实就是利用 Agent 和环境不断进行交互的过程，Agent 对外界环境采取某种动作策略，环境状态发生变化，然后对策略给予评价，如此往复循环，使得累积奖惩值最大，从而获取最优或者次优结果。

强化学习非常适合解决突发事件下救援车辆的路径规划问题，比如利用强化学习中的核心算法——时间差分法进行路径规划。算法的核心是为每一个状态指定某一个动作，假如把车辆看作一个 Agent，把车辆所处的位置当作状态，车辆在每个状态都要决定下一步往哪里走的动作。训练过程的步骤为：首先初始化 Agent，Agent 的初始位置随机产生，但不能超出路网范围；然后执行获得的动作，Agent 转移到新位置，获得新状态，并得到一个奖励值，若路径不通，则奖励值为负数，否则为正数；接着更新值函数。依次往复，直到到达目标点，处于终止状态，结束一次训练。然后重置 Agent，继续下一次训练，所得最好的奖励值为最优的路径。强化学习是一种“试探”的过程，经过无数次的尝试寻找最优策略[187]。

Agent 和环境进行交互遵循的是马尔可夫决策过程(Markov decision process，MDP)原理，很多强化学习问题的研究与探索，都采用了该理论[188]。

MDP 是由马尔可夫链演变而来的，整个过程的特点可以描述为：确定某阶段的状态后，下一状态不受此前状态的影响，也就是说，当前状态总结了之前所有的状态，前一刻的状态只能通过影响当前状态去改变未来状态的变化。马尔可夫链由随机变量集 $\{X_1, X_2, \cdots, X_t, \cdots\}$ 组成，每个随机变量都具有马尔可夫属性，即随机过程的无记忆性特征，所以

$$P_r(X_{t+1}=x \mid X_t=x_t, X_{t-1}=x_{t-1}, \cdots, X_2=x_2, X_1=x_1)=P_r(X_{t+1}=x \mid X_t=x_t) \tag{2.87}$$

MDP 包含一组状态 S、一组动作 A、一个奖励函数 $R(s,a)$、一个状态转移函数 $T(s,a,s')=P_r(s_{t+1}=s' \mid s_t=s, a_t=a)$ 和目标函数 V，其主要功能是帮助决策者找到最佳的决策 $a=\pi(s)$。一般情况下，MDP 的优化目标是实现 $\sum_{t=0}^{\infty}\gamma^t R(s_t,a_t)$ 最大化。

能够通过值迭代策略来计算 MDP，所对应的最优值函数定义为

$$V^*(s)=\max_a\left(R(s,a)+\gamma\sum_{s'\in S}T(s,a,s')V^*(s')\right),\quad \forall s\in S \tag{2.88}$$

如果给定最优值函数，就可以计算出最优策略：

$$\pi(s)=\arg\max_a\left(R(s,a)+\gamma\sum_{s'\in S}T(s,a,s')V^*(s')\right) \tag{2.89}$$

值迭代的步骤为：首先任意初始化 $V(s)$，然后令 $V'(s)=V(s)$。对于 $\forall s\in S$，

计算 $U(s,a)=R(s,a)+\gamma\sum_{s'\in S}T(s,a,s')$，$V(s)=\max_a U(s,a)$。如果 $\max|V'(s)-V(s)|$ 比预定的阈值要小，那么得到了最优值函数 $V(s)$，否则重新计算。

如果通过策略迭代来求解 MDP，则步骤为：首先任意初始化 $\pi(s)$，然后令 $\pi'(s)=\pi(s)$，求解方程 $V(s)=R\left(s,\pi'(s)+\gamma\sum_{s'\in S}T(s,\pi'(s),s')V'(s')\right)$，用贪心策略更新 $\pi(s)$，不断迭代，$\pi(s)=\arg\max_a\left(R(s,a)+\gamma\sum_{s'\in S}T(s,a,s')V'(s')\right)$。如果 $\pi'(s)=\pi(s)$，则得到最优策略，否则重新计算。

对于强化学习而言，不需要具备先验知识，经验和知识来源于 Agent 与环境在交互学习中不断“试错”过程。该过程对动作选择策略持续进行改进，从而获得最优策略。强化学习的基本模型如图 2.8 所示。

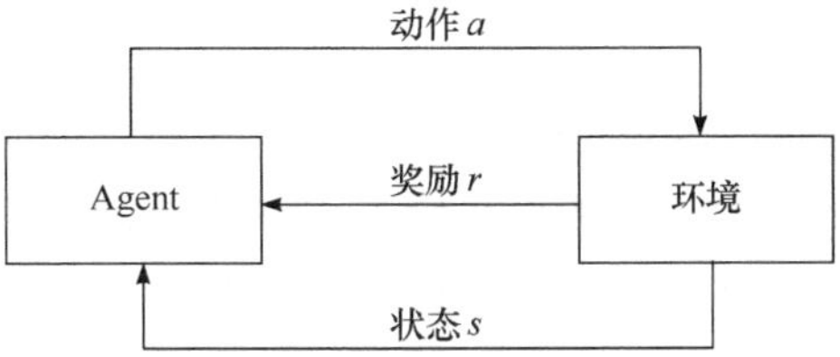

图 2.8　强化学习基本模型

强化学习模型包括智能体(intelligent agent)和环境，由值函数、奖惩函数、动作控制策略和环境模型四个模块组成。奖惩函数的作用就是评价动作的质量，其值为正时，表示奖赏，值越大，奖励越大；值为负，表示惩罚，值越小，惩罚越大。奖惩函数关注瞬时状态的结果，而值函数侧重于长远利益的最大化，目的是使 Agent 获得的累积奖惩值最大。Agent 从任意起始状态 s_t 开始，通过持续的动作选择，获得目标状态，整个过程中，Agent 通过动作选择策略 π 来选择动作。动作策略指的是由状态到动作的映射方法，即 $\pi:S\to A$，在每个时间点上，Agent 会根据不同的概率选择由状态到动作的映射函数。这些策略中，能够使累积奖惩值最大的策略 π^* 就是最优策略。环境模型是对外部环境的模拟，Agent 对给定的状态执行动作后，环境模型的状态会发生变化，并能确定下一个状态和奖惩函数值。利用环境模型，Agent 考虑未来状态和奖惩函数之后做出动作，从而得到合理的路径规划。

比较常见的强化学习算法有：动态规划算法、蒙特卡罗算法、瞬时差分(TD)算法、Q-学习(Q-learning)算法和 SARSA(state-action-reward-state-action)算法。

2.7　启发式群智能算法

近年来，利用生物学、物理学的特征，计算机算法的智能化得到了长足的发展，这些算法优势明显，具有很强的通用性与鲁棒性，能够在短时间内获得最合理、最科学的结果，已被广泛地应用到调度优化、工程设计优化、组合优化、计算机科学以及交通运输等研究领域，取得了不错的效果。启发式优化算法其实是利用生物学、物理学的直观感觉，以大量的经验为基础发展起来的，也就是说，算法能在特定的空间或者时间范围内，针对组合优化问题给出最优的解，但是可行解与最优解之间通常存在偏差，其偏离程度事先并不能被准确地估算。下面介绍近几年常见的三种群智能算法：花朵授粉算法、布谷鸟搜索算法和飞蛾扑火算法。

2.7.1　花朵授粉算法

花朵授粉算法(flower pollination algorithm，FPA)，是近两年发展起来的一种新的群智能优化算法，它是一种模仿生物界中开花植物自花授粉和异花授粉的机制而得到的一种随机全局优化算法，该算法最早由 Yang[189]于 2012 年提出。由于该算法实现简单、参数少、给出的转换概率可以设定全局搜索和局部搜索的转换阈值，而且算法采用 Lévy 飞行[190]机制，具备优良的全局寻优效果，因此该算法可以用于解决许多复杂的优化方面的问题。

花朵授粉算法是通过学习植物界中花儿的授粉现象构造出的一类随机搜索算法，体现了自然的择优机制，其仿生原理是：花朵通过授粉方式繁殖它们的后代。授粉过程可以通过昆虫或自然界的风和水来进行。图 2.9 描述了蝴蝶被花的颜色和气味吸引，在花粉 X_i 上收集花蜜之后飞行到 X_{best}，从而实现花粉在花之间的传递，这种授粉方式称为异花授粉或全局授粉。图 2.10 描述了在风的作用下，相邻花朵 X_j 和 X_k 之间实现了花粉传递，这种授粉方式称为同花授粉或局部授粉。通过全局授粉和局部授粉，花朵很灵活地实现了花粉的传递过程。

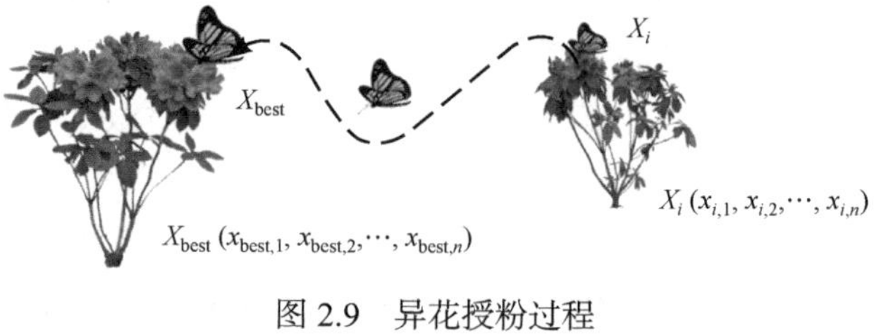

图 2.9　异花授粉过程

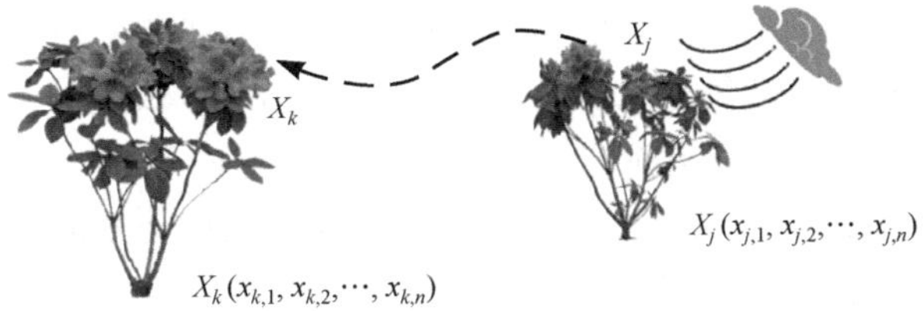

图 2.10　同花授粉过程

算法的理想条件假设如下：

(1) 异花授粉的过程中，传粉者通过 Lévy 飞行实现授粉过程。

(2) 同花授粉是相邻花朵在自然力的作用下的传粉过程，是一种局部授粉，通过转换概率 $p\in[0,1]$ 来随机确定传粉方式。

(3) 在通常情况下，每一个开花植物可以开很多花朵，产生数以百万计的花粉配子，为了使问题简化，假设每棵植物只有一朵花，并且该花只有一个花粉，那么就可以认为优化问题的解就是寻找一朵花或者一个花粉在授粉过程中的最优位置。

对于花朵授粉算法的形式化描述，建立如下数学模型。

定义 2.9　在全局授粉中，传粉载体携带花粉进行大范围、长距离搜索，从而保证最优个体的授粉和繁殖。在全局传粉过程中，花粉的位置更新公式为

$$X_i^{t+1} = X_i^t + L(X_i^t - g_*) \tag{2.90}$$

其中，X_i^t 为第 i 个花粉在第 t 次迭代中对应的空间地点；g_* 是当前迭代(即第 t 次迭代)中最优解所处的空间位置；参数 $L>0$ 为步长，服从 Lévy 分布，如式(2.91)所示[191]。

$$L \sim \frac{\lambda\Gamma(\lambda)\sin(\pi\lambda/2)}{\pi}\frac{1}{s^{1+\lambda}} \quad (s \gg s_0 > 0) \tag{2.91}$$

其中，$\Gamma(\lambda)$ 是标准伽马函数，参数 $1<\lambda\leqslant 3$，文献[192]指出 $\lambda=1.5$ 时算法获得最好的性能。

定义 2.10　相邻花朵局部授粉的花粉位置更新公式为

$$X_i^{t+1} = X_i^t + \varepsilon(X_j^t - X_k^t) \tag{2.92}$$

其中，X_j^t 和 X_k^t 为随机选择的两个花粉的空间位置，ε 为[0,1]区间上遵循均匀分布的随机算子。

定义 2.11　转移概率 p 是决定花粉进行全局授粉还是局部授粉的概率，p 为常数，且 $p\in[0,1]$。p 值越大则进行局部授粉活动的概率更大，同时进行全局授粉的机会将减少。

由于实际情形中相邻的花朵更容易授粉，因此局部授粉活动发生概率将大于全局授粉。通过参数研究发现，对于优化问题 $p=0.8$ 是效果最好的参数选择。算法实现优化的过程是：先将花粉群体随机散布到解空间，通过随机生产数 rand 和转移概率 p 的大小比较，决定每个花粉将进行全局授粉还是局部授粉，经过若干次的位置移动和更新后，所有花粉都会汇聚到适应度最优的地方，从而实现花粉的成功传粉和授精，并实现寻优。算法的步骤如下：

Step 1　对算法的基本参数进行初始化。设置花粉数目 n ，转移概率 p ，以及迭代次数的最大值 MaxT 。

Step 2　随机初始化所有花粉的位置 $X_i^0(i=1,\cdots,n)$ ，找出最初情况下群体中具有最好适应度的花粉个体，并记录该个体当前对应的位置和适应度。

Step 3　迭代开始，对所有花粉的位置进行更新。首先生成一个[0,1]内的随机数 rand, 如果 rand $> p$, 按照式(2.90)对该花粉进行全局授粉；否则，按照式(2.92)对该花粉实施局部授粉。在本次迭代所有花粉完成位置更新之后，计算每个花粉的当前最优位置及其适应度值，并更新群体中最优个体的位置及其适应度。

Step 4　当迭代到最大的迭代次数 MaxT 时转 Step 5，否则转 Step 3 开始下一轮迭代。

Step 5　得到全局最优解和此时的目标函数值。

2.7.2　布谷鸟搜索算法

2009 年，剑桥大学的 X. S. Yang 和 D. E. B. Suash 观察了布谷鸟寻窝产卵等行为，设计出了一种新的搜索算法，即布谷鸟搜索算法(cuckoo search algorithm, CSA)，该算法模拟布谷鸟的一些生活习性，寻找问题的最优解。该算法原理简单，实现过程也不复杂，执行效率较高，被成功应用于工程优化等实际问题中，成为启发式算法领域的一个新亮点。

标准的布谷鸟搜索算法将搜索空间看作可行域，构造适合具体问题的多维空间，并将鸟窝看作候选解，从多个候选解中，通过判断宿主鸟窝的优劣来判别问题解的优劣。在算法迭代寻优的过程中，获取最好的适应值，并将其对应的鸟窝或卵的位置当作最优解，这个过程被当作寻找问题最优解的过程，将布谷鸟的生物行为中获得的最好鸟窝与真实解集一一对应。

标准的布谷鸟搜索算法假定三种理想状态：布谷鸟在繁殖时，只产下一枚卵，并不刻意地寻找固定鸟窝，而是随机挑选鸟窝完成孵化；在寻找到更好的鸟窝前，当前找到的最好鸟窝仍然被当作宿主对待；每一次迭代，鸟窝的数量不变，问题的规模也不变，宿主发现外来鸟蛋的概率为 P_a 。

在上面三种理想状态下，布谷鸟搜索算法试探路径和位置通过式(2.93)产生候选种群。

$$x_i^{t+1}=x_i^t+\alpha\oplus L(\lambda),\quad i=1,2,\cdots,n \tag{2.93}$$

其中，x_i^{t+1}为第 i 个鸟窝在 $t+1$ 代时的鸟窝位置，x_i^t 为第 i 个鸟窝在第 t 代的鸟窝位置，$\oplus$ 是点对点乘法，$L(\lambda)$指的是 Lévy 飞行随机搜索路径，α为常数步长控制量，一般取$\alpha=0.01$。由于 $L(\lambda)$为 Lévy 分布函数，为了方便应用，Yang 将 $L(\lambda)$进行简化处理并经过傅里叶变换得到一个概率密度函数[192]：

$$\text{Lévy}\ \ u=t^{-\lambda}\quad (1<\lambda<3) \tag{2.94}$$

其中，λ为幂次系数。在算法的实现过程中，引入 Nasa-Ngium[194]提出的模仿 Lévy 飞行行为的步长跳跃路线关系式：

$$s=\frac{\mu}{|v|^{1/\beta}} \tag{2.95}$$

文献[195]证明能够利用 Nasa-Ngium 算法进行等价计算。式(2.95)中 s 即为 Lévy 飞行跳跃路线 $L(\lambda)$，参数 β 与式(2.94)中 λ 的关系是 $\lambda=\beta+1$，$0<\beta<2$，通常在布谷鸟搜索算法中 $\beta=1.5$，μ，v 是正态分布随机数，服从式(2.96)的正态分布：

$$\mu\sim N(0,\sigma_\mu^2),\quad v\sim N(0,\sigma_v^2) \tag{2.96}$$

其中 μ，v 所对应的标准差的取值分别为

$$\sigma_\mu=\left\{\frac{\Gamma(1+\beta)\cdot\sin(\pi\beta/2)}{\Gamma[(1+\beta)/2]\cdot\beta\cdot 2^{(\beta-1)/2}}\right\}^{1/\beta},\quad \sigma_v=1 \tag{2.97}$$

Γ 为标准的 Gamma 函数。

布谷鸟搜索算法主要流程如下所示：

Step1　设置参数，初始化种群。设置种群规模，控制步长α，发现概率P_a，设置终止条件。

Step2　判断是否满足终止条件，如果满足，则停止，得到的结果即为最优解；如果不满足，则进入 Step3。

Step3　候选种群操作。根据式(2.93)得到子代，判断子代是否超出问题约束范围，若超出，则需利用可行方法处理不可行解。

Step4　运行择优选择算子，利用一对一选择策略挑选父代和子代中适应度高的个体，并将其视为下一父代。

Step5　运行随机迁移算子，即挑选 Step4 中一定数量的劣势个体根据概率 P_a 进行变异。

Step6 再次运行择优选择算子，针对已变异的操作个体，横向对比变异前与变异后的适应度值，假如变异完成后的适应度数值更大，那么将对应的个体添加到种群内，否则仍然使用变异前的个体，跳至 Step2 执行。

2.7.3 飞蛾扑火算法

飞蛾扑火经典(moth-flame optimization，MFO)[196]算法最早由 Mirjalili 提出，该算法的设计以飞蛾在黑夜中所具备的独特导航方式为基础。在夜间，飞蛾主要是通过月亮来辨别方位的，一旦迷失方位，通过月光，以月亮为参照物重新调整自身所处位置，准确找到最初的方向。因为飞蛾和月亮之间保持非常远的距离，所以飞蛾的位置调整角度较小，飞行仍然是直线方式，这种方式称为横向定位。但在没有月光或者有其他光源(蜡烛等)干扰的情况下，飞蛾往往把蜡烛或者日光灯等光源误以为是月亮发出的光，而这些光源距离飞蛾比较近，所以当飞蛾迷失方向时，调整身体方位的角度比较大，导致飞蛾绕着人造光源做螺旋状盘旋，这也说明横向定位的低效性。

算法执行之前，先假定飞蛾为候选解，M 代表飞蛾的集合，OM 存储适应度值。假设飞蛾种群规模为 n，优化问题维度为 d，因此有

$$M=\begin{bmatrix} m_{1,1} & m_{1,2} & \cdots & m_{1,d} \\ m_{2,1} & m_{2,2} & \cdots & m_{2,d} \\ \vdots & \vdots & & \vdots \\ m_{n,1} & m_{n,2} & \cdots & m_{n,d} \end{bmatrix} \tag{2.98}$$

$$\text{OM}=\left[\text{OM}_1 \quad \text{OM}_2 \quad \cdots \quad \text{OM}_n\right]^{\text{T}} \tag{2.99}$$

算法中除了飞蛾，火焰也是非常重要的一部分，可用 F 来表示。M 和 F 矩阵二者在维数上保持一致，OF 存储适应度值，如下所示：

$$F=\begin{bmatrix} F_{1,1} & F_{1,2} & \cdots & F_{1,d} \\ F_{2,1} & F_{2,2} & \cdots & F_{2,d} \\ \vdots & \vdots & & \vdots \\ F_{n,1} & F_{n,2} & \cdots & F_{n,d} \end{bmatrix} \tag{2.100}$$

$$\text{OF}=\left[\text{OF}_1 \quad \text{OF}_2 \quad \cdots \quad \text{OF}_n\right]^{\text{T}} \tag{2.101}$$

飞蛾和火焰二者都是候选解，不同之处表现为进化过程中位置的更新方式不同。飞蛾会在搜索空间附近移动，通过调整与火焰的距离从而逐渐接近最佳位置，基于这种行进思路，飞蛾就可以准确找到最优解。MFO 算法可以被认为是优化问题的全局最佳三元组，如下所示

$$\text{MFO} = (I, P, T) \tag{2.102}$$

I 是一个函数，用以产生随机飞蛾种群以及该种群的适应度值，其模型的构造函数如式(2.103)。P 是位置更新函数，指导飞蛾在搜索空间里移动，用以更新飞蛾位置，并返回更新后的矩阵 M ，如式(2.104)。T 为终止条件的判断函数，如式(2.105)。

$$I : \varphi \to \{M, OM\} \tag{2.103}$$

$$P : M \to M \tag{2.104}$$

$$T : M \to \{\text{true}, \text{false}\} \tag{2.105}$$

函数 I 初始化后，开始迭代运行直到判断函数返回 true 为止。为了模拟飞蛾螺旋飞行特征，定义飞蛾相对火焰的位置函数如下：

$$M_i = S(M_i, F_j) = D_i \cdot \mathrm{e}^{bt} \cdot \cos(2\pi t) + F_j \tag{2.106}$$

其中，M_i 表示第 i 只飞蛾，F_j 表示第 j 个火焰，S 为螺旋函数，D_i 表示第 i 只飞蛾与第 j 个火焰之间的距离，b 为定义对数螺旋线函数的常数，t 为 $[-1,1]$ 内的随机数，定义飞蛾在下一个位置接近火焰的程度，$t=-1$ 表示飞蛾最接近火焰，$t=1$ 表示飞蛾距离火焰最远。D_i 可由下式求得

$$D_i = |F_j - M_i| \tag{2.107}$$

飞蛾扑火算法可通过降低火焰数量来加快算法的收敛性，因此，给出了自适应火焰更新方法，具体如下式：

$$\text{Flame}_N = \text{round}\left(N - l\frac{N-1}{T}\right) \tag{2.108}$$

式(2.108)中，Flame_N 主要指自适应火焰减少的数量；l 代表当前迭代次数；N 表示最大火焰数量；T 代表最大迭代次数。

2.8 本 章 小 结

本章从课题研究的理论基础角度，首先分析了突发事件下应急车辆路径选择问题，介绍了传统车辆路径问题以及可采用的数学模型，然后介绍城市突发事件情境下应急救援车辆路径问题以及可采用的数学模型；接着分析了突发事件下应急手术调度的优化指标，并建立了应急手术调度问题模型；接着针对伤员检伤、分类问题，提出可以使用朴素贝叶斯分类工具和基于支持向量机的分

类工具分别对伤情文本数据和伤情图像数据进行分类；最后分析了突发事件中的不确定情况，引入不确定理论，并分析了深度学习中的卷积神经网络和强化学习技术，可以使用这些方法来进行伤情图像分类和救援车辆的路径规划研究。本章最后分析了启发式群智能算法，重点介绍花朵授粉算法、布谷鸟搜索算法和飞蛾扑火算法。

第 3 章　城市突发事件中伤员的检伤识别与分类

3.1　引　　言

城市突发事件是指在城市中突然发生，需要及时启动应急处理机制来应对的自然灾害、事故灾难、社会安全事件或者公共卫生事件。突发事件一般具有突发性、高度不确定性、影响社会性、非程序性决策等几个基本特征[197]。

突发事件发生后，灾害现场呈现混乱状态，医疗救援人员必须尽快确定伤员的伤情，分门别类地进行处理，轻伤的进行现场救治，重伤的转运到医疗机构进行手术治疗，及时进行伤情检查、准确诊断伤者病情、合理完成检伤分类，提高事故现场救援的医疗资源利用率及伤员抢救成功率[198]。能否做好批量伤员管理抢救工作，特别是有严重伤情的批量伤员的急诊分诊、早期救治，将直接关系到患者的生存问题，也是急诊创伤救治中的一个重要课题。这要求医护人员必须在现场准确地评估伤员的伤情情况，制定相应的救治方案，优先处理致命伤，积极采取相应的救治措施，挽救更多的生命。现场救援时判断伤情的主要依据是对受伤类型、受伤部位、致伤原因及伤势的综合检查和分析，通过询问病史、身体状况、对他人进行询问以及查看相关医疗文书等手段实施判断。对于有大量伤员等待进行转运的情况，由于伤员到达检伤分类场和医务人员检伤服务时间的平稳流特性，可以利用排队论模型对伤员排队服务进行量化分析，从而寻找最优解决方案。

本章首先介绍流行的检伤分类方法，并建立检伤分类排队模型，运用运筹学理论，给出科学、合理的组织方案，确保伤病员检伤分类的快速有序完成，然后分析我国城市突发事件应急管理制度存在的问题并给出建议和对策。

3.2　伤员的伤情检伤识别、分类

突发事件发生后，短时间内会产生大量伤员，现场秩序会比较混乱，配置的医护人员数量不足，而且伤员本身的病情可能危重、情绪紧张，导致救援过程中发生某些失误，造成误诊或者漏诊。因此，要将有限的资源充分利用起来，发挥最大的效能。

检伤分类是在医疗资源有限时，依据伤员受伤的程度，让最需要救治的伤员优先得到有效的救治而实施的区别治疗与转运的过程。这种操作是现场救治的重要环节，也是实施应急救援的首要任务。医护人员面对大量伤员时，首先采取的措施就是在最短时间内完成检伤分类工作，从众多的伤员中挑选出重伤者，然后在最短时间内给予最合理的伤情分类，按照相关程序依次送往医院救治。检伤分类方法要尽量简单、准确，能够对伤情程度做出快速评估。

3.2.1　检伤分类的等级和标识

当出现严重的灾害事故时，检伤分类能够对大量的伤员进行伤情等级划分，然后根据伤情伤势等级有序地展开现场救治或者转运到医院。按照伤情有序处理能够提高救援的效率，尽可能多地挽救生命，将灾害带来的损失降至最低。同时，利用检伤分类能够获取伤亡的人数、伤情的轻重以及灾害的发展趋势等信息，以便应急救援机构对灾害事故进行全面、科学的评估，及时将最准确的灾情信息上报给相关部门，指导开展现场救援活动，并判断是否需要增援等。

对于突发事件，医护人员到达事故现场时，第一件事就是实施检伤分类，科学合理地评估伤员受伤程度，明确伤员个体在伤亡群体里的伤情等级，进而判断是否需要优先救治或者转运。伤员被转运至医院后，也需要进行院内检伤分诊，动态地对照伤情评分标准，从而量化伤情等级，准确合理地做出判断。由于伤员的全身伤情通常比局部最重的伤情还要严重，通过检伤分类，能够方便准确地判断出预后与治愈所花费的时间。

分类方法按伤员出现的临床症状和体征分为四类：轻伤伤员、中度伤员、危重伤员和死亡伤员。

轻伤伤员具有如下特征：

(1) 所占比重最大，占比往往会达到 35%～50%；

(2) 身体的重要部位没有受到损害；

(3) 不存在内脏伤，只是单纯的皮外伤或者闭合性骨折；

(4) 伤员所有的生命体征稳定，不存在其他异常现象，也不存在波动性；

(5) 没有任何生命危险，预后效果良好；

(6) 能够在现场等待，接受延后的相应救治；

(7) 治愈周期往往为 1～4 周，不存在任何的后遗症。

中度伤员具有如下特征：

(1) 人数在总的受伤人数中的占比为 25%～35%；

(2) 受伤程度处于重伤与轻伤之间；

(3) 身体重要部位或者内脏器官出现不同程度的损伤，生命体征失衡，如果得不到有效的救治可能会出现生命危险，但是短时间不会有心搏骤停的发生；

(4) 如果能够首先给予救治与手术，那么伤员就能够脱离危险并恢复健康；

(5) 预后良好，治愈周期为 1～2 个月，可能会出现不同程度的功能性障碍。

危重伤员具有如下特征：

(1) 在全部伤员中的占比为 20%～25%；

(2) 身体的重要部位或者内脏器官出现非常严重的损伤；

(3) 生命体征并不稳定，随时都有生命危险，心跳与呼吸有可能随时停止；

(4) 预后并不理想，经常性休克导致无法给予根治性手术，而且无法在短时间内完成转院，但能够在医疗监护环境下由事故现场直接送往医院救治；

(5) 治愈时间需 2 个月以上，可能遗留终身残疾。

死亡伤员具有如下特征：

(1) 在所有伤员中的占比达到 5%～20%；

(2) 从受伤到死亡往往集中在一个小时内，极重伤员如果得不到立即治疗将会死亡；

(3) 判断死亡的标准为脑死亡和机体循环终止，心电图为直线状；

(4) 伤员心脏停搏的时间超过 10min，而且现场始终未被给予心肺复苏抢救；

(5) 伤员出现头部、胸部、颈部以及腹部等粉碎性破裂，或者被焚毁。

从事现场检伤分类的人员，必须具有丰富的急救经验和强大的组织能力，通常需要有主治医师以上职称的人员。检伤的具体实施过程中，需要在完成检伤后的伤员身上，佩戴分类标记，即边分类边标记，避免出现差错，而且能提升效率。依据国际公认的标准，现场检伤分类被分为四大等级，使用标准的标识颜色。一般用红、黄、绿(蓝)、黑四种不同颜色分别代表重、中、轻、死亡四种不同伤情。检伤分类后必须遵循的救治顺序是：优先抢救危重伤员，随后抢救中度伤员，适当延后治疗轻伤伤员，最后处理已死亡人员。

检伤分类标识国际上通行采用“伤情识别卡”，简称“伤票”或者“伤卡”，将其系在每一位伤员身体的醒目部位(如胸前、手臂上)。伤情识别卡可用不同材料制作：简易布条、硬塑料牌、硬纸板(过胶)、硬纸卡(可书写)等。卡片上必须记载伤员的重要资料，如姓名、性别、年龄、家庭住址、供职单位、联系电话、联系人、负责检伤分类的医生签名等。伤卡上可以格式化记录伤员的伤情(多用打钩法选择)，预先印刷好诸如生命体征、受伤部位、损伤类型、致伤原因、扎止血带部位与时间等填空内容，并将定量评分法的各项级别分值标示出来，方便现场评分。卡片一式两联，一联系在伤员身上，另一联现场留底统计，卡片预先编号(两联同号)，从 001 号顺序编码发卡，某一号码即代表某个伤员(尤其无名氏)。制作卡片的材料，应耐撕、耐磨、防水，不褪字、不掉色。

对于伤员伤情的判断标准，遵循 5 个判断标准。

(1) 伤员的一般情况。

在检伤分类过程中，要详细询问伤员的年龄、性别、常见疾病、妊娠状态、疾病史，以及引起伤害的能量大小等信息，切忌仅以伤员的呻吟喊叫程度做出判断。

(2) 重要生命体征(正常值)。

神志(C)：格拉斯哥昏迷评分不低于 11 分；脉搏(P)：60～100 次/分、强劲有力；呼吸(R)：12～22 次/分、稳定；血压(BP)：收缩压范围为 90～140mmHg，或平均动脉压范围为 70～105mmHg；经皮动脉血氧饱和度(SpO_2)大于 95%；毛细血管充盈度：小于 2s；尿量：大于 30ml/h。以上给出的各项生理指标，特别是动态变化参数，为检伤分类的客观定量依据。

(3) 受伤部位(伤部)。

结合解剖生理关系，往往将机体系统划分为九大部位，也被称为 CHANSPEMS，具体分为：胸部(chest，C)、头部(head，H)、腹部(abdomen，A)、颈部(neck，N)、脊柱(spine，S)、骨盆(pelvis，P)、上下肢体(extremities，E)、颌面部(maxilloface，M)以及体表皮肤(skin，S)。最为关键的是头部、颈部、腹部、胸部以及脊柱，这些部位任意一处出现开放性伤口，最低也要判定为中度伤。完成对伤员身体检查之后，需要对受伤的部位进行精确的描述，比如，上下前后左右等，如果可以用数字，则尽量用数字来描述受伤情况。大量实例表明，在灾害事故中，四肢损伤的概率最高，占比为 50%～65%。多发伤(multiple injury)出现的概率保持在 15% 和 35% 之间。

(4) 损伤类型(伤型)。

对伤员的体表损伤程度进行分析，可以分为开放伤和闭合伤两种。根据体腔是否存在穿透情形，可分为穿透伤和钝挫伤两种。依据火器伤道表现出来的情形可将其分为贯通伤、反跳伤、切线伤和非贯通伤。在上述类型中，开放伤以及贯通伤造成的伤害最严重。

(5) 致伤原因(伤因)。

在突发事件中，导致人体损伤的原因有很多种，基本可划分为四大类，分别是：各种类型交通事故伤、机械性损伤、枪支火器造成的损伤和其他因素造成的损伤，比如烫伤、冻伤以及化学药品灼伤等。除此之外，也有可能是因为上述多种因素混合造成的损伤，一般将这种情况称为复合伤，在实际中，最常见的就是创伤复合伤、毒剂复合伤等，复合伤和多发伤有着完全不同的含义。

3.2.2　检伤分类的方法

在实际检伤分类中，可采用的方法主要有模糊定性法和定量评分法。

1. 模糊定性法——ABCD 法

模糊定性法最突出的优势为简单、快捷，无须记忆分值和评分计算，但所得结果的合理性和准确度不够高。因此，该方法一般用于院前紧急检伤分类，尤其是在重大灾害中的前期筛查。它的优点是所需时间非常短，一般只需要 10s 即可完成分类。

ABCD 方法中的 A(asphyxia)主要指窒息和呼吸困难；B(bleeding)指出血与失血性休克；C(coma)指昏迷和颅脑外伤；D(dying)指猝死和心搏骤停，具体解释如下。

A(窒息和呼吸困难)：当伤员胸部、颈部遭受损伤后，很容易发生窒息，常见的表现有吸气困难、呼吸急促或者非常缓慢，同时还表现出其他特征，比如气胸、发绀等。造成这种现象的原因主要有胸部被穿透、肋骨骨折、张力性气胸或呼吸道机械梗阻等。

B(出血与失血性休克)：伤员一旦有创伤，则容易发生活动性出血，如果短时间内失血量高达 800ml 或者更高，则意味着会休克。比如，当收缩压以及脉压分别低于 100mmHg 和 30mmHg，每分钟心跳次数高达 100 次时，则很容易出现神经紧张、烦躁不安等状况。如果同时伴有面色苍白、手脚冰冷，一般可判定为重伤。具体可通过如下的方式来判断：看神志和面色；摸脉搏和手足；测量毛细血管充盈度；测量出血量和尿量。

C(昏迷和颅脑外伤)：伤员在受到创伤后，很容易在短时间内陷入昏迷。一般会伴随出现双侧瞳孔改变或者神经系统定位等体征，虽头部未出现明显外伤，也无法在现场用 CT 验证，但根据这些症状可基本断定为颅脑受到损伤，应属于重伤员。

D(猝死和心搏骤停)：一般重伤伤员当场就会出现心搏骤停现象，若医护人员能够及时抵达现场，且重伤人员心脏停搏时间未超过 10min，则可以采取心脏复苏的手段进行抢救，这些症状属于重伤范畴。但实际上，医护人员如果在事发 10min 以后才抵达现场，或者伤员头部、颈部以及腹部出现粉碎性破裂，而且经过医学判定认为已经死亡，则无救治意义。如果在发生重大灾害事故时，医护人员严重短缺，那些出现临床死亡的伤员由于无法及时得到救治，也可以被认定为死亡。

A，B，C，D 分别表示创伤的各种严重症状，在实际检伤分类中，一旦遇到上述四种异常中的任何一种，则直接判定为重伤员，异常状态越多意味着伤员的伤情越重。假如提到的上述四种项目全部正常，则可直接判定为轻伤员。假如其中的异常只有一项，且不是非常严重，则可以被判定为中度伤员。大量实践表明，这种方法简单快捷，5～10s 便可完成，可以广泛应用于各种突发事件现场的初步验伤评估。

ABCD 法主要用来判断院前伤情程度，用来进行判别的四项指标是从多种伤情参数中筛选出来的，包括神志(C)、脉搏(P)、呼吸(R)和血压(BP)。表 3.1 给出了这几项生命体征的范围，若超出范围，即判定为异常情况。

表 3.1 正常生命体征范围

伤情指标	描述
神志(C)	格拉斯哥评分 ≥ 11
脉搏(P)	60～100 次/分、脉搏正常
呼吸(R)	12～22 次/分、呼吸稳定
血压(BP)	收缩压 90～140mmHg，或者平均动脉压(舒张压+1/3 脉压差)70～105mmHg

上述提到的四项指标，但凡有一项出现显著异常，则认定为重伤。

使用该方法进行判定的步骤主要如下所示：

Step1 先判断伤员的呼吸情况，若存在呼吸困难，则直接判定为重伤；反之则不属于重伤；

Step2 判断有无大出血或者休克情形，若存在，则直接判断为重伤；反之则不属于重伤；

Step3 判断是否出现昏迷，若存在，则直接判断为重伤；反之则不属于重伤；

Step4 判断伤员的呼吸心跳，若在事发后 10min 以内没有心跳，可直接认定为重伤。若没有心跳且时间已经超出 10min，或者头部、颈部、胸部发生碎裂，可直接判定为死亡；反之则不属于重伤；

Step5 伤员没有上述提到的情形，但受伤部位为人体的重要部位，比如：头部、颈部、脊柱、胸部和腹部，此时即便生命体征稳定，也应归属为中度伤。

模糊定性法是粗略的检伤分类方法，它的优点是检伤分类较快，通常 5～10s 就能得到结果，缺点是有较大误差，容易误检和漏检。为了得到更准确的检伤分类结果，必须使用定量评分法。

2. 定量评分法——PHI 法

现代创伤评分法最早可追溯到 20 世纪 70 年代，迄今为止已经有两大评分体系：①现场急救和后送医院——院前定量评分法；②医院救治、重症监护和科研院——院内定量评分法。

通常情况下，通过观察灵敏度和特异度来确定创伤评分方法的合理性和优劣程度。其中灵敏度主要针对重伤敏感程度，灵敏度越高，意味着越敏感，但如果太高，则容易诱发假阳性。特异度主要用来衡量重伤的准确程度，特异度越高，意味着越精准，但如果太高，则容易诱发假阴性。对于突发事件而言，存在时间紧迫、情况复杂等特征，因此在实际判定过程中，可以适当将一定数量轻度伤员判定为重度伤员，即可以有假阳性，这种做法主要是为了有效避免重伤被误判的情形，一旦被误判，将因为救治不及时而导致严重后果。鉴于此，对于实际评分方法的要求是保持高灵敏度，合理降低特异度。常见的院前定量评分法如表 3.2 所示。

表 3.2　常见的院前定量评分法

评分方法	年份	作者	选取参数	检伤结果
创伤指数(trauma index，TI)法	1971	Kirkpatrick	循环、呼吸、意识、受伤部位、损伤类型共计 5 项	灵敏度 60% 特异度 82% 目前已很少使用
创伤记分(trauma score，TS)法	1981	Champion	呼吸、呼吸幅度、收缩压、毛细血管充盈、格拉斯哥昏迷程度共计 5 项	灵敏度 71% 特异度 99% 易将重伤轻判
修正创伤记分法，简称 RTS	1985	Champion	呼吸频率、收缩压、运动反应共计 3 项	灵敏度 95% 特异度 37% 较好反映颅脑伤
CRAMS(circulation respiration motor，speech)评分法	1982～1985	Gormican，Clemmer	循环、呼吸、腹部、活动、语言共计 5 项	灵敏度 82% 特异度 86% 评分较复杂
儿童创伤记分(pediatricts trauma score，PTS)法	1986	Tepas	体重、呼吸道、收缩压、意识水平、皮肤、骨折共计 6 项	灵敏度 91% 特异度 85% 适用于儿童
院前指数(pre-hospital index，PHI)法	1986	Koehler	收缩压、脉搏、呼吸、神志、附加伤部及伤型共计 5 项	灵敏度 94% 特异度 91% 目前最好

PHI 法即院前指数法，是对 CRAMS 评分法进行改进演变而来的，在表 3.2 所给的方法中具有最高的灵敏度和特异度，同时可以有效维持均衡。因此，该方法成为灾害现场检伤评分中最常用的方法，且已经获得了广泛使用和推广。表 3.3 罗列了该方法的评分表。

表 3.3　PHI 评分表

序号	参数	级别	分值
1	收缩压(mmHg)	≥100	0
		[85, 100)	1
		[75, 85)	3
		<75	5
2	脉搏(次/min)	51～119	0
		≥120	3
		≤50	5

续表

序号	参数	级别	分值
3	呼吸(次/min)	正常(14～28)	0
		费力或表浅(>30)	3
		缓慢(<10)	5
4	神志	正常	0
		模糊或烦躁	3
		不可理解的言语	5
5	附加伤部及伤型	无胸或腹部穿通伤	0
		有胸或腹部穿通伤	4

最终评分为表 3.3 中提及的五项参数得分之和。0～3 分属于轻度伤员；4～5 分属于中度伤员；6 分及以上为重度伤员。以创伤性脾破裂伤员为例，如果其收缩压、脉搏、呼吸次数分别为 90mmHg、126 次/分和 24 次/分，且神志清醒，不存在腹部穿通伤。因此，其 PHI 总得分为 1 + 3 + 0 + 0 + 0 = 4 分，最终判定为中度伤员。

相比于 ABCD 定性评判方法，PHI 定量方法更科学更准确，但采用该种方法会产生较高费用和较长时间。鉴于此，本书建议在实际检伤分类过程中要综合使用这两种方法，先利用 ABCD 法进行初步判断，再利用 PHI 进行定量评估，综合使用这两种方法获得的结果准确度更高。

3.3 基于排队论的检伤分类服务优化

对于重大突发事件造成的大量伤员的情况，必须开辟独立区域作为检伤分类场，以便伤员有条不紊地排队进入验伤，完成检伤分类后，车辆有顺序地进行伤员转运，尽可能地提高救治效率，避免在医疗资源严重缺乏的情况下，由于工作混乱造成检伤分类效率低下，伤员无法及时得到救治的情况。突发事件发生后，搜救伤员并将其送到检伤分类场的工作是平稳有序的，医务人员的检伤分类过程也是平稳有序的，对于有大量伤员的情况，必须要安排伤员排队进入检伤分类场，因此，本节利用排队论数学模型对伤员的排队检伤进行量化分析，以求提高检伤分类效率。

3.3.1 伤员检伤分类排队模型

从实际情况来看，伤员排队模型具有可变输入率和可变服务率的特性，即当待检伤分类的伤员较多时，危重伤员可能等不及救援而死亡，而检伤分类医护人员为了提高服务效率会尽可能地提高检伤分类速度。

通过性态分析，检伤分类排队系统属于服务时间服从指数分布，伤员到达时间服从泊松分布的多服务窗等待制排队系统，因此做出如下假设：

(1) 检伤分类系统中有 n 个服务窗，系统的服务强度为 ρ 。

(2) 每分钟伤员的平均到达率为 λ ， λ 服从指数分布。

(3) 个别危重伤员在排队过程中可能因为得不到及时救治而死亡，从而退出队列，因此假定伤员到达系统后能否加入队列的概率为 $\alpha_k \in (0,1)$ ，即 α_k 依赖于排队长度 k 。当 $k \to \infty$ 时， $\alpha_k \to 0$ ，此时输入率 $\lambda_k = \alpha_k \lambda$ ，有

$$\alpha_k = \begin{cases} 1, & 0 \leqslant k < n, \\ \mathrm{e}^{n-k-1}, & k \geqslant n \end{cases} \tag{3.1}$$

(4) 多个检伤服务组间相互独立，当系统中排队长度超过 n 时，检伤分类工作需要加派人手，服务率为 μ_2 ，反之服务率为 μ_1 ，每分钟平均检伤分类服务率为 μ 。

(5) 检伤服务时间与伤员到达的时间相互独立，且系统中的伤员排成一个队。

(6) 记 β_k 为伤员死亡而离开队列的概率， k 表示伤员的排队长度。排队中伤员因死亡而离开队列的强度为 $\beta_k = \sqrt{k+1}\delta,\ \delta \geqslant 0$ 。

定理 3.1　令 $X(t)$ 表示 t 时刻系统中伤员数(队列长度)，则 $\{X(t), t \geqslant 0\}$ 是以 $E = \{0,1,2,3,\cdots\}$ 为状态空间的生灭过程[199]，有

$$\lambda_k = \begin{cases} \lambda, & 0 \leqslant k < n, \\ \mathrm{e}^{n-k-1}, & k \geqslant n, \end{cases} \qquad k = 0,1,2,\cdots \tag{3.2}$$

$$\mu_k = \begin{cases} k\mu_1, & 0 < k \leqslant n, \\ n\mu_2 + \beta_{k-n}, & k > n, \end{cases} \qquad k = 1,2,3,\cdots \tag{3.3}$$

其中， λ_k 为输入率， μ_k 为服务率。

证明　参见文献[200]和[201]，系统状态流图如图 3.1 所示。

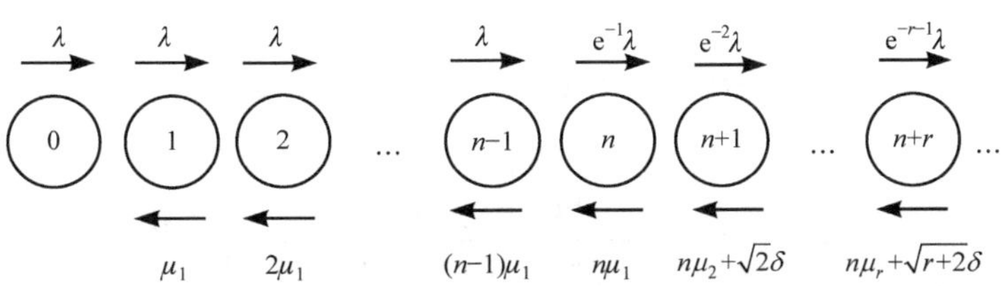

图 3.1　系统状态流图

定理 3.2　设 $P_k(t)=P\{X(t)=k\}$，$k\in E$，$\rho_1=\dfrac{\lambda}{\mu_1}$，$\rho_2=\dfrac{\lambda}{\mu_2}$，$\eta=\dfrac{\delta}{\mu_2}$，则生灭过程 $\{X(t),t\geqslant 0\}$ 满足平稳分布

$$P_k=\lim_{t\to\infty}P_k(t)=\begin{cases}\dfrac{\rho_1^k}{k!}P_0, & 1\leqslant k<n,\\ \dfrac{\mathrm{e}^{\sum_{i=1}^{k-n}(-i)}\rho_1^n\rho_2^{k-n}}{n!\prod_{j=2}^{k-n+1}(n+\sqrt{j}\eta)}P_0, & k\geqslant n\end{cases}\tag{3.4}$$

其中，P_0 为检伤分类空闲概率,

$$P_0=\left[\sum_{k=0}^{n-1}\frac{\rho_1^k}{k!}+\sum_{k=n}^{\infty}\frac{\mathrm{e}^{\sum_{i=1}^{k-n}(-i)}\rho_1^n\rho_2^{k-n}}{n!\prod_{j=2}^{k-n+1}(n+\sqrt{j}\eta)}\right]^{-1}\tag{3.5}$$

证明　由图 3.1 的系统状态流图可列出平衡条件下的 k 阶代数方程[204]，然后求出其平稳分布，解析表达式如下

对 0 状态有 $\lambda P_0=\mu_1P_1\Rightarrow P_1=\dfrac{\lambda}{\mu_1}P_0=\rho_1P_0$

对 1 状态有 $\lambda P_1=2\mu_1P_2\Rightarrow P_2=\dfrac{\lambda}{2\mu_1}P_1=\dfrac{\rho_1^2}{2!}P_0$

……

对 $n-1$ 状态有 $\lambda P_{n-1}=n\mu_1P_n\Rightarrow P_n=\dfrac{\lambda}{n\mu_1}P_{n-1}=\dfrac{\rho_1^n}{n!}P_0$

对 n 状态有 $\mathrm{e}^{-1}\lambda P_n=(n\mu_2+\sqrt{2}\delta)P_{n+1}\Rightarrow P_{n+1}=\dfrac{\mathrm{e}^{-1}\rho_1^n\rho_2}{n!(n+\sqrt{2}\eta)}P_0$

对 $n+1$ 状态有 $\mathrm{e}^{-2}\lambda P_{n+1}=(n\mu_2+\sqrt{3}\delta)P_{n+2}\Rightarrow P_{n+2}=\dfrac{\mathrm{e}^{-3}\rho_1^n\rho_2^2}{n!(n+\sqrt{2}\eta)(n+\sqrt{3}\eta)}P_0$

……

对 $n+k-1$ 状态有 $\mathrm{e}^{-k}\lambda P_{n+k-1}=(n\mu_2+\sqrt{k+1}\delta)P_{n+k}\Rightarrow$

$$P_{n+k}=\frac{\mathrm{e}^{\sum_{i=1}^{k}(-i)}\rho_1^n\rho_2^k}{n!(n+\sqrt{2}\eta)(n+\sqrt{3}\eta)\cdots(n+\sqrt{k+1}\eta)}P_0$$

综上有

$$P_k=\begin{cases}\dfrac{\rho_1^k}{k!}P_0, & 1\leqslant k<n,\\ \dfrac{e^{\sum_{i=1}^{k-n}(-i)}\rho_1^n\rho_2^{k-n}}{n!\prod_{j=2}^{k-n+1}(n+\sqrt{j\eta})}P_0, & k\geqslant n\end{cases} \tag{3.6}$$

由正则性 $\sum_{k=0}^{\infty}P_k=1$ 得到

$$\sum_{k=0}^{n-1}\frac{\rho_1^k}{k!}P_0+\sum_{k=n}^{\infty}\frac{e^{\sum_{i=1}^{k-n}(-i)}\rho_1^n\rho_2^{k-n}}{n!\prod_{j=2}^{k-n+1}(n+\sqrt{j\eta})}P_0=1 \tag{3.7}$$

从而

$$P_0=\left[\sum_{k=0}^{n-1}\frac{\rho_1^k}{k!}+\sum_{k=n}^{\infty}\frac{e^{\sum_{i=1}^{k-n}(-i)}\rho_1^n\rho_2^{k-n}}{n!\prod_{j=2}^{k-n+1}(n+\sqrt{j\eta})}\right]^{-1} \tag{3.8}$$

根据平稳分布，得到如下伤员排队的主要数学因子：

(1) 伤员排队等待的概率 P_w。由式(3.4)可得

$$P_w=\sum_{k=n}^{\infty}p_k=\frac{\rho_1^n\rho_0}{n!}\sum_{k=n}^{\infty}\frac{e^{\sum_{i=1}^{k-n}(-i)}\rho_2^{k-n}}{\prod_{j=2}^{k-n+1}(n+\sqrt{j\eta})} \tag{3.9}$$

(2) 平均等待队列长度。等待队列长度 l_q 有如下分布，如表 3.4 所示。

表 3.4　等待队列长度 l_q 的分布

l_q	0	1	2	…	k	…
P_k	$\sum_{k=0}^{n}P_k$	P_{n+1}	P_{n+2}	…	P_{n+k}	…

平均等待队列长度为 L_q

$$L_q = E(l_q) = 0 \times \sum_{k=0}^{n} P_k + 1 \times P_{n+1} + 2 \times P_{n+2} + \cdots + k \times P_{n+k} + \cdots$$

$$= \sum_{k=1}^{\infty} kP_{n+k} = \frac{\rho_1^n \rho_0}{n!} \sum_{k=1}^{\infty} \frac{k\mathrm{e}^{\sum_{i=1}^{k}(-i)} \rho_2^k}{\prod_{j=2}^{k+1}(n+\sqrt{j}\eta)} \tag{3.10}$$

(3) 平均繁忙的服务窗个数 L_f。繁忙中的服务窗个数 Y 有如下分布，如表 3.5 所示。

表 3.5　繁忙中的服务窗个数 Y 的分布

Y	0	1	…	$n-1$	n
P_k	P_0	P_1	…	P_{n-1}	$\sum_{k=0}^{n} P_k$

平均繁忙的服务窗个数为

$$L_f = E(Y) = \sum_{k=0}^{n-1} kP_k + n\sum_{k=n}^{\infty} P_k$$

$$= P_0 \sum_{k=0}^{n-1} \frac{\rho_1^k}{(k-1)!} + \frac{\rho_1^n P_0}{(n-1)!} \sum_{k=n}^{\infty} \frac{\mathrm{e}^{\sum_{i=1}^{k-n}(-i)} \rho_2^{k-n}}{\prod_{j=2}^{k-n+1}(n+\sqrt{j}\eta)} \tag{3.11}$$

(4) 系统的平均队列长度(系统内伤员数的均值)为

$$L_s = L_q + L_f = \sum_{k=1}^{\infty} kP_{k+n} + \sum_{k=0}^{n-1} kP_k + n\sum_{k=n}^{\infty} P_k \tag{3.12}$$

由表 3.6 所示的队列长度 l_s 的分布列如下。

表 3.6　队列长度 l_s 的分布列

l_s	0	1	2	…
P_k	P_0	P_1	P_2	…

可得平均队列长度：

$$L_s = \sum_{k=0}^{\infty} KP_k$$

(5) 单位时间内因死亡脱离队列的危重伤员数目为

$$L_1 = \sum_{k=1}^{\infty} \sqrt{k+1}\delta P_{n+k} \tag{3.13}$$

(6) 单位时间内检伤分类完成的伤员均值为

$$A = \lambda - L_1 = \lambda - \sum_{k=1}^{\infty} \sqrt{k+1}\delta P_{n+k} \tag{3.14}$$

(7) 单位时间内检伤分类部分完成的伤员均值为

$$Q = \frac{A}{\lambda} = 1 - \frac{L_1}{\lambda} \tag{3.15}$$

(8) 由 Little 公式[202]得伤员在系统中的平均被服务时间 W_s 和平均排队等待时间 W_q 分别为

$$W_s = \frac{L_s}{\lambda},\quad W_q = \frac{L_q}{\lambda} \tag{3.16}$$

排队论模型中衡量一个排队等待系统工作状况的主要指标有：服务强度 ρ 、检伤分类空闲概率 P_0 、伤员平均排队等待时间 W_q 、伤员平均等待队列长度 L_q 和伤员平均被服务时间 W_s 。

若服务强度 $\rho<0$ ，表明检伤分类工作无法在规定时间完成；如果 $\rho>0$ ，则表示工作能按时完成。除此之外，服务强度 ρ 还反映了检伤分类场上各方参与者之间的冲突和矛盾的情况。P_0 表示检伤分类工作中医护人员空闲的概率，L_q 的大小影响检伤分类场地的大小。W_s 是伤员接受检伤分类服务所用时间，或者在检伤分类场的平均停留时间，该时间可以用来衡量检伤分类工作是否满足检伤要求标准。除此之外，还有检伤分类系统中的服务窗个数 n ，每分钟伤员平均到达率 λ 和每分钟平均检伤分类服务率 μ 。

3.3.2　模拟实例分析

为了研究排队论模型在突发事件中检伤分类的实际应用，下面以模拟某市突发地震的应急救援为例来研究说明。图 3.2 为排队论的 $M/M/n$ 多服务窗等待制排队模型图[203]。

从仿真模拟的检伤分类场中获取数据，假设某检伤分类场检伤分类组 $n=2$ ，所有转运车辆能接收伤员的总数 $N=300$ ，规定检伤分类全程时间 $t=30$ min，可计算出伤员进入检伤分类场的平均到达率：$\lambda = \sum_{i=1}^{n} \frac{N_i}{nt} = 10$ 人/min，N_i 是第 i 组医护服务的伤员数。

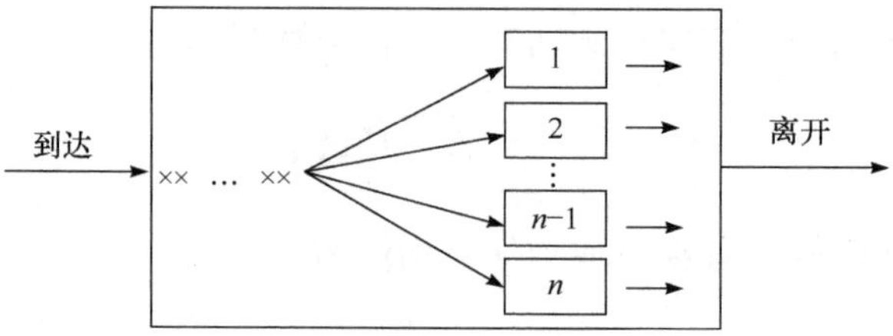

图 3.2　$M/M/n$ 多服务窗等待制排队模型

在检伤过程中，伤员接受检伤服务的时间是查对伤卡、查看伤部、询问伤情、标识类别和分配转运车辆的时间之和。通过实际测算，检伤分类组对每个伤员的平均服务率为每分钟 6 人，即 $\mu=6$。将参数值代入模型公式中，可得

$$\rho=\frac{\lambda}{n\mu}=0.8333,\quad \rho_1=\frac{\lambda}{\mu}=1.6667$$

服务窗空闲概率：$P_0=\left[\sum_{k=0}^{n-1}\frac{\rho_1^k}{k!}+\sum_{k=n}^{\infty}\frac{\mathrm{e}^{\sum_{i=1}^{k-n}(-i)}\rho_1^n\rho_2^{k-n}}{n!\prod_{j=2}^{k-n+1}(n+\sqrt{j}\eta)}\right]^{-1}=0.0954$。

平均排队等待的队列长度：$L_q=\frac{\rho_1^n\rho_0}{n!}\sum_{k=1}^{\infty}\frac{k\mathrm{e}^{\sum_{i=1}^{k}(-i)}\rho_2^k}{\prod_{j=2}^{k+1}(n+\sqrt{j}\eta)}=3.98\approx 4$ (人)。

系统中平均伤员数的均值 $L_s=L_q+\rho_1=5.64\approx 6$ (人)。

平均排队等待时间 $W_q=\frac{L_q}{\lambda}=0.398\ \text{min}$。

平均停留时间 $W_s=\frac{L_s}{\lambda}=0.564\ \text{min}$。

来到检伤系统的伤员排队等待的概率 $C(n,\rho_1)=\frac{n}{n-\rho_1}\cdot\frac{\rho_1^n}{n!}\cdot P_0=0.7951$。

根据以上数值，可对检伤分类排队系统做出评价：系统服务强度较大，但能按时完成检伤分类工作($\rho>0$)，伤员平均等待队列长度较大，如果保持现状，则需要设置较大的检伤分类场地才能缓解伤员排队等待较长的问题。

总体来看，由于伤员平均等待队列长度 L_q 值偏大，因此检伤分类的工作效率较低，在检伤分类场规模固定的情况下，车辆的转运运力和检伤分类时间也必然固定，伤员到达率 λ 和检伤平均服务率 μ 也基本恒定，为了使得检伤服务效率最优，必须改变检伤分类组数 n。表 3.7 给出了不同服务组数排队参量计算分析结

果。由表 3.7 可知，服务组数 $n=3$ 才能获得最优的效率，实现最短平均等待队列长度的解，即 $L_q \leqslant 1$，这种情况使得平均等待时间 W_q 较小，检伤分类中伤员排队通过顺利。对于固定 λ 和 μ 值的情况，$n=3$ 能得到最优的效率；若 $n<3$，从表中可以看出 L_q，W_q，W_s 等指标值较大，说明服务效率低；若 $n>3$，L_q，W_q，W_s 等指标值降低，服务成本会增加，但不会带来效率太大的提升，没有实际意义。当 λ 和 μ 值变化后，需要另外计算最优 n 值。

表 3.7 不同服务组数的排队参量数值(λ=6，$\mu=10$)

参量	数值		
	$n=2$	$n=3$	$n=4$
ρ	0.8333	0.5556	0.4167
ρ_1	1.667	1.667	1.667
P_0	0.0954	0.1726	0.1859
L_q	3.98	0.37	0.073
W_q	0.398	0.037	0.007
W_s	0.564	0.204	0.174
$C(n,\rho_1)$	0.7951	0.2997	0.1024

3.4 我国城市突发事件应急管理体制存在的问题与对策

全球城市化的步伐日益加快已经是有目共睹的事实。尤其是第二次世界大战结束之后，百废待兴，工业化国家在稳定的社会环境和经济发展的需求下，率先完成城市化进程。随着生产力的发展，工业革命的进一步深化，人口持续往城市集中，经济发展越来越快，这使得城市化成了不可阻挡的发展潮流，城市化已经成为人类社会进步的标志。但是，城市过度发展，城市规模越来越大，城市人口越来越多，城市的配套建设，如交通、城市绿地、水源等都没有跟上，再加上污染、犯罪等等，恶化了城市的居住环境，带来了一系列的问题。近年来爆发的城市突发事件给城市管理者敲响了警钟，城市的发展必须要走可持续发展道路，城市的生态环境和居住环境必须要能够承载城市化发展的责任，对于城市突发事件也必须要有管理体制和应对策略上的改变。

3.4.1 应急管理体制存在的问题

从多个城市突发事件的本质特点来看，我国城市灾害应急管理还存在问题、突发事件发生后应对措施准备不足，除此之外，还有其他的原因。

第一，长期以来人们只强调城市化带来的正面效应，忽视了城市承载突发事件灾害的“市情”，因此忽略了城市扩张中伴随的灾情。其实，城市的发展从来都不可能逃避对自然灾害和人为灾害的关注，无论人们的主观意愿如何，城市的“市情”都客观存在，只有在大力进行城市化建设的时候，加强城市灾害应急管理能力，才是城市健康发展的保障。

第二，应急管理机制不太成熟，应急信息披露还需加强。当突发事件发生时，城市区域联合的应急管理模式还不完善，相关主体的互补性以及多元性仍需明确，需要制定联合常设应急机制以及联合会议机制、形成信息交流共享平台，并且做好资源配置工作，明确多方主体的权责以及协同工作内容。除此之外，应该根据事态严重程度及事态发展情况，及时向社会公众发布突发事件信息发展情况以及进展。让社会公众及时掌握区域内突发公共事件情况，定期对外发布突发事件发展进度，实时披露救援工作进度。

第三，缺乏预警监测。城市突发事件虽然具有突发性、复杂性和不可控性，但是在事件发生前，总会有一些端倪和线索。如果对城市突发事件的发生，提前根据各种因素的变化做出预警，则会从源头掐断突发事件的发生，既能够避免造成悲剧，又能够维护社会的稳定。同时，城市管理中，由于“重救轻防”的传统观念，在防灾减灾的准备上不足，这造成了“前不能治本，后不能治标”的城市应急救援的局面，使得应急救援时手忙脚乱，造成应急物资的浪费，还不能达到真正的救援目的。

第四，未能高效全面地处理突发事件。由于未能制定或者很好地遵守应急救援预案和规章制度，各城市管理部门和应急机构往往不能在突发事件发生后很好地协作，导致救援效率低下，甚至引发更严重的后果。城市管理者应该科学地制定应急救援相关预案和规章制度，在抢险救援的时候，应急指挥中心收集相关信息并迅速做出决策。

3.4.2 应急管理的对策

城市突发事件的发生、发展有固定的演化过程，分为预警、发生、缓解和善后四个阶段，应急管理是对突发事件的全过程管理，对应地也将其分为预防与应急准备、监测与预警、应急处置与救援、事后恢复与重建四个阶段。这四个阶段相互衔接，构成了应急处置措施层，通过动态管理，实现了对外围灾害层的抵御，完成了城市应急救援的目标，即城市公共安全[204]。在救援的每个层次上，城市应急管理各个部门均是参与者，承担着各自的职责，其关系如图 3.3 所示。

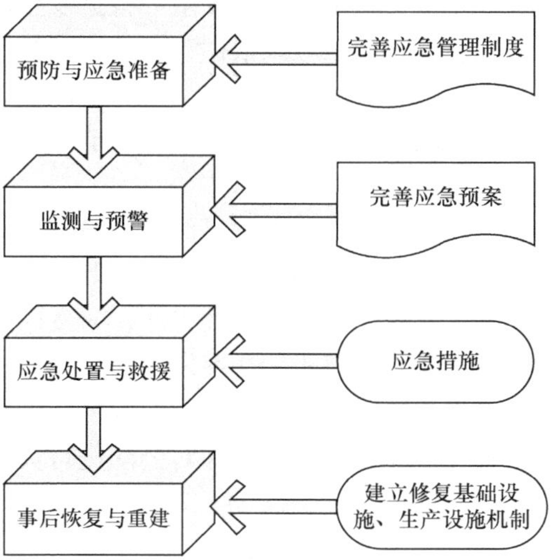

图 3.3　应急管理程序

突发事件的频发给我国的社会稳定及人民群众安全带来了危害，通过对城市突发事件的分析，我们必须思考城市应急管理当前的困局，必须努力寻找城市应急管理矛盾中的应对之策。因此，通过上述突发事件应急管理的分析，本书提出以下完善应急管理体制的建议。

第一，强化应急管理理念。必须加强对大众的引导和教育，有些人的危机意识非常淡薄，一旦突发事件来临，往往惊慌失措。因此，政府应该引导社会大众树立并强化其危机处理意识，将危机教育纳入青少年教育体系中，加强警示和宣传教育力度，并通过模拟演练，强化人民群众的危机意识。

第二，健全法律法规，为应急管理提供法律依据。法治是人类社会文明进步的重要标志，依法治国是中国共产党领导人民治理国家的基本方略，突发事件的应急管理必须以法律法规为准则，做到有法可依。同时，必须不断完善各种法律法规，使应急管理能够跟上时代的潮流，适应更复杂的现状。

第三，建立突发事件综合应急管理机制。应急管理机制是一套由灾前预警、灾中救援和灾后重建构成的完整链条，应急救援涉及多工种、多部门、多种性质的救援力量的协同和协作。为了在处置突发事件中占据有利地位，政府部门必须提高事故监测能力，建立科学的预警机制。除此之外，还需要构建一体化的综合管理体系，利用信息技术，将资源进行整合，协同调度，统一指挥，分工协作。目前，我国城市已经建立起一套统一指挥、相互联动的一体化管理体制，建立严格的责任和监督机制，实行领导问责制，鼓励社会公众参与，将应急管理的责任落实到个人，有效地推动城市应急管理朝着良性的方向发展。

第四，建立多层面的应急管理系统。突发事件根据发生的地点和性质，灾害的规模有大有小，因此应急管理体系应该根据灾害的实际情况，有针对性地启动不同的应急管理模块，这样既能有的放矢，又会避免资源的浪费。政府部门应该建立综合的应急管理决策系统，利用大数据和人工智能技术来分析和干预应急救援工作。

第五，加强应急管理人才培养，建立危机沟通策略和事后心理干预机制。城市应急管理是一个综合的研究学科，各研究机构和高等学校应该开设相关的专业和课程，培养从事城市应急管理工作的专门性人才，研发应急管理技术装备，形成一套可持续发展的应急管理人才模式。在突发事件发生后，政府部门应该及时客观地向公众发布事件的调查情况及处理过程，稳定公众的情绪。建立专门的心理救助机构，应对突发的灾难性心理危机，并对公众进行灾后心理干预。

3.5　本章小结

城市突发事件中容易产生大量创伤类伤员，对创伤伤员的快速抢救，是灾后救援工作的核心内容。但是，突发事件发生后，现场极度混乱，轻伤、中度伤和危重伤类伤员混杂在一起，必须对所有的伤员进行伤情鉴别和分类，才能保证救援工作有序、高效并快速地进行。

国际上检伤分类工作有一套标准的流程和方法，按伤员出现的临床症状和体征分为四类：危重伤员、中度伤员、轻伤伤员和死亡伤员，遵循“优先救治危重伤员，其次救治中度伤员，延期处理轻伤伤员，最后处理死亡遗体”的救援思想，根据模糊定性法——ABCD 法和定量评分法——PHI 法对伤员进行伤情鉴定和分类，并根据伤情情况，给每个伤员分别佩戴红、黄、绿(蓝)、黑四种颜色的伤卡，然后交由现场救治医疗组进行现场救治，或由转运车辆运载至其他医疗机构进行救治。

由于伤员人数众多，伤员必须排队接受检伤分类，以便救治工作的有序进行，因此，本章基于排队论的分析方法，建立伤员检伤分类工作的排队模型，并通过实例进行说明。

最后针对我国城市突发事件的特征，分析我国发生城市突发事件的深层次原因，指出面对突发事件的观念问题和应对突发事件的处置问题是制约我国城市应急救援发展的主要因素，并给出强化应急管理理念、健全法律法规、建立应急管理体制和加强应急管理人员的培养等建议和对策。

第 4 章　突发事件中伤员转送应急救援车辆调度研究

4.1　引　　言

突发事件发生后，应急救援的另外一个任务就是应急救援物资的分配。对于城市中存在的多事故点、有限到达路径的情况，必须合理地分配有限的救援物资，才能更好地实现伤员的救治。应急资源的分配要结合事故点的救援需求来确定，它的特点是需求数量远远大于供应数量，而且带有突发性和紧急性特点。应急资源的分配必须满足应急反应时间更短、资源利用率更高的要求，比一般资源的分配更严格。对于突发事件的应急资源分配的研究，国内外学者已经做了大量的工作，取得了不少成果。Bozorgi-Amiri 等考虑救灾物流背景下的不确定问题，以最小化受灾区的最大资源短缺和最大化灾区满意度水平为目标，构建一种多目标随机规划模型[205]。王旭坪等针对大规模突发事件发生后的初级阶段应急资源的分配问题，提出了一个多目标非线性整数规划模型，并将时间满意度、需求满意度和效用满意度看作目标函数，进行求解[206]。Sheu 在一个三层应急物流混合分配框架上提出了混合模糊聚类方法，并进行灾区划分与应急物资分配[207]。王苏生等建立一种以双层决策方法为基础的多受灾点应急资源配置模型，提出一种多受灾点—多出救点应急资源配置动态优选策略[208]。Arora 等建立了以最大化救助率为目标的应急资源分配模型[209]。Wex 等构建了以总运输时间最小为目标的应急物资分配模型[210]。于辉等研究了应急物资分配的两阶段嵌套策略[211]。葛洪磊等考虑应急物资分配中灾害严重程度、物资属性和受灾点属性等因素，提出了一种受灾人员损失函数，并以受灾人员损失最小为目标进行求解[212]。Liu 等提出基于 Petri 网构建多种应急资源在不同应急周期内的分配模型[213]。Wang 等考虑应急资源配置的及时性与公平性，建立基于双层决策方法的应急资源配置模型[214]。庞海云等基于公平原则建立以系统损失最小为目标的应急物资分配和运输优化模型[215]。薛坤等建立了公平关切下以负效用加权的到达时间最小为目标的应急物资配送优化模型[216]。Sherali 等基于公平原则构建了以最小化灾害风险为目标的应急物资分配模型[217]。詹沙磊等设计了一种通过已知需求灾区对未知需求灾区的救灾品需求进行贝叶斯更新的需求更新方式，由此建立救灾品公平配送模型[218]。张怡等研究了应急物资公平分配的塔木德分配模型、比例分配模型与 Shapley 值分配模型[219]。上述研究的主要立足点都是将目标函数归结为损失最小化和分配效用最大化，虽然模型的目标形式都不一样，但没有考虑到救援需求随着事故演变发生动态随机改变的现实情况。

城市突发事件发生后，必须尽快对事故做出响应，缩短被困伤员的获救时间。应急车辆的调度必须以缩短响应时间为目标，响应时间的核心是应急车辆在路上的行程时间，对行程时间起决定性作用的是应急车辆的路径选择。路径选择要考虑路网的实时车流量，还要考虑因突发事件造成路况的动态变化。因此，应急车辆调度必须以动态变化的路网实时状况为基础，选择合理的动态路径，以实际响应时间最短为优化目标。由于城市交通状况随时都会发生变化，如果将车辆通行时间作为路网中路段权值[220]，那么就能很好地表达出路网的动态特征，并体现出突发事件发生后时间对调度决策的影响，因此很多学者在路网建模中引入了时间维度。文献[221]为了解决交通事件管理业务规划中的事件响应和资源分配问题，设计了一个具有概率约束的调度决策时间的整数规划模型，以解决事故发生时随机资源需求的事件响应问题，并建立了服务于应急资源调度的路网模型。文献[222]提出了动态网络的交通模型准则——先入先出(FIFO)准则，并将静态网络与时变网络进行对比，指出二者的差异。文献[223]采用交通流排队论求解速度，建立速度时间依赖函数。突发事件发生后，必须争分夺秒地抢救伤员，因此救援时间是救援过程中必须首先考虑的因素，所以对应急车辆而言，路径的选择必须基于时间最短。现有的最短路径求解算法多数都基于静态网络，常见的有 Dijkstra 算法和启发式 A* 搜索算法。基于最短时间的路径网络模型是以时间为动态权值的模型，求解此类模型的方法为动态最短路径算法，由于与静态路网模型的本质不同，学者对此类问题的研究还非常少。文献[224]针对交通状况对路网中大部分路段的出行时间影响较大，研究了基于历史数据的预测和实时流量的路由规划问题。文献[225]和[226]分析了最短路径的稳定性，将稳定分为最短路径长度、最优解和稳定分支，并证明了基于时间依赖网络的最短路径问题为 NP 难问题。另外，对于路径可靠性问题，有一些学者在研究车辆路径选择问题时，增加了相关因子。文献[227]研究了奥克兰火山场的疏散需求和交通网络的能力，采用动态路线和交通分配方式进行建模，在宏观范围内确定人员疏散属性，提出了一种动态车辆路径规划模型。对于城市突发事件应急救援中的动态车辆调度，也有部分学者进行了研究。文献[228]综述了 *K* 最短路径(*K*-shortest path，KSP)问题，对国内外 KSP 问题的算法思想和应用领域进行介绍，包括偏离路径算法、删除路径算法、标号算法、智能算法等。最早的 KSP 算法采用经典 Dijkstra 算法求得最短路径，文献[229]通过引入边的缩小长度的概念，对算法进行了改进。文献[230]给出并行计算解决 KSP 问题的思路，能有效降低算法复杂度，但研究还处于初级阶段。目前对于此类问题，通常采用群智能优化算法来近似计算。

本章首先针对突发事件演变的不确定性，构建了事故演变情况下救援需求的马尔可夫模型，并利用改进的花朵授粉算法对模型进行了优化求解，仿真实验表明算法实现了救援需求的优化，能有效地解决问题。除此之外，对应急救援车辆的行驶路径进行优化，以车辆的路径行程时间最短为优化目标，建立路径行程时间函数，采用路径可靠度来衡量动态路径的可靠程度，并构建动态最优路径选择两阶段目标优化模型，然后用一种混合布谷鸟搜索算法求解动态路网中 K 条最短时间路径问题。

4.2　城市突发事件中基于事故演变的救援需求优化模型

城市突发事件发生后，事故状态的演变是无序和实时的，必然导致救援过程中资源需求数量、交通损坏程度等因素具备随机性。马尔可夫决策过程(Markov decision process，MDP)是一种描述随机过程的数学方法，它描述的是在已知事故的现在状态和所有过去状态的情况下，其未来状态的条件概率分布仅仅与当前状态有关。已经有许多学者将马尔可夫决策过程方法用来研究各种不确定问题。Ning 等考虑到不同移动终端之间的服务质量参数不同，将垂直切换决策问题作为一个马尔可夫决策过程，以最大化期望总回报和最小化平均切换次数为目标，建立奖励函数，对各环节的服务质量进行评估，得到一个平稳的确定性切换决策策略[231]。黄飞腾等为了分析水位调节系统，提出了基于系统的马尔可夫性假设，并离散化了系统状态，然后描述了系统的动态随机过程，求得系统故障概率[232]。尚永爽等采用隐马尔可夫模型对系统进行状态评估，以系统长期运行的最小平均费用率为目标，得到最佳的装备检测周期和最优的装备更换策略[233]。Talluri 等以客户选择行为为研究背景，构建了马尔可夫决策过程模型，以嵌套分配策略为最优策略，并证明了模型和估计过程是有效的[234]。李金林等应用马尔可夫决策过程理论和稳健最优化方法建立存量控制的稳健模型，构建了一种稳健竞标价格策略[235]。Keneally 等建立了一个马尔可夫决策过程模型来研究在战斗环境中的空中医疗转移的调度策略[236]。Chizhov 等研究了马尔可夫决策过程在定价策略管理中的应用[237]。

城市突发事件中应急救援的核心是高效率的调度方案，在事故不断演变的情况下，当前的应急调度计划将影响未来的调度计划，当前的调度决策方案对下一个阶段的决策造成影响，并会改变下一阶段的状态，而与过去的状态无关。很显然，这是一个动态决策问题。城市突发事件中待救点的物资需求会随着事故的演变发生变化，这与马尔可夫决策过程的系统的演变取决于状态之间的随机转变非常相似，因此本书在城市突发事件发生后待救点事故动态演变的具体情境下，考虑当前状态对未来状态的影响，针对城市突发事件下应急救援的特点，将事故演变设计成马尔可夫决策过程，并构建救援需求优化模型，利用智能算法进行求解。

4.2.1 事件演变的救援需求问题描述

在城市突发事件发生后，应急救援的首要目标就是确定救援需求，然后制定合理的救援方案，确定供给的救援物资，但是由于突发事件现场的伤亡信息并不能一次性完整获取，事件信息随着时间的推移和事件的演变逐步获得，因此救援需求也随事件的演变而不断发生变化，这是一个动态变化的过程。

事实上，当城市突发事件发生后，在一段时间内，救援中心获取到的伤亡和受灾信息并不准确，因此无法准确确定救援需求。假设城市突发事件所在区域的道路交通网络是连通的，用 $G(V,D,E)$ 表示，其中 $V=\{v_1,v_2,\cdots,v_m\}$ 表示所有等待救援节点，$D=\{d_1,d_2,\cdots,d_n\}$ 表示施救节点。集合 $E=\{(d_i,v_j):d_i\in D,v_j\in V,i\in(0,n],j\in(0,m]\}$ 表示从施救点 d_i 到待救点 v_j 的有向道路构成的弧集。在时间区间 $\Delta t(\Delta t>0)$ 范围内，可以将救援需求定义为一个三角模糊数 $\tilde{S}_j=\{s_{j1},s_{j2},s_{j3}\}$，其中 $j\in[i,m]$，成员函数 $s_j(x):\mathbb{R}\to[0,1]$，因此，可以构建隶属度函数如下：

$$\mu_{s_j}(x(\Delta t))=\begin{cases}0, & x(\Delta t)\leqslant s_{j1},x(\Delta t)\geqslant s_{j3},\\(x(\Delta t)-s_{j1})/(s_{j2}-s_{j1}), & s_{j1}<x(\Delta t)\leqslant s_{j2},\\(s_{j3}-x(\Delta t))/(s_{j3}-s_{j2}), & s_{j2}<x(\Delta t)<s_{j3}\end{cases}$$

根据以上描述，给出事故演变的救援需求问题描述如下：

(1) 城市突发事件中待救点与救援点地理位置是确定的，救援点与待救点之间道路是连通的。

(2) 如果把整个救援时间 T 分为 n 个时间段，那么在任一时间段 $\Delta t_i(1\leqslant i\leqslant n)$，由于存在需求和供给不平衡的情况，所以给出的应急救援方案不一定能满足救援的需求。

(3) A_i 表示施救点 d_i 的最大救援物资供应能力，$\tilde{S}_j$ 表示待救点 v_j 在一段时间内的模糊需求量，救援的目标是合理分配 A_i，使得在最短的时间内满足区间时间段待救点的需求量 $\tilde{S}_j$。

由于待救点与施救点之间存在多对多的救援物资分配问题，而且不同施救点之间可以进行物资转运，再加上待救点之间的救援需求随着事故演变和时间推移不断发生变化，这使得解决此类问题变得异常复杂。

马尔可夫决策过程是不确定性系统动态控制的主要方法，广泛应用于随机优化控制、智能决策等领域[238]，可以为城市突发事件的救援需求动态决策提供量化模型。马尔可夫决策过程的基本原理是未来状态的分布依据当前状态的概率分布，在此基础上做出判断和决策[239]。马尔可夫决策过程分析方法在城市突发事件中基于事故演变的应急资源优化调度过程中的应用如图 4.1 所示。整个决策过程是如何选取方案去应对突发事件的事故演变发展的不确定状态，直至突发事件完全被控制为止。

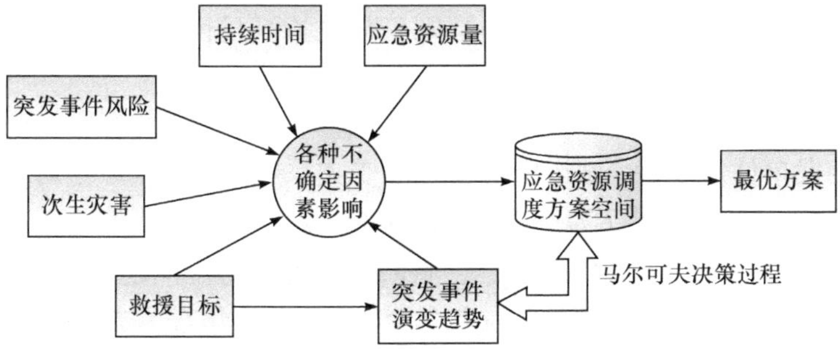

图 4.1　城市突发事件中基于事故演变的应急资源调度过程的马尔可夫决策过程

4.2.2　马尔可夫决策过程

马尔可夫过程是无后效性的随机过程。马尔可夫决策过程是基于马尔可夫过程理论的随机动态系统的最优决策过程，它依据过程的演变来做出相应的决策，即决策者根据周期性的观察，选取一个可用的行动并做出决策，下一阶段的状态也是随机变化的，其状态转移概率具备无后效性。因此，决策者在每个阶段观察系统的特征和状态，并依次做出决策，直到目标被完成。

马尔可夫决策过程通常表示为五元组。$(S, A(s), \forall s \in S,\ P(s' \mid s,a), \gamma(s,a), R)$，图 4.2 描述了在 t 时刻采取行动之后系统状态的演化过程：在 t 时刻，系统状态为 s_t，决策者从行动集合 $A(s)$ 中选取行动 a_t，行动执行后系统将产生两方面的变化，一方面，依据状态转移概率 $P(s_{t+1} \mid s_t, a_t)$ 使系统状态由 s_t 转移到 s_{t+1}，另一方面，系统将获得奖励 $\gamma_t(s_t, a_t)$。当系统状态演化到 $t+1$ 时刻时，决策者将会依据当前状态再次从行动集中选取行动，得到一个决策。如此往复循环，直到获得最优化的结果。

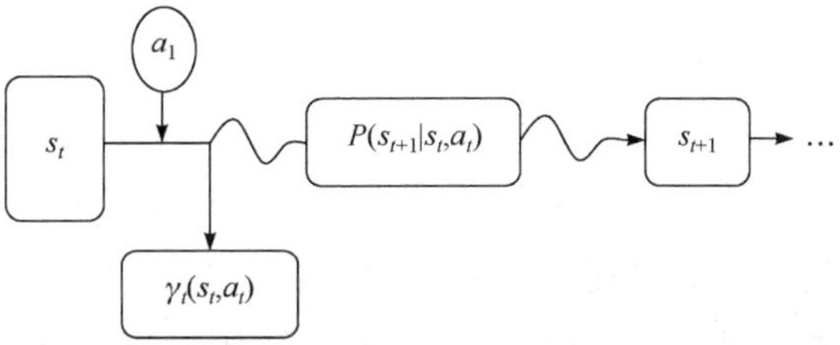

图 4.2　t 时刻采取行动 a_t 之后系统状态的演化过程

决策者按照某种确定的或随机的约定或者限制，在 t 时刻选取一种行动 a_t，所有时刻所选取的行动构成了策略集合，即

$$\pi = (a_0, a_1, a_2, \cdots, a_t, a_{t+1}, \cdots)$$

全体策略的集合构成了策略空间 Π。假如用 R 表示准则函数，$R: S \times R \to \Re$，R 与状态 S 和行动 A 有关。由于状态 S 具备无后效性，因此决策者依据最优策略选取行动 A，问题的最终目标是使得准则函数 R 达到最优。

4.2.3　需求状态演变的马尔可夫过程

城市突发事件发生后，城市中部分区域受灾，受灾待救点产生对救援物资(食品和药品等)的需求。如果 J 为待救点 j 的集合，那么 $J = \{j \mid 1, 2, \cdots, j_{\max}\}$。$K$ 为救援资源 k 的集合，$K = \{k \mid 1, 2, \cdots, k_{\max}\}$。将救援资源的分配问题设计为一个多阶段动态决策问题。假设将事故演变分为多个阶段，阶段的集合为 $T = \{t \mid 1, 2, \cdots, t_{\max}\}$。在突发事件初期，应急救援物资是匮乏的。在施救者的物资供给远不能完全满足待救点物资需求的情况下，系统无论在哪个阶段做出调配决策，均无法彻底满足所有需求。如果在阶段 t ($t = 1, 2, \cdots, t_{\max}$) 决策者需要依据调配物资的现状和待救点的实际情况做出是否满足该待救点物资需求的决策，那么由于事故在时刻演变，无论做出的是何种决策，在阶段 $t+1$ 都需要根据上一阶段的状态和本阶段的实际情况重新再做是否满足该待救点物资需求的决策。因此，应急救援决策的架构是动态演化的，需要做出“是否现在满足该待救点的需求，还是等待将来满足其需求”的决定。假设决策变量记为

$$d_j^t = \begin{cases} 1, & \text{满足在阶段 } t \text{ 待救点 } j \text{ 对资源 } k \text{ 的需求,} \\ 0, & \text{否则} \end{cases} \tag{4.1}$$

很显然，突发事件下的应急救援物资调配策略是一个动态规划问题，当前阶段的决策对待救点的需求造成影响，这种影响必然影响待救点的需求状态，也会影响下一阶段所做出的决策。将需求状态集定义为 $\Theta = \{\theta \mid 1, 2, \cdots, \theta_{\max}\}$，该状态集依次取值 $1, 2, \cdots, \theta_{\max}$，值越大说明该待救点累积的物资需求越迫切，决策者应该优先满足该待救点的需求，其中，数值 1 表示突发事件还未发生。待救点对物资的需求状态与事故发生地点、已有物资量和事故演化阶段等因素都有关系。为了表述这个状态，定义一个变量 C_{jk}^t，它表示待救点 j 对救援物资 k 在阶段 t 的需求状态。那么需求状态序列 $\{C_{jk}^t; t \in T\}$ 为一个随机过程，假设 D_j^t 为 t 阶段待救点 j 对应急资源 k 的决策集合。如果在某个阶段的需求状态为 θ_1，则事故演化一个阶段后需求状态为 θ_2 ($1 \leqslant \theta_1, \theta_2 \leqslant \theta_{\max}$)的状态转移概率为 $P_{jk}(\theta_1, \theta_2)$。$f_t(j, \pi_t)$ 表示阶段

t 由状态 C_{jk}^{t} 转移到救援结束时的总期望报酬。γ_{jk} 表示从状态 C_{jk}^{t} 转移到下一个状态 C_{jk}^{t+1} 相应的报酬，则马尔可夫决策问题的基本方程为

$$f_t(j,\pi_t)=\sum_{j=1}^{t}P_{jk}\gamma_{jk}+\sum_{j=1}^{t}P_{jk}f_{t+1}(j,\pi_{t+1}) \tag{4.2}$$

其中，π_t 表示从阶段 t 到过程终结的决策规则 δ 的序列 $\{\delta_t,\delta_{t+1},\cdots\}$，$\pi_t=(\delta_t,\pi_{t+1})$，其中 δ_t 是阶段 t 的决策规则，有如下性质。

性质 4.1　如果在阶段 t 决策者做出不满足待救点需求的决策，那么随着事故演变，该待救点的需求状态一定是阶段 t 的非递减函数。

很显然，假设待救点在阶段 t 未能得到救援物资，那么随着事故的演变，该待救点对救援物资的需求量只能是保持或者是增加，有

$$C_{jk}^{t_1}\leqslant C_{jk}^{t_2} \tag{4.3}$$

性质 4.2　待救点受到各种不确定因素的影响，它在每个阶段的需求状态呈现随机性。

由于在每个阶段待救点的需求都具有不确定性，由阶段 t 到阶段 $t+1$ 的需求状态必然是随机转移的，而且状态变化具有无后效性，因此 C_{jk}^{t} 是一个随机变量。由所有状态转移概率组成的矩阵

$$P_{jk}=\begin{bmatrix} P_{jk}(1,1) & P_{jk}(1,2) & \cdots & P_{jk}(1,\theta_{\max}) \\ & P_{jk}(2,2) & \cdots & P_{jk}(2,\theta_{\max}) \\ & & \ddots & \vdots \\ & & & P_{jk}(\theta_{\max},\theta_{\max}) \end{bmatrix} \tag{4.4}$$

由性质 4.1 可得 P_{jk} 是一个上三角矩阵。

定义 4.1　如果物资调配策略未能满足待救点的物资需求，那么待救点的需求状态将按照事故的自然发展规律进行演变，将这种需求状态称为自然状态。假设待救点 j 对救援物资 k 的需求在阶段 t 的自然状态为 $\tilde{C}_{jk}^{t}$，那么对于 $\tilde{C}_{jk}^{t}$，如果 t 取自然数序列，得到 $\tilde{C}_{jk}^{1},\tilde{C}_{jk}^{2},\cdots$，很显然该序列是一个马尔可夫链，即 $\tilde{C}_{jk}^{t}$ 的自然状态仅仅与 $\tilde{C}_{jk}^{t-1}$ 有关，与之后的其他状态无关。如果用 $E\tilde{C}_{jk}^{t+1}$ 表示阶段 $t+1$ 的自然状态期望值，那么有

$$E\tilde{C}_{jk}^{t+1}=\sum_{\theta=\tilde{C}_{jk}^{t}}^{\theta_{\max}}\theta\cdot P_{jk}(\tilde{C}_{jk}^{t},\theta) \tag{4.5}$$

很显然，通常情况下 $E\tilde{C}_{jk}^{t+1} \neq \tilde{C}_{jk}^{t+1}$，如果阶段 $t+1$ 和阶段 t 之间的时间间隔足够小，$E\tilde{C}_{jk}^{t+1} = \tilde{C}_{jk}^{t+1}$ 才成立，有定理如下。

定理 4.1 假设 G 是阶段 $t+1$ 和阶段 t 之间的时间间隔，那么有

$$\lim_{G \to 0} E\tilde{C}_{jk}^{t+1} = \tilde{C}_{jk}^{t} \tag{4.6}$$

证明 当 $G \to 0$ 时，整个救援状态是连续的，有 $\tilde{C}_{jk}^{t+1} \in [\tilde{C}_{jk}^{t}, \theta_{\max}]$，$E\tilde{C}_{jk}^{t+1}$ 落在区间范围之内，故式(4.6)成立。事实上，在突发事件发生后，应急救援物资调配决策是无法连续进行的，为了使式(4.5)等号成立，需要对式(4.5)右边取整，得到阶段 $t+1$ 和阶段 t 之间自然状态转移方程如下：

$$\tilde{C}_{jk}^{t+1} = \mathrm{round}\left(\sum_{\theta=\tilde{C}_{jk}^{t}}^{\theta_{\max}} \theta \cdot P_{jk}(\tilde{C}_{jk}^{t}, \theta) \right) \tag{4.7}$$

其中，round( ) 表示对括号内内容按照随机的方法取整，而且取得的整数与自身数值最接近。

另外，还需规定一个初始值：

$$\tilde{C}_{jk}^{1} = \theta_{jk}^{0} \tag{4.8}$$

其中，$\theta_{jk}^{0} \in \Theta$。

性质 4.3 如果在某个阶段物资调配策略满足该待救点的需求,那么待救点的需求状态将回归到初始状态，但随着时间推移，需求的变化将会遵循由“产生”到“剧烈”的过程。为了区分自然变化状态，做出如下定义。

定义 4.2 当调配的物资到达待救点，待救点的需求有可能被满足，那么需求状态的演变将受到干预，将 $\hat{C}_{jk}^{t}$ 定义为待救点 j 对应急物资 k 在阶段 t 的干预状态。

依据性质 4.3，如果在式(4.7)，式(4.8)中添加影响因子，用以表达待救点的需求满足对需求状态转移概率的影响，那么可以得到阶段 t 与阶段 $t-1$ 之间干预状态的转移方程为

$$\hat{C}_{jk}^{t} = \begin{cases} \theta_{jk}^{0}, & t=1, \\ (\theta_{jk}^{0})^{z_j^t} \cdot \left(\mathrm{round}\left(\sum_{\theta=\tilde{C}_{jk}^{t-1}}^{\theta_{\max}} \theta \cdot P_{jk}(\tilde{C}_{jk}^{t-1}, \theta) \right) \right)^{1-z_j^t}, & t \neq 1 \end{cases} \tag{4.9}$$

在求得需求的干预状态后，进一步求出需求表达式，需求表达式的定义如下。

定义 4.3 假设 μ_{jk} 是待救点的基准物资需求，需求的评估依据建筑物布局、

交通状况和事故人数等因素，那么用 d_{jk}^{t} 表示待救点 j 对救援物资 k 在阶段 t 的需求，于是有

$$d_{jk}^{t}=(\hat{C}_{jk}^{t}-1)\cdot\mu_{jk} \tag{4.10}$$

目标函数为

$$\min \quad \sum_{j\in J}\sum_{k\in K}\sum_{t\in T}\mathrm{Sd}_{jk}^{t} \tag{4.11}$$

$$\mathrm{Sd}_{jk}^{t}=\frac{d_{jk}^{t}-d_{jk}^{\Delta}}{d_{jk}^{\nabla}-d_{jk}^{\Delta}} \tag{4.12}$$

由于应急调配的物资类别不同，物资的单位量纲和量级也不同，因此必须进行归一化处理。可以通过式(4.12)整合处理得到标准化的需求式 Sd_{jk}^{t} ，其中 d_{jk}^{∇} 表示待救点 j 对资源 k 需求的上界，d_{jk}^{Δ} 表示待救点 j 对资源 k 需求的下界。Sd_{jk}^{t} 表示在阶段 t 待救点对应急物资的需求，式(4.11)表示在应急救援背景下，需求的产生和演化与物资调配策略有直接关系，所以决策模型的目标就是尽可能延缓需求的产生和演变，因此以整个救援阶段需求的总和最小为优化目标更能贴切说明这个问题。

根据物资调配实际情况，还必须增加约束：

$$\sum_{j\in J}(z_{j}^{t}\cdot d_{jk}^{t})\leqslant S_{k}^{t} \tag{4.13}$$

式(4.13)表示在阶段 t 满足待救点的需求量的总和应该不大于实际的物资调配量，其中 S_{k}^{t} 代表调配资源 k 在阶段 t 的最大调配量。

4.2.4　模型优化求解

城市突发事件发生后,应急救援要求必须用最短的时间做出物资调度的决策,因此决策模型求解对算法的收敛速度有较高的要求，如果模型的决策变量涉及的维度较多，而且每个维度均是大规模集合时，将难以求解，对算法的要求也高。因此，本节使用花朵授粉算法对模型进行求解。

花朵授粉算法是一种仿生智能优化算法，与传统确定性计算方式存在本质的不同，对复杂问题的求解是一种近似的、随机的过程，为了从理论上进一步论证花朵授粉算法的数学模型，分析算法的状态转变过程，研究算法获得全局最优解的充分必要条件，下面对算法的收敛性进行分析。

在花朵授粉算法中，花朵的授粉过程是算法收敛的前提，异花授粉中传粉者的长距离搜索和 Lévy 飞行机制保证收敛的稳定性和全局最优，自花授粉增强了

算法局部寻优能力，并减小搜索范围，摆脱了局部干扰，加快了寻优速度。

如果将花粉集 $\mathrm{PG}=(\mathrm{pg}_1,\mathrm{pg}_2,\cdots,\mathrm{pg}_n)$ 的分量 $\mathrm{pg}_i(1,2,\cdots,n)$ 用 τ 维二进制编码串表示，则编码串可以取 2^τ 个离散值，相当于将定义区间 $[\mathrm{Lb}_i,\mathrm{Ub}_i]$ 划分为 2^τ 个离散值，其精度 $\varepsilon=(\mathrm{Ub}_i-\mathrm{Lb}_i)/2^\tau$。依据这种特征，可以用实数编码分析花朵授粉算法的收敛性。假设解空间的搜索精度为 ε，则解空间 M 可以理解为离散空间，其大小 $|M|=\prod_{i=1}^{n}(\mathrm{Ub}_i-\mathrm{Lb}_i)/\varepsilon$，其中每一个点 $x\in M$ 都是一个花粉，令其适应度 $F=f(x)$，$f(x)$ 为适应度函数，因为 F 为适应度函数值，而 M 为解空间，适应度函数值必须在解空间的取值范围内，因此 $|F|\leqslant M$，故可以写成 $F=\{F^1,F^2,\cdots,F^{|F|}\}$，这里 $F^1>F^2>\cdots>F^{|F|}$。根据适应度的不同可以把搜索空间 M 划分成不同非空子集 $\{M^i\}$，M^i 定义为

$$M^i=\{x\,|\,x\in M,f(x)=F^i\}$$

其中，$i=1,2,\cdots,|F|$，于是有

$$\sum_{i=1}^{|F|}|M^i|=|M|;\quad M^i\neq\varnothing,\quad \forall i\in\{1,2,\cdots,|F|\}$$

$$M^i\cap M^j=\varnothing,\quad \forall i\neq j;\quad \bigcup_{i=1}^{|F|}M^i=M$$

对于任意的两个元素 $x_i\in M^i$，$x_j\in M^j$，有

$$f(x_i)\begin{cases}>f(x_j), & i<j,\\ =f(x_j), & i=j,\\ <f(x_j), & i>j\end{cases}$$

易知，F^1 可以认为是全局最优解 F^*，而且适应度等于 F^* 的个体都应该在 M^1 里面。

在算法的迭代过程中，花粉种群数量 N 保持不变，$P=\{x_1,x_2,\cdots,x_N\}$。令 P 为一个集合，包含所有种群，由于种群中花粉是允许相同的，那么可能的种群的数目为

$$|\beta|=\mathrm{C}_{|M|+N-1}^{N}$$

为了判断种群的优劣，可以定义 P 的适应度函数为

$$F(P)=\max\{f(x_i)\,|\,i=1,2,\cdots,N\}$$

同样，根据适应度的不同又可以把 P 划分为 $|F|$ 个非空子集 $P^i(i=1,2,\cdots,$

$|F|)$，$|P^i|$表示集合P^i的规模。集合P^1包括所有适应度为F^1的种群。

令$p^{ij}(i=1,2,\cdots,|F|;j=1,2,\cdots,|P^i|)$表示$P^i$中第$j$个种群。在进化算子的作用下，$p^{ij}$转移到$p^{kl}$的概率记为$\mathrm{Pr}_{ij,kl}$，$\mathrm{Pr}_{ij,k}$表示从$p^{ij}$到$p^k$中任意一个种群的转移概率，$\mathrm{Pr}_{i,k}$表示从$p^i$到$p^k$中任意一个种群的转移概率，有

$$\mathrm{Pr}_{ij,k}=\sum_{l=1}^{|P^k|}\mathrm{Pr}_{ij,kl};\quad \sum_{k=1}^{|F|}\mathrm{Pr}_{ij,k}=1;\quad \mathrm{Pr}_{i,k}\geqslant \mathrm{Pr}_{ij,k}$$

定义 4.4　一个方阵$A\in\mathbb{R}^{n\times n}$称为:

(1) 非负矩阵，若$a_{ij}\geqslant 0$，$\forall i,j\in\{1,2,\cdots,n\}$；

(2) 本原矩阵，若A非负，并且存在一个整数$k\geqslant 1$，使得$A^k>0$；

(3) 随机矩阵，若A非负且$\sum_{j=1}^{n}a_{ij}=1$，$\forall i\in\{1,2,\cdots,n\}$；

(4) 可规约随机矩阵，若A通过相同形式的行列变换后仍可得到$A=\begin{bmatrix}S & 0\\ R & T\end{bmatrix}$，其中，$S$为$m$阶本原矩阵，$R$和$T\neq 0$。

定义 4.5　对于进化算法，如果算法收敛于全局最优解，那么其充分必要条件是

$$\lim_{t\to\infty}\mathrm{Pr}\{f(P^t)=F^*\}=1$$

其中，Pr 表示概率，P^t表示第t代种群。

定理 4.2　花朵授粉算法搜索过程是一个时齐的马尔可夫链。

证明　花朵授粉算法是在有限维的种群空间M中搜索的，下一代种群P^{t+1}与前面 0 至t代种群无关，所以一个已知种群到另一个特定种群的条件概率在任何时候都不受原来变化的影响。花朵授粉算法是一个马尔可夫链，它的所有状态由全体种群表征。由马尔可夫链原理可知，花朵授粉算法搜索过程具备马尔可夫的无后效性。对于任意状态$i,j\in k$，花粉个体位置更新的转移概率矩阵$P=(p_{i,j})$与种群代数t无关，有

$$P\{X_{t=1}=j\,|\,X_t=i_t,X_{t-1}=i_{t-1},\cdots,X_0=i_0\}=P\{X_{t=1}=j\,|\,X_t=i_t\}=P_{ij}$$

因此花朵授粉算法的搜索过程是一个时齐的马尔可夫链。

定理 4.3　令$\mathrm{Pr}=\begin{bmatrix}S & 0\\ R & T\end{bmatrix}$是可规约的随机矩阵，其中，$S$为$m$阶本原矩阵，$R$和$T$不为0，则有

$$\mathrm{Pr}^{\infty}=\lim_{n\to\infty}\mathrm{Pr}^{n}=\lim_{k\to\infty}\begin{bmatrix} S^{n} & 0 \\ \sum_{i=0}^{n-1}T^{i}RS^{n-i} & T^{n}\end{bmatrix}=\begin{bmatrix} S^{\infty} & 0 \\ R^{\infty} & 0\end{bmatrix}$$

显然，Pr^{∞} 是一个稳定的随机矩阵且 $\mathrm{Pr}^{\infty}=[1,1,\cdots,1]^{\mathrm{T}}[p_1,p_2,\cdots,p_n]$，$\sum_{j=1}^{n}p_{ij}=1$，$p_j=\lim_{k\to\infty}p_{ij}^{(k)}\geqslant 0$，当 $p_j\begin{cases}>0, & 1\leqslant j\leqslant m,\\ =0, & m<j\leqslant n\end{cases}$ 时。

定理 4.4　在花朵授粉算法中，对 $\forall i,k\in\{1,2,\cdots,|F|\}$，有

$$\mathrm{Pr}_{i,k}\begin{cases}>0, & k\leqslant i,\\ =0, & k>i\end{cases}$$

证明　首先，对 $\forall p^{ij}\in p^{i}(j=1,2,\cdots,|p^{i}|)$，均 $\exists X^{*}=(x_1^{*},x_2^{*},\cdots,x_n^{*})\in p^{ij}$，使得 $f(x^{*})=F^{i}$，$\forall p^{kl}\in p^{k}$，$k=1,2,\cdots,|F|$，$l=1,2,\cdots,|p^{k}|$，$\exists X'=(x_1',x_2',\cdots,x_n')\in p^{kl}$，$f(X')=F^{k}$。在进化算子的作用下，$p^{ij}$ 转化为 p^{kl}，若第 t 代的 p^{ij} 进化为第 $t+1$ 代的 p^{kl}，为了方便起见，将它们分别记为 L^{t} 和 L^{t+1}。花朵授粉算法具有保优策略，每一次的授粉过程都保存了历史最优解 F^{*}，因此 L^{t} 时花粉的最优位置为 F^{*}，在种群保持不变的情况下，经过授粉行为，产生下一代 L^{t+1}，将 L^{t+1} 中最优花粉 F' 与 F^{*} 比较，若 F' 优于 F^{*}，则保存的历史最优解被替换为 F'，否则不变，由此可知：

$$f(L^{t+1})\geqslant f(L^{t})\Rightarrow\forall k>i,\ \mathrm{Pr}_{ij,kl}=0\Rightarrow\forall k>i,\ \mathrm{Pr}_{ij,k}=\sum_{l=1}^{|p^{k}|}\mathrm{Pr}_{ij,kl}=0$$

$$\Rightarrow\forall k>i,\ \mathrm{Pr}_{i,k}=0$$

其次，在每次授粉过程中，算法要进行迭代并且寻找最优解。行为选择按照速度最快或者更优的原则进行选择，因此，给定个体 X'，其适应度 $f(X')=F^{k}$，$k\leqslant i$，且 X' 有 r 个分量 $(x_1',x_2',\cdots,x_r')$ 与 X^{*} 不同，则通过 Lévy 飞行算子由 x^{*} 产生 x' 的概率为 $\mathrm{Pr}=\left(1-\frac{1}{n}\right)^{n-r}\prod_{i=1}^{r}\varphi(x_i^{*}-x_i')>0$，$\varphi$ 为 Lévy 分布的概率密度函数。由此可知，p^{ij} 进化为 p^{k} 的概率大于 0，因此 $\forall k\leqslant i,\ \mathrm{Pr}_{i,k}\geqslant\mathrm{Pr}_{ij,k}>0$。

该定理说明，择优选择策略使得花朵群体的适应度在进化过程中只能保持不变或提升，不会出现适应度退化的情况。

定理 4.5　花朵授粉算法是全局收敛的。

证明　每个 Pr_i，$i=1,2,\cdots,|F|$ 可以看作时齐有限马尔可夫链上的一个状态，

根据定理 4.2 可知，算法的转移概率矩阵表示为

$$\Pr=\begin{bmatrix}\Pr_{1,1} & 0 & \cdots & 0\\ \Pr_{2,1} & \Pr_{2,2} & \cdots & 0\\ \vdots & \vdots & & \vdots\\ \Pr_{|F|,1} & \Pr_{|F|,2} & \cdots & \Pr_{|F|,|F|}\end{bmatrix}=\begin{bmatrix}S & 0\\ R & T\end{bmatrix}$$

其中，$R>0$，$T\neq 0$，$S=1$。

因为算法的转移概率矩阵 $\Pr=\begin{bmatrix}S & 0\\ R & T\end{bmatrix}$ 满足可规约的随机矩阵的条件，满足定理 4.3，因此根据定理 4.3 可知

$$\Pr^{\infty}=\lim_{k\to\infty}\Pr^{k}=\lim_{k\to\infty}\begin{bmatrix}S^{k} & 0\\ \sum_{i=0}^{k-1}T^{i}RS^{k-i} & T^{k}\end{bmatrix}=\begin{bmatrix}S^{\infty} & 0\\ R^{\infty} & 0\end{bmatrix}$$

因为 $\Pr=\begin{bmatrix}S & 0\\ R & T\end{bmatrix}$，由定理 4.3 可知 $\Pr^{\infty}=\begin{bmatrix}S^{\infty} & 0\\ R^{\infty} & 0\end{bmatrix}$，$\Pr^{\infty}$ 是一个稳定的随机矩阵，$\Pr^{\infty}=1\Pr^{\infty}$，$\Pr^{\infty}=\Pr^{0}\Pr^{\infty}$ 与初始分布无关，$S=1$，因此，$S^{\infty}=1$，$R^{\infty}=[1,1,\cdots,1]^{\mathrm{T}}$，且有

$$\Pr=\begin{bmatrix}1 & 0 & \cdots & 0\\ 1 & 0 & \cdots & 0\\ \vdots & \vdots & & \vdots\\ 1 & 0 & \cdots & 0\end{bmatrix}$$

可得 $\lim_{k\to\infty}P(|\Pr^{k}-\Pr|<\varepsilon)=1$，其中 $\forall\varepsilon>0$，因此无论当前种群处于何种适应度状态，经过无穷次进化后都将以概率 1 收敛到最优适应度状态，所以花朵授粉算法全局收敛。算法的编码、适应度函数设计和步骤如下。

(1) 二进制编码下的花粉位置更新。

对于离散型空间的求解问题，往往需要对算法中花粉进行编码处理，获得合适的表达方式，使得花粉的位置与模型的解相对应。由于决策变量 Z_j^t 是二值 0-1 变量，因此将花粉的维度设定为 $j_{\max}\times t_{\max}$，即 $M=j_{\max}\times t_{\max}$。将 X_{ijt}^{n} 设定为进化到第 n 代时，第 i 个花粉的位置矩阵中处在第 j 行第 t 列的元素，将 P_{ijt}^{n} 设定为位置矩阵中个体最优位置元素，将 P_{gjt}^{n} 设定为位置矩阵中全局最优位置元素。为了将花粉的位置离散化，可以设定花粉的初始位置如下：

$$X_{ijt}^{0}=\begin{cases}0, & \text{rand}<0.5,\\ 1, & \text{rand}\geqslant 0.5\end{cases} \tag{4.14}$$

然后，设计花粉位置更新公式如下：

(a) 异花授粉时，

$$X_{ijt}^{n+1}=X_{ijt}^{n}+L(X_{ijt}^{n}+P_{gjt}^{n}) \tag{4.15}$$

(b) 自花授粉时，

$$X_{ijt}^{n+1}=X_{ijt}^{n}+\varepsilon(X_{ujt}^{n}-X_{vjt}^{n}) \tag{4.16}$$

采用 Sigmoid 函数将花粉位置映射到[0,1]区间，并将更新后的位置转换为取 1 的概率，即

$$S(X_{ijt}^{n+1})=\frac{1}{1+\mathrm{e}^{-X_{ijt}^{n+1}}} \tag{4.17}$$

设计花粉位置的更新公式为

$$X_{ijt}^{n+1}=\begin{cases}1, & S(X_{ijt}^{n+1})\geqslant\rho,\\ 0, & S(X_{ijt}^{n+1})<\rho\end{cases} \tag{4.18}$$

其中 $\rho \sim U(0,1)$ 。

(2) 适应度函数设计。

为了获得一个独立的适应度函数，将式(4.13)转换成惩罚函数，合并到式(4.11)中，得到

$$\mathrm{Fit}_{i}^{n}=\min\sum_{j\in J}\sum_{k\in K}\sum_{t\in T}\mathrm{Sd}_{jk}^{t}+\sum_{k\in K}\sum_{t\in T}Q\cdot\left|\min\left(0,S_{k}^{t}-\sum_{j\in J}(X_{ijt}^{n}\cdot d_{jk}^{t})\right)\right| \tag{4.19}$$

其中，Q 为足够大的整数，Fit_{i}^{n} 为适应度函数，表示第 n 代第 i 个花粉。

为了方便编程，对于式(4.3)～式(4.10)和式(4.12)采用元胞数组编码的方式，将自然状态按照时间顺序排成一个数组 $\{\tilde{C}_{jk}^{1},\tilde{C}_{jk}^{2},\cdots,\tilde{C}_{jk}^{t_{\max}}\}$ 作为元胞数组，增设 L_{jk}^{t} 作为各自然状态的序号值，记 $\{\tilde{C}_{jk}^{1},\tilde{C}_{jk}^{2},\cdots,\tilde{C}_{jk}^{t_{\max}}\}(L_{jk}^{t})$ 表示元胞数组中的第 L_{jk}^{t} 个元素。则相邻阶段的 L_{jk}^{t} 之间有如下关系：

$$L_{jk}^{t}=\begin{cases}L_{jk}^{1}, & t=1,\\ L_{jk}^{t-1}\cdot(1-X_{ijt}^{n})+1, & t\neq 1\end{cases} \tag{4.20}$$

求解干预状态等价于对元胞数组的元素进行选择，即

$$\hat{C}_{jk}^{t}=\begin{cases}\{\tilde{C}_{jk}^{1},\tilde{C}_{jk}^{2},\cdots,\tilde{C}_{jk}^{t_{\max}}\}(L_{jk}^{1}), & t=1,\\ \{\tilde{C}_{jk}^{1},\tilde{C}_{jk}^{2},\cdots,\tilde{C}_{jk}^{t_{\max}}\}(L_{jk}^{t-1}\cdot(1-X_{ijt}^{n})+1), & t\neq 1\end{cases} \tag{4.21}$$

由干预状态逐步求解出 Sd_{jk}^{t}。

(3) 算法步骤。

用花朵授粉算法求解基于事故演变的救援需求调配问题的步骤如下：

Step 1　对算法的控制参数进行初始化，其中花粉规模为 $M=j_{\max}\times t_{\max}$，切换概率为 p，算法最大迭代次数为 $n_{\max}$。

Step 2　初始化 $n=0$，随机产生初始化花朵种群，计算其适应度值 Fit_i^0，并寻找当前最优花粉 $X_{g^*jt}^{0}$

Step 3　进入主循环，如果 $\mathrm{rand}>p$，按照式(4.15)和式(4.17)，(4.18)进行异花授粉，否则按照式(4.16)和式(4.17)，式(4.18)进行自花授粉。其中 rand 是[0,1]上服从均匀分布的随机数。

Step 4　判断是否更新个体，如果 $\mathrm{Fit}_i^{n+1}<\mathrm{Fit}_i^{n}$，则选择接受新的解，并传粉 X_{ijt}^{n} 至 X_{ijt}^{n+1}，否则不更新。

Step 5　与最优花粉进行比较，如果 $\mathrm{Fit}_i^{n+1}<\mathrm{Fit}_{g^*}$，则替换以前的最优花粉 X_{g^*jt} 为 X_{ijt}^{n+1}。

Step 6　比较 n 与 $n_{\max}$，若 $n\neq n_{\max}$，则令 $n=n+1$，算法跳转到 Step 3，继续花朵授粉算法核心操作；如果 $n=n_{\max}$，算法转到 Step 7 判断算法终止条件。

Step 7　当满足迭代条件时，算法停止，获得最优的调度方案 X_{g^*jt} 和最优的物资调配量 Fit_{g^*}。

4.2.5　实证

1. 实例描述

由于突发地震，某市部分地区房屋倒塌，造成人员伤亡，急需药品和食品。假设该市有 5 个区域需要救援，分别为 A，B，C，D 和 E，如图 4.3 所示。随着灾情的发展，待救点对药品和食品的需求不断发生动态演变。假设地震发生后，可能导致 4 种次生灾害，其对救援资源的需求状态空间为 $N=\{N_1,N_2,N_3,N_4\}$，需求状态转移概率 $P=\{P_1,P_2,P_3,P_4\}$ 和救援阶段 $S=\{S_1,S_2,S_3,S_4\}$ 矩阵以及物资需求最低满足量分别为表 4.1 和表 4.2 所示，假设每个阶段仓库能提供药品 50kg、

食品 600kg。

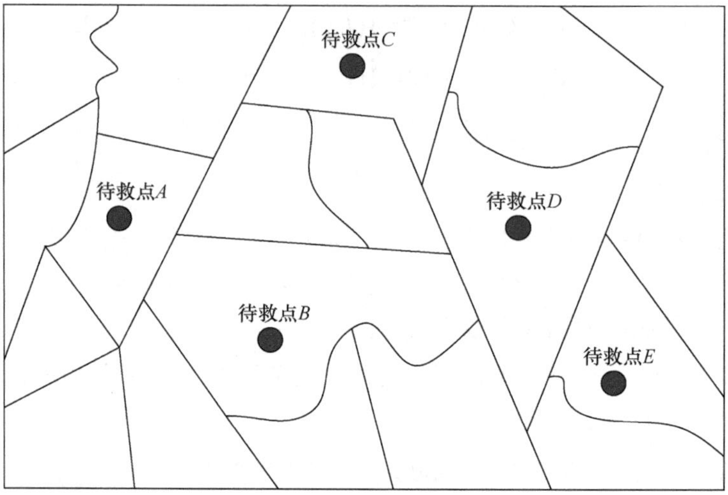

图 4.3　待救点分布图

表 4.1　待救点对药品和食品的需求状态转移概率矩阵

类别	救援阶段 S	A				B				C			
		P_1	P_2	P_3	P_4	P_1	P_2	P_3	P_4	P_1	P_2	P_3	P_4
药品	S_1	0.23	0.47	0.19	0.11	0.30	0.39	0.11	0.20	0.15	0.37	0.29	0.19
	S_2	0	0.28	0.51	0.21	0	0.24	0.44	0.32	0	0.25	0.43	0.32
	S_3	0	0	0.49	0.51	0	0	0.38	0.62	0	0	0.68	0.32
	S_4	0	0	0	1.0	0	0	0	1.0	0	0	0	1.0
食品	S_1	0.17	0.41	0.15	0.27	0.21	0.49	0.17	0.13	0.34	0.55	0.08	0.03
	S_2	0	0.39	0.24	0.37	0	0.53	0.12	0.35	0	0.41	0.32	0.27
	S_3	0	0	0.66	0.34	0	0	0.38	0.62	0	0	0.58	0.42
	S_4	0	0	0	1.0	0	0	0	1.0	0	0	0	1.0

类别	救援阶段 S	D				E			
		P_1	P_2	P_3	P_4	P_1	P_2	P_3	P_4
药品	S_1	0.35	0.41	0.17	0.07	0.26	0.42	0.22	0.10
	S_2	0	0.36	0.43	0.21	0	0.37	0.47	0.16
	S_3	0	0	0.54	0.46	0	0	0.61	0.39
	S_4	0	0	0	1.0	0	0	0	1.0
食品	S_1	0.27	0.51	0.19	0.03	0.29	0.45	0.13	0.13
	S_2	0	0.35	0.28	0.37	0	0.33	0.42	0.25
	S_3	0	0	0.62	0.38	0	0	0.58	0.42
	S_4	0	0	0	1.0	0	0	0	1.0

表 4.2　待救点对物资的初始需求和已有物资量(单位：t)

类别	A		B		C		D		E	
	需求	已有	需求	已有	需求	已有	需求	已有	需求	已有
药品	10	0.8	13	0.5	12	0.3	14	0.2	13	0.4
食品	102	2	115	5	98	1.8	130	2.3	108	1.75

由于突发事故，救援资源准备不足，不可能同时满足所有地区的救援物资的需求，只能分阶段逐步满足。如何选择先满足哪些地区后满足哪些地区，每个阶段提供多少物资，是解决问题的关键。很显然，随着事故演变，救援需求也在动态变化，其状态转移概率具有马尔可夫性。应急物资调度决策方案针对待救点实时需求状态的演化特征，需要做出需求满足决策，目的是保证事故整体的需求状态平稳，资源配置合理，实现更优的救援，更好地实现救助任务。因此，考虑事故演变的不确定性，必须动态地给出合理的物资调配策略，对每个待救点采取逐步满足的方式，使得整体的物资需求呈缓慢变化趋势，并降低物资的整体需求量，避免过度调配。物资调配策略的思想是对伤员多、物资需求增长较快的待救点优先进行物资调配，并加大调配量，然后随着系统状态的演化逐步调整调配方案，确保整个应急物资的调配过程保持平衡，并尽可能地保证公平性和效率性。

2. 求解过程

为了验证本书所提出的花朵授粉算法解决 4.2.5 节实例中基于事故演变的需求物资调配问题的有效性，在 CPU 为 Intel Core i7 2.5GHz，内存为 4GB 的计算机上编程求解，使用的操作系统为 64 位 Windows 7，编程工具为 MATLAB R2015b。为了更好地说明算法的运行结果，对同一问题，分别采用花朵授粉算法(FPA)、粒子群(PSO)算法和萤火虫算法(FA)进行编程求解，并做出对比。3 种算法的初始参数如表 4.3 所示，针对每种算法程序均独立运行 10 次，对食品和药品调配策略分别求解，结果如表 4.4 所示。

表 4.3　FPA，PSO 和 FA 算法参数设置

算法	参数
FPA	$p=0.8$，$\lambda=1.5$
PSO	惯性权重 $w=0.9$，$c_1=c_2=2$
FA	$\alpha=0.2$，$\beta_0=1$，$\beta_{\min}=0.2$，$\gamma=1$

表 4.4　FPA，PSO 和 FA 算法对食品和药品物资需求优化方案 10 次运行结果

类别	算法	$f(x)$最优目标值										均值
		1	2	3	4	5	6	7	8	9	10	
食品	FPA	345.0491	344.0486	346.0480	342.0499	343.0483	347.0492	338.0488	350.0479	339.0493	345.0497	343.9489
	PSO	347.0481	348.0485	347.0472	345.0480	345.0477	348.0476	345.0480	350.0484	346.0483	346.0470	346.7478
	FA	346.0564	346.0654	346.5423	345.0168	345.0101	347.5656	346.0564	349.0589	345.0641	346.0532	346.2489
药品	FPA	30.2135	30.2213	30.2331	30.2210	31.2178	31.5311	30.2258	30.2361	30.2283	31.2209	30.5549
	PSO	31.2548	31.2631	31.2745	31.2610	32.2511	33.2537	31.2610	31.2503	31.2587	32.2611	31.6589
	FA	30.2456	31.2315	31.2498	30.2356	31.2475	32.4501	31.2468	31.2468	31.2511	32.2432	31.2648

从表 4.4 中可以看出，3 种算法都能获得最优物资调配结果，10 次运行的结果可以看出 FPA 求解的目标函数最优值相比 PSO 算法和 FA 都小，说明为了实现待救点物资需求的平稳增长，花朵授粉算法得到的物资调配策略使得在整个救援过程中待救点物资调配量最小，更加合理地利用了救援物资。

取第 6 次运行结果绘制最优目标求解收敛曲线，如图 4.4 所示。

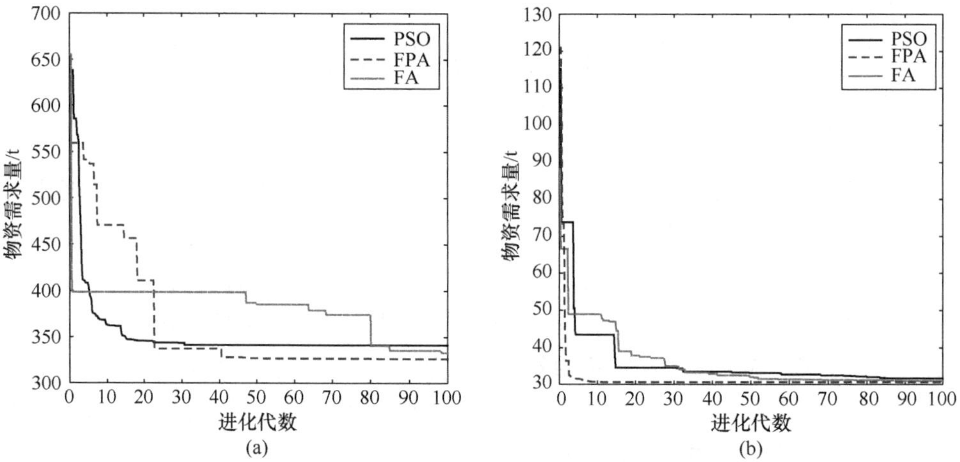

图 4.4　FPA，PSO 和 FA 算法对食品和药品最优物资调配策略迭代曲线

从图 4.4 可以看出，FPA 求解该类问题的收敛速度比 PSO 算法和 FA 都快，说明了 FPA 有更快的寻优能力，符合应急物资调配的时间要求。由第 6 次运行结果，根据式(4.1)、式(4.11)、式(4.14)、式(4.18)～(4.21)将 FPA 的最优粒子位置反向取值获取最优物资调配策略为如下矩阵(图 4.5)。

$$
\text{药品:}\begin{bmatrix}1&0&1&1\\0&1&1&0\\1&0&1&0\\0&1&0&1\\0&1&0&1\end{bmatrix}
\qquad\qquad
\text{食品:}\begin{bmatrix}1&1&0&1\\1&0&1&0\\0&1&0&1\\0&0&1&1\\0&0&1&0\end{bmatrix}
$$

图 4.5　药品和食品调配策略矩阵

图 4.5 说明，对于待救点区域 A，B，C，D 和 E，在 4 个阶段的药品物资调配中，“1011”表示对区域 A 的物资调配中第 1 阶段满足待救点的需求，第 2 阶段不满足，第 3，4 阶段满足其需求，同理对于区域 B，C，D，E 分别对应矩阵的 2，3，4，5 行的策略，策略选择的依据是该待救区域事故演变的程度和需求量的大小。

4.2.6　结论

城市突发事件中待救点的救援物资需求会随着事故的演变发生变化，这种演变是不确定的，而且明显具有马尔可夫性。在救援物资不能满足所有待救点的需求情况下，必须采取合理的物资调配策略才能保证各个待救点的救援需求平稳变化，不至于出现物资严重不足导致受灾人群的恐慌，造成更严重的后果；也不至于出现物资过度调配，造成物资的浪费和调配的不均衡。本书在城市突发事件发生后待救点事故动态演变的背景下，将应急救援需求的演变设计成一个马尔可夫决策过程，并构建优化模型，然后利用花朵授粉算法对模型进行求解。最后，以某市突发地震灾害，造成药品和食品短缺为例进行实证研究。结果表明，本书提出的救援物资需求决策模型使用马尔可夫决策过程方法，模拟事故演变中待救点物资需求动态变化过程，并做出合理的需求满足决策，可以合理地配置资源，使整体救援需求保持平稳的状态，实现了救援需求的优化，更好地完成救助任务。

4.3　应急车辆动态路径选择问题优化

城市突发事件发生后，救援的首要目标就是尽快到达事故区，车辆的调度必须以缩短路径行程时间为目标，其最大的难点是如何度量城市路网中实时变化的交通状况。本节以城市突发事件中应急救援车辆动态路径选择问题为背景，将城市路网抽象为一个由节点和边组成的图，以车辆的路径行程时间最短为优化目标。首先在历史类似样本集中取 K 最邻近样本集，并预测车辆即时行程车速，建立路径行程时间函数。然后对实时路况影响整体行程时间问题，采用路径可靠度进行衡量，并构建动态最优路径选择两阶段目标优化模型。最后针对该模型，提出一种混合布谷鸟搜索算法，求解动态路网中 K 条最短时间路径，并以上海市杨浦区部分区域路网为例进行仿真测试。

4.3.1 应急车辆动态路径选择问题

1. 问题概述

在复杂的城市路网中，应急车辆需要经过多条道路才能到达救援点，如果用路段行程时间来表达行驶完该路段所需的时间，那么总行程时间由各个路段的行程时间组成，因此，路径选择的目标是选取合理的路段，满足总行程时间最短的目标。

路径时间最短与路径距离最短研究的侧重点不一样，它是以路径行程时间为权值的。假如将路网看成一张图 $G(R,E)$，图的节点为 $r_i \in R$，图的边为 $(r_i,r_j) \in E$，R 和 E 分别为节点和边的集合。若路段 (r_i,r_j) 的行程时间表示为 T_{ij}，权值

$$\omega_{ij} = \begin{cases} T_{ij}, & (r_i,r_j) \in E, \\ +\infty, & \text{其他} \end{cases}$$

通常假定路段行程时间 T_{ij} 固定不变，这样城市路网就是一种静态网络，但是车辆行进过程是随机的，路网上的车流量每时每刻都不相同，车辆的路径行程时间必然也不相同，如果有突发事件，变化更加明显。所以应急车辆进入路段 (r_i,r_j) 的时间 t 不同，路段行程时间 T_{ij} 也随之变化，因此路段行程时间是一种时间依赖函数。

路网交通量在一段连续的时间区间内发生动态变化，路段行程车速也随着时间发生变化，假如设定一个固定的数据采集间隔，那么相邻的间隔之间形成了一个时间序列，在一个时间序列内行程车速数据呈现有序性。因此，对有序样本数据进行分析判断，找出它们的相似性，就能够找出行程车速的演变趋势，并估算之后几个时间周期的车速值。对于时间段 U，假如以 Δt 为最小时间间隔，将 U 分割为 H 个离散时间区间，则 $U = [t_0 + \gamma\Delta t, t_0 + (\gamma+1)\Delta t]$，其中 $\gamma = 0,1,\cdots,H-1$，t_0 为初始时刻，$U_H = t_0 + r \cdot \Delta t$ 为最后一个时刻，应急车辆能够在 $[t_0, U_H]$ 内到达事故节点。事实上，t_0 时刻的车辆实时路段行程车速可以获得，而时间段 U 内的其他实时路段行程车速只能与历史车速数据相融合，并进行预测。假设从历史车速数据中取得样本集，选取 t_0 时刻前后几个连续采集周期 $[t_0 - \varphi_1\Delta t, t_0 + \varphi_2\Delta t]$ 内的行程车速作为样本向量，该样本集的各子类样本聚集于中心 $x_c = (v_c(t_0 - \varphi_1\Delta t),\cdots, v_c(t_0 + \varphi_2\Delta t))$，$c = 1,\cdots,d$，其中 $v_c(t)$ 表示样本 x_c 中 t 时刻的路段行程车速，d 为样本的维数。对于待测样本 $x = (v(t_0 - \varphi_1\Delta t),\cdots, v(t_0 + \varphi_2\Delta t))$，根据欧氏距离公式可得样本间的欧氏距离度量为

$$D(x,x_c) = \|x - x_c\| = \sqrt{\sum_{c=1}^{d} \left| v(t_0 - \varphi_1\Delta t) - v_c(t_0 + \varphi_2\Delta t) \right|^2}$$

在类样本集中选出与待测样本 x 距离最近的一类样本，记为

$$x^k=(v^k(t_0-\varphi_1\Delta t),\cdots,v^k(t_0),\cdots,v^k(t_0+\varphi_2\Delta t)),\quad k=1,2,\cdots,K$$

其中，K 为最近邻样本集所包含的样本总数。初始时刻 t_0 之后的第 φ_2 个时刻的行程车速可预测为

$$v^2(t_0+\varphi_2\Delta t)=\frac{1}{K}\sum_{k=1}^{K}v^k(t_0+\varphi_2\Delta t)$$

在任意一个路段 (r_i,r_j) 中，车不会一直保持匀速行驶，速度总会动态变化，因此行程车速的预测值 $v_{ij}^2(t)$ 必须融合时变信息。在调度决策时刻 t_0 之后，如果用 $v_{ij}^2(t)$ 对车速函数进行拟合，结果必定与理论值存在偏差，导致 $T_{ij}(t)$ 与实际函数之间也存在偏差。由此可见，根据行程车速函数求得的最短时间路径并不一定是最优路径，需要构建动态路径选择模型，并使用启发式算法进行求解。

2. 构建动态路径选择模型

1) 分析路段行程时间

如果路段 (r_i,r_j) 的长度为 L_{ij}，车辆实际行程车速在 t_0 时刻为 $v_{ij}(t_0)$，$t_\gamma=t_0+\gamma\cdot\Delta t,\ \gamma=1,2,\cdots,H,\ t_\gamma$ 时刻的预测行程车速为 $v'_{ij}(t_\gamma)_{t_0}$，根据文献[224]定义的折线形车速函数，路段 (r_i,r_j) 在 t_0 时刻的车速函数图如图 4.6 所示。

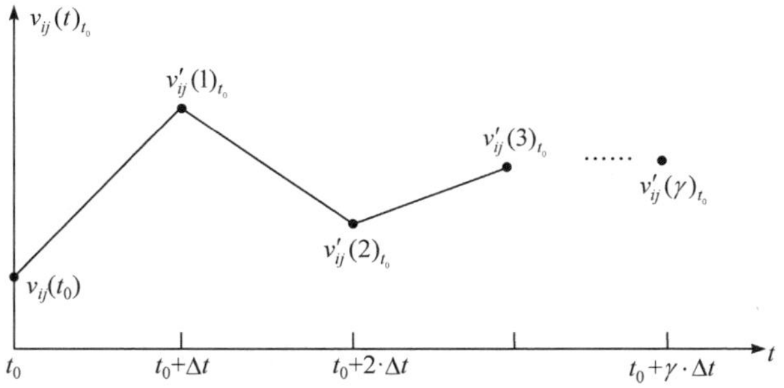

图 4.6　行程车速函数图

车速函数表示为

$$v_{ij}(t)_{t_0}=\begin{cases}\dfrac{v'_{ij}(1)_{t_0}-v_{ij}(t_0)}{\Delta t}\cdot t+\dfrac{t_1\cdot v_{ij}(t_0)-t_0\cdot v'_{ij}(1)_{t_0}}{\Delta t}, & t_0\leqslant t\leqslant t_1,\\[2ex] \dfrac{v'_{ij}(\gamma+1)_{t_0}-v'_{ij}(\gamma)_{t_0}}{\Delta t}\cdot t+\dfrac{t_{\gamma+1}\cdot v'_{ij}(\gamma)-t_\gamma\cdot v'_{ij}(\gamma+1)}{\Delta t}, & t_\gamma\leqslant t\leqslant t_{\gamma+1},\gamma\in[1,H-1]\end{cases}$$

(4.22)

$v_{ij}(t)_{t_0}$ 在区间 $[t_0,U_H]$ 上是连续的，如果在 $y(y \geqslant t_0)$ 时刻，救援车辆刚好驶入路段 (r_i,r_j)，那么对于行程时间 $x(y \leqslant x \leqslant U_H)$，有

$$\int_{y}^{x} v_{ij}(t)_{t_0}\,\mathrm{d}t = \int_{t_0}^{x} v_{ij}(t)_{t_0}\,\mathrm{d}t - \int_{t_0}^{y} v_{ij}(t)_{t_0}\,\mathrm{d}t = \mu(x) - \eta(y) \tag{4.23}$$

其中，

$$\begin{aligned}&\mu(x)\\&=\int_{t_0}^{x} v_{ij}(t)_{t_0}\,\mathrm{d}t\\&=\begin{cases}\dfrac{1}{2}\cdot\dfrac{v'_{ij}(1)_{t_0}-v_{ij}(t_0)}{\Delta t}\cdot x^2+\dfrac{t_1\cdot v_{ij}(t_0)-t_0\cdot v'_{ij}(1)_{t_0}}{\Delta t}\cdot x+C_1, & t_0\leqslant x<t_1,\\ \dfrac{1}{2}\cdot\dfrac{v'_{ij}(\gamma+1)_{t_0}-v'_{ij}(\gamma)_{t_0}}{\Delta t}\cdot x^2+\dfrac{t_{\gamma+1}\cdot v'_{ij}(\gamma)-t_\gamma\cdot v'_{ij}(\gamma+1)}{\Delta t}\cdot x+C_i, & t_\gamma\leqslant x\leqslant t_{\gamma+1},\gamma\in[1,H-1]\end{cases}\end{aligned} \tag{4.24}$$

$$\begin{aligned}&\eta(y)\\&=\int_{t_0}^{y} v_{ij}(t)_{t_0}\,\mathrm{d}t\\&=\begin{cases}\dfrac{1}{2}\cdot\dfrac{v'_{ij}(1)_{t_0}-v_{ij}(t_0)}{\Delta t}\cdot y^2+\dfrac{t_1\cdot v_{ij}(t_0)-t_0\cdot v'_{ij}(1)_{t_0}}{\Delta t}\cdot y+C_1, & t_0\leqslant y<t_1,\\ \dfrac{1}{2}\cdot\dfrac{v'_{ij}(\gamma+1)_{t_0}-v'_{ij}(\gamma)_{t_0}}{\Delta t}\cdot y^2+\dfrac{t_{\gamma+1}\cdot v'_{ij}(\gamma)-t_\gamma\cdot v'_{ij}(\gamma+1)}{\Delta t}\cdot y+C_i, & t_\gamma\leqslant y\leqslant t_{\gamma+1},\gamma\in[1,H-1]\end{cases}\end{aligned} \tag{4.25}$$

其中，C_1，$C_i\,(i=2,3,\cdots,H-1)$为积分常数，可由 $v_{ij}(t)_{t_0}$ 的原函数的连续性求得。由于行程距离是行程时间的函数，因此，令式(4.23)等于 L_{ij}，可得车辆驶出路段的时间为

$$\psi = \rho(L_{ij} + \eta(y)) \tag{4.26}$$

其中 ρ 为 $\mu(x)$的反函数。得到路段行程时间函数为

$$T_{ij}(t) = \rho(L_{ij} + \eta(t)) - t \tag{4.27}$$

定义 4.6 如果路段行程时间 $T_{ij}(t)$ 连续，处处可微并且 $\forall t, T_{ij}(t) \leqslant \Delta t + T_{ij}(t+\Delta t)$，则在时间依赖网络中，路段称为 FIFO 弧。如果网络中每一条弧都是 FIFO 弧，则该网络称为 FIFO 网络；如果存在至少一条非 FIFO 弧的网络，则该网络称为非 FIFO 网络。

定理 4.6 如果路段行程车速表现为折线车速函数,则城市路网为 FIFO 网络。

证明　由式(4.27)可知，$T_{ij}(t)$ 连续且处处可微，只需证明 $\forall t, T_{ij}(t) \leqslant \Delta t + T_{ij}(t+\Delta t)$。由

$$\begin{aligned} T_{ij}(t+\Delta t)+\Delta t-T_{ij}(t) &= \rho(L_{ij}+\eta(t+\Delta t))-(t+\Delta t)+\Delta t-[\rho(L_{ij}+\eta(t))-t] \\ &= \rho(L_{ij}+\eta(t+\Delta t))-\rho(L_{ij}+\eta(t)) \end{aligned}$$

其中，

$$\begin{aligned} \eta(t+\Delta t)-\eta(t) &= \int_{t_0}^{t+\Delta t} v_{ij}(t)_{t_0}\,\mathrm{d}t - \int_{t_0}^{t} v_{ij}(t)_{t_0}\,\mathrm{d}t \\ &= \int_{t_0}^{t} v_{ij}(t)_{t_0}\,\mathrm{d}t + \int_{t}^{t+\Delta t} v_{ij}(t)_{t_0}\,\mathrm{d}t - \int_{t_0}^{t} v_{ij}(t)_{t_0}\,\mathrm{d}t \\ &= \int_{t}^{t+\Delta t} v_{ij}(t)_{t_0}\,\mathrm{d}t \geqslant 0 \end{aligned}$$

可见函数 $\eta(y)$ 单调递增，同理 $\mu(x)$ 及其反函数 $\rho(x)$ 也单调递增，因此可知 $T_{ij}(t+\Delta t)+\Delta t-T_{ij}(t) \geqslant 0$，由此可得 $\forall t, T_{ij}(t) \leqslant \Delta t + T_{ij}(t+\Delta t)$，定理得证。

2) 路径可靠程度分析

在城市突发事件中，城市路网尤其是突发事件区域周边的道路通行必然受到影响，因此在应急车辆路径选择时，需保证当路径中某些路段的预计行程时间与实际值发生偏差时，对全局无太大的影响。为了估算这种影响，定义一个路径可靠度如下。

在正常情况下，路段 (r_i, r_j) 车流量是理论正常值，此时应急车辆不受其他因素影响，属于自由行驶，其行驶速度非常接近道路限速值，因此路段行程时间也为正常值 T_{ij}。如果存在一条从 r_s 到 r_d 的路径 $\prod_{i=s}^{d}(r_i, r_{i+1})$，在 t_i 时刻应急车辆驶入路段 (r_i, r_j)，并经过 $T_{i,i+1}(t_i)$ 后驶出，由于突发事故或其他因素的影响，车辆进入 r_i 的实际时间与理论值 t_i 存在偏差，那么可以将车辆实际进入的时间设定为区间值 $[\mathrm{Et}_i, \mathrm{Lt}_i]$，其中 $\mathrm{Et}_i = \sum_{k=s}^{i-1} T_{k,k+1}$，$\mathrm{Lt}_i \in [t_i, U_H]$。在此区间内进入时应急车辆行驶完路段所需的最大行程时间为

$$T_{i,i+1} = \max\{T_{i,i+1}(t)\}, \quad \mathrm{Et}_i \leqslant t \leqslant U_H \tag{4.28}$$

则路段 (r_i, r_{i+1}) 行程时间的最大延时为

$$\Delta T_{i,i+1} = T_{i,i+1} - T_{i,i+1}(t_i) \tag{4.29}$$

将路径 $\prod_{i=s}^{d}(r_i, r_{i+1})$ 的总延时的倒数定义为路径可靠度：

$$W\left(\prod_{i=s}^{d}(r_i,r_{i+1})\right)=\frac{1}{\sum_{i=s+1}^{d-1}\left(T_{i,i+1}-T_{i,i+1}(t_i)\right)} \tag{4.30}$$

3) 动态最优路径选择两阶段模型

由前面定义可知，城市路网模型为一种时间依赖网络模型，定义为 $(R,E,T\times U)$，$R=\{r_1,r_2,\cdots,r_M\}$ 为节点集合，路段 $(r_i,r_j)\in E$ 用节点之间的连接弧表示。时间区间表示为 U，$T_{ij}(t)$ 是在 U 上的路段行程时间函数，意即在 t 时刻应急车辆从 r_i 行驶到 r_j 所用的时间。$\forall t\in U$，对于 $t>t_0+H\cdot\Delta t$，定义 $T_{ij}(t)=\infty$。假设在 t_0 时刻，应急车辆位于 r_s，节点 r_d 发生了事故，应急车辆到达 r_d 的最优路径为 $P_{sd}(t_0)$，最短行程时间为 $T_{sd}(t_0)$。目标是确保模型动态路径最小的情况下，对路径的可靠度进行优化，由此建立两阶段目标优化模型为

$$\max \quad W\left(\prod_{i=s}^{d}(r_i,r_{i+1})\right) \tag{4.31}$$

$$\text{s.t.}\begin{cases}T_{sd}(t_0)=\min \quad \sum_{i=s}^{d}T_{i,i+1}(t_i), & (4.32)\\ \text{s.t.}\begin{cases}t_i=\begin{cases}t_{i-1}+T_{i-1,i}(t_{i-1}), & i=s+1,\cdots,d-1,\\ t_0, & i=s,\end{cases} & (4.33)\\ (r_s,r_1),\cdots,(r_i,r_{i+1}),\cdots,(r_{d-1},r_d)\in E, & (4.34)\\ r_s,r_1,\cdots,r_i,r_{i+1},\cdots,r_{d-1},r_d\in R, & (4.35)\\ r_s\neq r_1\neq\cdots\neq r_i\neq\cdots\neq r_{d-1}\neq r_d & (4.36)\end{cases}\end{cases}$$

式(4.31)为目标函数，即最大化路径的可靠度。式(4.32)～式(4.36)为约束条件，其中，式(4.32)为动态路径模型最小，即应急车辆行程时间最短；式(4.33)表示应急车辆进入路径后，从 r_s 起每个路段 (r_i,r_j) $(i\in[s,d-1])$ 的时刻 t_i；式(4.34)～式 (4.36)保证路径序列是一条没有回路的通路。

4.3.2 求解应急车辆动态路径选择问题的混合布谷鸟搜索算法

1. 混合布谷鸟搜索算法

布谷鸟搜索算法基于动物的 Lévy 飞行[240]机制以及布谷鸟寻窝和产卵的行为来求解优化问题。布谷鸟搜索算法具有输入参数少、全局搜索能力强、搜索路径优化和问题求解能力强等优点[193]，在许多方面的性能超过粒子群算法和遗传算法[241,242]。但是，布谷鸟搜索算法通过 Lévy 飞行来控制步长，虽然易于跳出局部最

优解，却会导致收敛速度过慢，收敛精度较低，易早熟。本书将蛙跳局部搜索和混沌原理引入到布谷鸟搜索算法中，提出一种混合布谷鸟搜索算法(hybrid cuckoo search algorithm，HCSA)，为了增强种群的多样性特征，在种群初始化的过程中利用混沌原理随机产生初始解，然后针对局部搜索能力，使用蛙跳算法来修改局部搜索规则，并将线性递减策略运用到 Lévy 飞行的随机搜索中，增强算法的全局寻优能力，通过对经典布谷鸟搜索算法进行设计，使得搜索速度和收敛的精度有了质的提升。

布谷鸟的位置移动遵循 Lévy 飞行规则，鸟窝的位置更新如下式：

$$x_i^{t+1} = x_i^t + \alpha \oplus L(\lambda), \quad i = 1, 2, \cdots, n \tag{4.37}$$

其中，x_i^{t+1} 为第 i 个鸟窝在第 $t+1$ 代时的鸟窝位置，x_i^t 为第 i 个鸟窝在第 t 代的鸟窝位置，$\oplus$ 是点对点乘法，$L(\lambda)$ 为 Lévy 飞行随机搜索路径，α 为常数步长控制量，一般取 $\alpha = 0.01$。由于 $L(\lambda)$ 为 Lévy 分布函数，为了方便应用，Yang 将 $L(\lambda)$ 进行简化处理并经过傅里叶变换得到一个概率密度函数[192]：

$$\text{Levy}\, u = t^{-\lambda} \quad (1 < \lambda < 3) \tag{4.38}$$

其中，λ 为幂次系数。Lévy 飞行跳跃路线的方式使用式(4.39)，该式参见文献[195]，由 Mantegna 在 1992 年提出并证明了它的适用性，该式主要用以模仿鸟类的 Lévy 飞行方式。

$$s = \frac{\mu}{|v|^{1/\beta}} \tag{4.39}$$

其中，s 为 Lévy 飞行跳跃路线 $L(\lambda)$，参数 $\beta = \lambda - 1$，$0 < \beta < 2$，通常在布谷鸟搜索算法中取 $\beta = 1.5$，μ，v 是正态分布随机数，服从正态分布：

$$\mu \sim N(0, \sigma_\mu^2), \quad v \sim N(0, \sigma_v^2) \tag{4.40}$$

其中，μ，v 所对应的标准差的取值分别为

$$\sigma_\mu = \left\{ \frac{\Gamma(1+\beta) \cdot \sin(\pi\beta/2)}{\Gamma[(1+\beta)/2] \cdot \beta \cdot 2^{(\beta-1)/2}} \right\}^{1/\beta}, \quad \sigma_v = 1 \tag{4.41}$$

Γ 为标准的 Gamma 函数。

由以上说明，假设鸟窝的最优位置为 x_{best}，那么鸟窝的位置更新公式为

$$x_i^{t+1} = x_i^t + \alpha \frac{\mu}{|v|^{1/\beta}} (x_i^t - x_{\text{best}})$$

布谷鸟搜索算法是一种随机算法，假设鸟窝的最优位置保持不变，并记 $a_t =$

$a\dfrac{\mu}{|v|^{1/\beta}}$，则算法性能主要受随机因子 a_t 的影响。在不考虑鸟蛋被发现的情况下，布谷鸟搜索算法可以表示为一个一阶线性差分方程，得到以下收敛性条件。

定理 4.7　布谷鸟搜索算法收敛的充要条件为 $\lim\limits_{t\to\infty}\prod\limits_{i=t_0}^{t}(1+a_i)=0$。

证明　由式 $x_i^{t+1}=x_i^t+\alpha\dfrac{\mu}{|v|^{1/\beta}}(x_i^t-x_{\text{best}})$ 和 $a_t=a\dfrac{\mu}{|v|^{1/\beta}}$ 得一阶线性差分方程

$$
\begin{aligned}
&x_i^{t+1}=x_i^t+a_t(x_i^t-x_{\text{best}})\\
&x_i^{t+1}-x_{\text{best}}=x_i^t-x_{\text{best}}+a_t(x_i^t-x_{\text{best}})\\
&x_i^{t+1}-x_{\text{best}}=(1+a_t)(x_i^t-x_{\text{best}})\\
&x_i^{t+1}-x_{\text{best}}=\prod_{i=t_0}^{t-t_0}(1+a_i)(x_{t_0}-x_{\text{best}})
\end{aligned}
$$

由 $\lim\limits_{t\to\infty}\prod\limits_{i=t_0}^{t}(1+a_i)=0$ 得到 $\lim\limits_{t\to\infty}(x_i^{t+1}-x_{\text{best}})=\lim\limits_{t\to\infty}\prod\limits_{i=t_0}^{t-t_0}(1+a_i)(x_{t_0}-x_{\text{best}})=0$，即 $\lim\limits_{t\to\infty}x_i^{t+1}=x_{\text{best}}$，$x_i^t$ 收敛于 x_{best}。

定理 4.8　布谷鸟搜索算法收敛的一个充分条件是对于某一整数 $t_0>0$，当 $t>t_0$ 时，有 $-2<a_t<0$。

证明　当 $t>t_0$ 时，有 $-2<a_t<0,\ -1<1+a_t<1,\ \lim\limits_{t\to\infty}\prod\limits_{i=t_0}^{t}(1+a_i)=0$，由定理 4.7，此时 x_i^t 收敛于 x_{best}。

文献[243]里提到，如果想提高随机搜索算法的全局寻优效果，对于存在种群迭代的情况，必须要获得较好的初始种群。经典布谷鸟搜索算法的初始种群是随机产生的，导致种群的多样性较差，影响算法迭代的效率。混沌是一种看似不规则、无序的确定性过程，是非线性系统的一种非周期运动现象，因此使用混沌搜索比随机无序的搜索要更好。本书将采用 Logistic 混沌映射函数对布谷鸟搜索算法的解进行初始化。Logistic 映射来源于动力学系统的人口统计，文献[244]给出的系统方程为

$$x(t+1)=\varpi x(t)(1-x(t)) \tag{4.42}$$

其中，t 为迭代次数，$x(t)\in[0,1]$，ϖ 是控制参数。利用线性变换公式 $u^{(k)}=a+(b-a)x^{(t)}$ 将混沌变量的值域映射到优化问题的定义域内。

蛙跳算法的主要思想是借助青蛙的跳跃去寻找食物，青蛙个体通过文化交流实现信息交换，从而执行局部搜索策略和全局搜索策略。蛙跳算法的局部搜索能

力较强，如果将其与布谷鸟搜索算法结合，将弥补布谷鸟搜索算法局部搜索能力的欠缺。蛙跳算法的原理是：n 只青蛙被分成 m 个族群，每一个族群有 p 只青蛙；不同信息的青蛙集合被归入一个族群；青蛙的元进化策略如下：

$$\text{Step} = \text{rand} \cdot (P_{bi} - P_{wi}) \tag{4.43}$$

$$x_w = P_{wi} + \text{Step}, \quad -S_{\max} < \text{Step} < S_{\max} \tag{4.44}$$

其中，rand 为 (0,1) 内的一个随机数，$S_{\max}$ 为青蛙跳跃的最大步长，P_{wi} 为第 i 个族群中最差的青蛙，P_{bi} 为第 i 个族群中最好的青蛙。算法在搜索过程中，如果当前青蛙个体适应值比原来最差青蛙的适应值大，则替换掉最差的青蛙个体，否则最差的青蛙个体被随机产生的青蛙替代，并重复执行迭代步骤，直到达到指定的迭代次数 Ne 为止。当所有的族群都完成了上述步骤，则将全部族群里的青蛙重新混合，然后再次分成 m 个族群，重复上述步骤，当算法满足停止准则，则完成搜索，输出结果。

为了提高布谷鸟搜索算法的全局搜索能力，本节将惯性权重引入鸟窝位置更新公式(4.37)中：

$$x_i^{t+1} = \omega x_i^{(t)} + \alpha \oplus L(\lambda), \quad i = 1, 2, \cdots, n \tag{4.45}$$

惯性权重采用的是文献[245]提供的一种非线性递减策略。

$$\omega = (2/t)^{0.3} \tag{4.46}$$

其中，t 表示当前迭代次数。

如果城市路网满足 FIFO 条件，根据 4.2.1 节所给的动态路径选择的两阶段模型，设计出两阶段目标优化模型的求解算法，该算法是从下至上逐层寻优的过程，核心是求解 K 条最短路径的混合布谷鸟搜索算法(HCSA-KSP)，如图 4.7 所示。

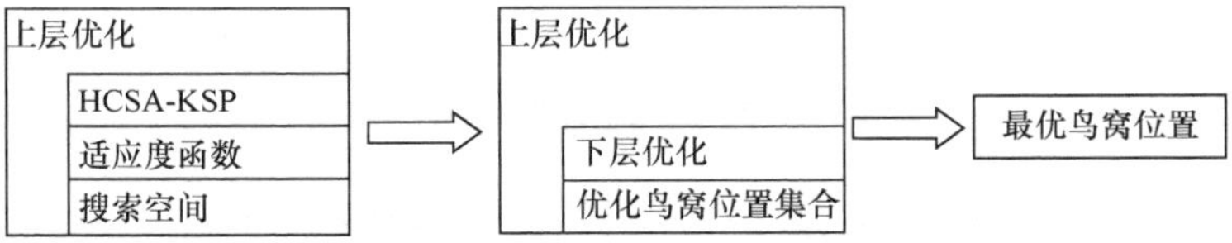

图 4.7　两阶段混合布谷鸟搜索算法原理

求解动态路网中 K 条最短路径时间的思路是：通过混沌方式随机初始化布谷鸟种群，每个布谷鸟的位置对应动态路网的路径信息，在适应度函数的作用下，获得最差鸟窝位置和最佳鸟窝位置，然后借助蛙跳算法的原理，完成局部迭代并将各族群重新混合，构造新的布谷鸟种群，依据优胜劣汰原则进行进化。由于算法在初始编码和进化过程中难以表达路网节点序列的连通性约束，因此在求解动态最短路径时需要重新设计编码方案和局部寻优策略。

2. 编码方案与适应度函数设计

在动态路网中，布谷鸟个体充当路网节点信息的载体，布谷鸟空间位置用向量表示，每个位置代表一个可行解。为了更好地处理问题，需要将决策空间映射到算法搜索空间，布谷鸟位置向量组合成算法的搜索空间，该空间是整型空间的子集，因此，只需将决策变量空间映射到整型空间。两阶段模型的决策向量为救援车辆从 r_s 到 r_d 的路径选择方案 $(r_s,\cdots,r_i,r_{i+1},\cdots,r_d)$ ，其中 $(r_i,r_{i+1})\in E$, r_i, $r_{i+1}\in R\subset\mathbb{R}_+$, $\mathbb{R}_+$ 为正整数集合。采用整数编码方案将路径编码为 $X=(r_s,\cdots,r_i, r_{i+1},\cdots,r_d)$ ，假设城市路网有 M 个节点，那么可能的编码方案为 M^d 种，算法搜索空间的规模过于庞大，容易陷入局部最优，因此，需要分析城市路网节点间的连通性，将不连通的剔除掉，减小算法的搜索空间。在原有整数编码方案中加入路径连通性约束，设计出一种新的编码。假设某城市路网包含如图 4.8 所示的 17 个节点，如果应急车辆从其所在的节点 r_{14} 前往事故节点 r_7 ，那么首先遍历所有路径，并判断连通性，剔除掉不连通的节点，一条可行路径为 $r_{14}\to r_{15}-r_{11}\to r_9\to r_5\to r_6\to r_7$ ，相应的布谷鸟位置编码为 $X=(14 ,15, 11, 9, 5, 6, 7)$。

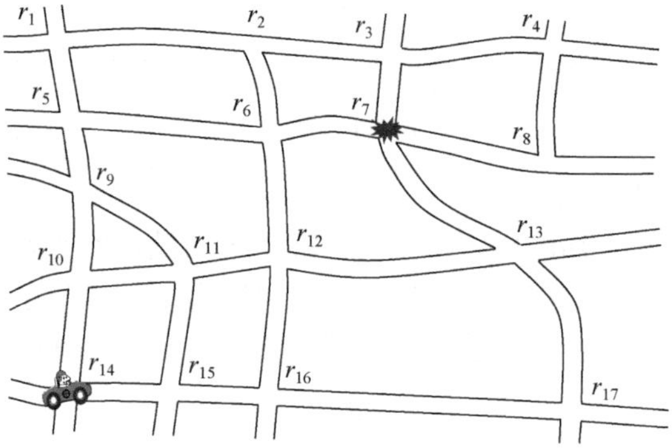

图 4.8　城市路网模型

鉴于上述连通性约束，设计一种随机整数编码方案如下。

设节点 r_i 的邻接节点集合为 $\mathrm{Nx}_i\subset\mathbb{R}_+$, $\mathrm{CP}_i=\{r_s,r_1,\cdots,r_i\}$ 为当前路径序列，假如有集合 $\mathrm{Er}_i=\mathrm{Nx}_i\cap\overline{\mathrm{CP}_i}$, 从其中随机选择一个节点作为有效节点 r_{i+1} ，则有

$$r_{i+1}=\mathrm{Er}_i[\mathrm{int}(|\mathrm{Er}_i|\cdot\varepsilon)] \tag{4.47}$$

其中，ε 是一个随机数且 $0<\varepsilon<1$ 。将当前路径序列更新为 $\mathrm{CP}_{i+1}=\{r_s,r_1,\cdots,r_i,r_{i+1}\}$ ，由此逐一搜索至事故点 r_d ，形成布谷鸟的位置编码 $X=(r_s,\cdots,r_i,r_{i+1},\cdots,r_d)$ 。

根据以上分析，HCSA-KSP 的适应度函数如下：

$$f(X) = -\sum_{i=s}^{d-1} T_{i,i+1}(t_i) \tag{4.48}$$

其中，

$$t_i = \begin{cases} t_{i-1} + T_{i-1,i}(t_{i-1}), & i = s+1, \cdots, d-1, \\ t_0, & i = s \end{cases} \tag{4.49}$$

3. 局部寻优策略

对于满足 FIFO 条件的城市路网，必须保证车辆行驶的所有路段都满足最短时间路径要求，即局部寻优过程必须是合理的。也就是说，假如存在一条最短时间路径 $\Pi_j(t_s)$ 经过 r_q，那么 $\Pi_j(t_s)$ 一定是从源节点 r_s 到目标节点 r_q 的最短时间路径。

事实上，在 FIFO 网络中每条最短时间路径的子路径也是最短时间路径。由此设计布谷鸟搜索算法的局部寻优策略如下：首先标记最优布谷鸟位置 $P_{\text{best}} = (r_s, \cdots, r_i^b, r_{i+1}^b, \cdots, r_d)$ 和最差布谷鸟位置 $P_{\text{worst}} = (r_s, \cdots, r_i^w, r_{i+1}^w, \cdots, r_d)$ 中的相同节点 $\text{SN} = \{r_1', \cdots, r_k', \cdots, r_y'\} \subset P_{\text{best}} \cap P_{\text{worst}}$。然后从第一个重合节点 r_1' 起，比较路径 $(r_s, \cdots, r_i^w, \cdots, r_k')$ 与 $(r_s, \cdots, r_i^b, \cdots, r_k')$ 的行程时间 T_{sk}^w 与 T_{sk}^b。若 $T_{sk}^w > T_{sk}^b$，则说明从源节点 r_s 到节点 r_k' 之间存在一条时间更短的路径，然后将节点 r_k' 标记为瓶颈节点，否则令 $k = k+1$，继续比较 T_{sk}^w 和 T_{sk}^b，直到找到瓶颈节点为止。最后采用随机编码方式生成一条从节点 r_{k-1}' 到瓶颈节点的路径，去替换原 P_{worst} 中的对应路径，实现了对最差布谷鸟位置的更新。

4. 算法设计

针对以上分析，求解动态最优路径的两阶段混合布谷鸟搜索的步骤如下，算法的流程如图 4.9 所示。

Step1　初始化种群数量 n，搜索维度 d，最大迭代次数 T，宿主发现鸟蛋概率 P_a，搜索空间范围 $[\text{Lb}, \text{Ub}]$，蛙跳搜索族群内的更新次数 Ne，分组数 m，每组鸟窝的数量 p，迭代计数器 $t = 1$。

Step2　对种群个体进行混沌初始化：首先在决策空间内产生 F 个布谷鸟个体种群 n，并产生 n 维向量，由路径连通性约束，确保编码 $X_f = (r_s, \cdots, r_i^f, r_{i+1}^f, \cdots, r_d)$ 能代表从起点 r_s 到终点 r_d 的通路，其中 $(r_i, r_{i+1}) \in E,\ r_i,\ r_{i+1} \in R \subset \mathbb{R}_+$，$\mathbb{R}_+$ 为正整数集合。将 X_f 的每一维利用式(4.42)进行更新，产生混沌变量，然后利用载波公式 $X^{(n)} = \text{Lb} + (\text{Ub} - \text{Lb}) x^{(n)}$ 映射到解空间。

Step3　根据式(4.48)和(4.49)计算 F 个鸟窝位置对应的适应度值 $f(X_f)$，并按照适应值降序对鸟窝个体进行排序，得到当前最佳鸟窝位置及其适应值。

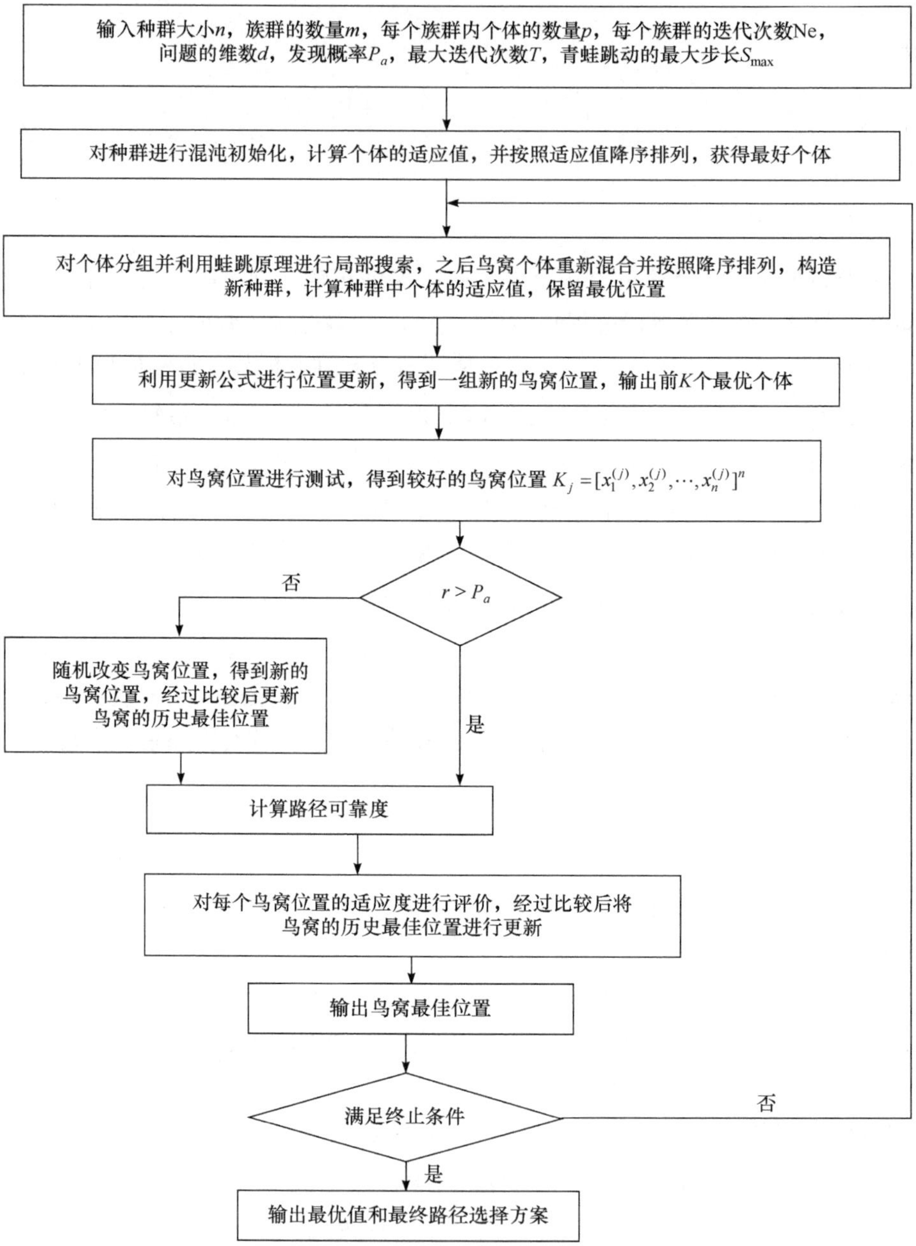

图 4.9 HCSA-KSP 流程图

Step4 将 n 个鸟窝分成 m 组，每组 p 个。首先确定族群中最好的解 $P_{bi}=(r_s,\cdots,r_i^b,r_{i+1}^b,\cdots,r_d)$ 和最差的解 $P_{wi}=(r_s,\cdots,r_i^w,r_{i+1}^w,\cdots,r_d)$，并根据式(4.43)和

式 (4.44)对解进行更新。如果最差鸟窝位置得到了改善，即 $P'_{wi} > P_{wi}$，则保留 P'_{wi}，否则在该族群内随机产生一个鸟窝位置来替代最差的鸟窝位置。然后将所有族群的个体混合，并按照降序排列，构造新的布谷鸟种群，重复上述步骤，直到满足局部搜索终止条件为止。

Step5　按照式(4.37)～式(4.41)，式(4.45)和式(4.46)对鸟窝位置进行更新，得到一组新的鸟窝位置。

Step6　随机产生一个均匀分布的数 r $(0 \leqslant r \leqslant 1)$，如果 $r > P_a$，则随机改变被发现概率较大的鸟窝位置，将被发现概率较小的鸟窝位置进行保留，获得一组新的鸟窝位置。

Step7　根据式(4.30)计算最短路径 $\prod_{i=s}^{d}(r_i^k, r_{i+1}^k)$ 的可靠度，从中选取可靠度最大的作为模型的最优解。

Step8　评估各鸟窝位置的适应值，然后将鸟窝的历史最佳位置进行更新。

Step9　如果算法结果满足停止条件或者达到要求的精度，那么算法停止，并输出结果，否则算法重新返回 Step3～Step9 继续执行。

4.3.3　算例验证

为了说明算法的有效性，利用百度地图提供的上海市杨浦区部分区域(军工路-松花江路-内环高架路-周家嘴路)的路网数据(Python 爬虫爬取获得)，如图 4.10 所

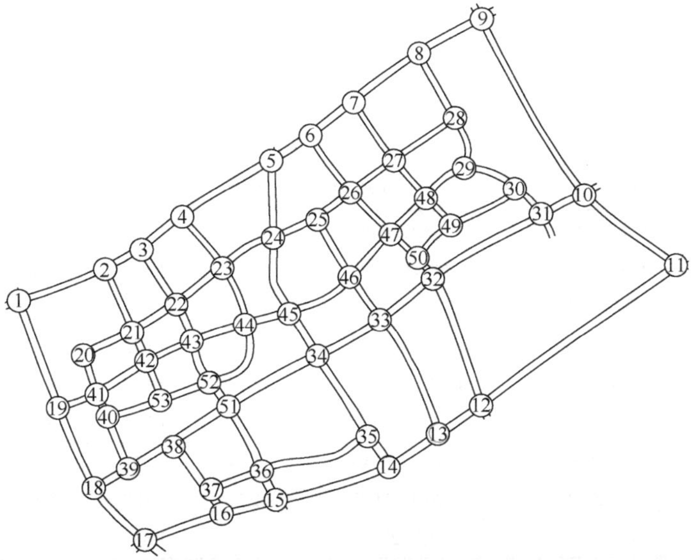

图 4.10　上海市杨浦区部分区域路网图

示。数据形成的时间为 2017 年 12 月 29 日 8:00～9:00，获取数据间隔 $\Delta t = 5\text{min}$ ，利用前面所述理论性质，建立车辆实时路段行程车速函数，并求得路段行程时间函数。随机选取 10 个节点对，起点为救援车辆出发点，终点为事故发生点。为了模拟城市突发事件发生时的情境，选择正常工作日的上班高峰期时间段作为事故发生后调度时间，考虑复杂的动态路网变化，使用 HCSA-KSP、PSO-KSP 算法和 CSA-KSP 分别求解救援车辆从起点出发到达终点的 *K* 条最短路径及其行程时间。HCSA-KSP 参数如表 4.5 所示。

表 4.5　HCSA-KSP 参数设置

n	P_a	T	α	m	Ne	$S_{\max}$	p
100	0.25	100	0.01	10	10	50	10

其中，α 为常数步长控制量。为了简单起见，这里只选取了 10 个节点，利用不同的算法分别求解 *K* 条最短路径及其行程时间，获得的计算结果如表 4.6 所示。

表 4.6　*K* 条最短路径选择结果

起点	终点	算法	*K* 条最短路径	路径长度/km	平均车速/(km/h)	最短行程时间/min	计算时间/s
r_1	r_{43}	HCSA-KSP	1,2,21,42,43	1.32	19.62	4.036	0.4101
		PSO-KSP	1,2,3,22,43	1.43	19.81	4.331	1.3322
		CSA-KSP	1,2,21,42,43	1.32	19.62	4.036	1.0601
r_{13}	r_{24}	HCSA-KSP	13,33,46,25,24	2.11	20.02	6.324	0.4852
		PSO-KSP	13,33,46,25,24	2.11	20.02	6.324	1.5101
		CSA-KSP	13,33,46,25,24	2.11	20.02	6.324	1.1273
r_{11}	r_{48}	HCSA-KSP	11,10,31,30,29,48	2.05	19.98	6.156	0.5101
		PSO-KSP	11,12,32,50,49,48	2.53	19.81	7.663	1.9854
		CSA-KSP	11,10,31,30,49,48	2.07	20.11	6.176	1.3233
r_9	r_{26}	HCSA-KSP	9,8,7,27,26	1.42	19.73	4.318	0.4122
		PSO-KSP	9,8,28,27,26	1.43	19.72	4.351	0.9881
		CSA-KSP	9,8,28,27,26	1.43	19.72	4.351	0.8917
r_{12}	r_{25}	HCSA-KSP	12,13,33,46,25	2.08	19.73	6.325	0.4799
		PSO-KSP	12,32,33,46,25	2.12	19.74	6.444	1.5301
		CSA-KSP	12,13,33,46,25	2.08	19.73	6.325	1.1198
r_5	r_{43}	HCSA-KSP	5,24,23,22,43	1.34	19.82	4.057	0.4271
		PSO-KSP	5,24,23,44,43	1.37	19.84	4.143	1.3505
		CSA-KSP	5,4,23,22,43	1.36	19.87	4.107	1.3101

续表

起点	终点	算法	K 条最短路径	路径长度/km	平均车速/(km/h)	最短行程时间/min	计算时间/s
r_3	r_{34}	HCSA-KSP	3,22,43,52,51,34	1.57	20.05	4.698	0.5012
		PSO-KSP	3,22,23,24,45,34	1.61	20.01	4.828	1.2347
		CSA-KSP	3,22,43,44,45,34	1.58	20.02	4.735	1.2255
r_{39}	r_{22}	HCSA-KSP	39,38,51,52,43,22	1.34	19.65	4.092	0.4202
		PSO-KSP	39,40,41,20,21,22	1.37	19.62	4.190	1.3441
		CSA-KSP	39,40,41,42,43,22	1.35	19.62	4.128	1.2554
r_{36}	r_{23}	HCSA-KSP	36,51,52,43,22,23	1.47	19.73	4.470	0.4240
		PSO-KSP	36,51,52,43,44,23	1.52	19.73	4.622	1.4122
		CSA-KSP	36,51,52,44,23	1.49	19.72	4.533	1.0577
r_{25}	r_{29}	HCSA-KSP	25,26,47,48,29	1.28	18.95	4.053	0.4201
		PSO-KSP	25,46,47,48,29	1.34	18.93	4.247	1.3521
		CSA-KSP	25,26,27,48,29	1.30	18.94	4.118	1.0922

分析表 4.6 的最短路径选择结果可知，HCSA-KSP，PSO-KSP 算法和 CSA-KSP 都能得到节点间的 K 条最短路径及其行程时间。从节点 r_1 到节点 r_{43}，HCSA-KSP 和 CSA-KSP 得到的 K 条最短路径为 1，2，21，42，43，路径长度为 1.32km，最短行程时间为 4.036min，PSO-KSP 算法得到的 K 条最短路径为 1，2，3，22，43，路径长度为 1.43km，最短行程时间为 4.331min，由此可以看出 HCSA-KSP 和 CSA-KSP 得到的 K 条最短路径方案更优。从节点 r_{13} 到节点 r_{24}，HCSA-KSP、PSO-KSP 算法和 CSA-KSP 得到了同样的 K 条最短路径(13，33，46，25，24)和同样的最短行程时间，说明三个算法方案性能相同。但是，从其他节点对的路径选择可以看出，HCSA-KSP 得到的 K 条最短路径方案具有最短的行程时间，结果更优。

选取节点对 r_1 到 r_{43} 和 r_{13} 到 r_{24}，使用 HCSA-KSP、PSO-KSP 算法和 CSA-KSP 分别进行路径寻优，3 种算法的收敛过程如图 4.11 所示。

从图 4.11 可以看出，选择节点 r_1 到节点 r_{43} 时，HCSA-KSP 得到的行程时间在算法迭代到 20 代左右的时候就达到了全局收敛，而 PSO-KSP 算法在 50 代左右的时候收敛，CSA-KSP 在 70 代左右的时候收敛，HCSA-KSP 和 CSA-KSP 比 PSO-KSP 算法得到更少的行程时间。选择节点 r_{13} 到节点 r_{24} 时，HCSA-KSP 同样比 PSO-KSP 算法和 CSA-KSP 收敛得要快，但是三者获得相同的行程时间。

总体来讲，对于相同的起点和终点，由于用不同算法计算得到的最优路径不同，在平均行程车速相同的情况下，导致最短路径行程时间也不同，算法的计算时间也不相同。相比之下，HCSA-KSP 获得的路径最短行程时间要更优，而且算法的计算时间更短，算法能够更快地收敛到最优解。说明 HCSA-KSP 解决应急车辆动态路径选择问题是一种行之有效的方法。

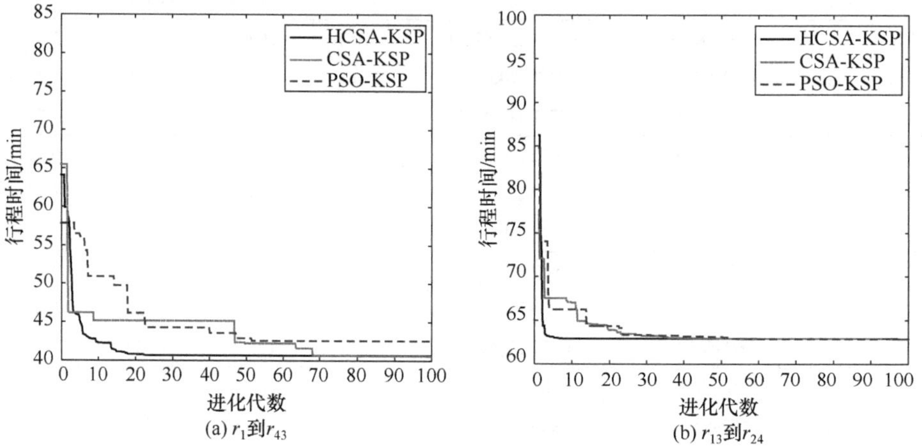

图 4.11　r_1 到 r_{43} 和 r_{13} 到 r_{24} 的路径寻优三个算法的收敛过程

4.3.4　结论

城市突发事件发生后，为了使伤员尽快得到救治，车辆的调度必须以缩短救援时间为目标，但是由于城市路网交通状况复杂多变，事先设定好的救援路线往往无法适应路况的变化，因此需要动态选择应急车辆路径方案。本书将车辆通行时间作为路网路段权值，着重解决时间最短路径问题，并将路网抽象为由节点和边组成的图，构建路段行程时间函数，以路径可靠度来衡量调度中动态路况对整体行程时间产生的不利影响，然后设计动态最优路径选择的两阶段目标优化模型，最后设计了一种混合布谷鸟搜索算法来求解该优化模型。通过具体实例的实验证明该算法解决应急车辆动态路径选择问题，是一种行之有效的方法，通过实验对比可以看出该算法比经典布谷鸟搜索算法和粒子群算法有更好的性能。

4.4　本 章 小 结

突发事件发生后，应急救援的重点除了要将伤员抢救出来之外，还需要向灾区调配救援物资，由于城市中存在多事故点、有限到达路径的情况，必须合理地分配有限的救援物资，才能更好地实现伤员的救治。但是城市突发事件发生后，事故状态的演变是无序和实时的，必然导致救援过程中资源需求数量、交通损坏程度等因素具备随机性。因此，本章首先将事故演变设计成马尔可夫决策过程，并构建救援需求优化模型，然后将城市路网抽象为一个由节点和边组成的图，以车辆的路径行程时间最短为优化目标，在历史样本集中取 K 最邻近样本集，并预测车辆即时行程车速，建立路径行程时间函数；对实时路况影响整体行程时间问题，采用路径可靠度进行衡量，并构建动态最优路径选择两阶段目标优化模型。

第 5 章　城市突发事件情境下手术调度研究

5.1　引　　言

如何遏制城市突发事件的发生，如何在突发事件发生后迅速组织救援，已经成为维护社会稳定，提升政府应急管理能力的重点问题。《“健康中国 2030”规划纲要》指出，提高防灾减灾和应急能力；完善突发事件卫生应急体系，提高早期预防、及时发现、快速反应和有效处置能力；建立包括军队医疗卫生机构在内的海陆空立体化的紧急医学救援体系，提升突发事件紧急医学救援能力[246]。在城市应急救援管理体系协同调度下，必须要对伤员的伤情进行识别和分类，对于轻度伤员采取现场救治的方式，对于重度伤员必须立即转运，送到医院进行手术急救[247]。因此，应急救援的核心思想就是合理地组织救援力量，高效地实施救援过程，尽可能地挽救伤员生命，最大限度地利用黄金救援时间。对于城市突发事件下产生的庞大数量的重度伤员，医疗机构往往不堪重负。如何提高应急手术的效率，尽可能高效地利用有限的医疗资源，最大限度地挽救伤员的生命是当前城市公共安全应急管理体系迫切需要研究的新课题，因此对应急手术调度的研究显得尤为重要。

按照检伤分类原则，突发事件发生后，中度伤和重度伤的伤员需要转运到医院进行手术治疗。如果伤员人数过多，在医疗资源不充足的情况下，医院会承受一定的压力，因此必须统筹安排，制定周密的应急手术方案，合理地利用医疗资源。应急手术中，手术室是最重要的科室，术前、术中和术后都需要大量的人力资源和物资资源提供支持，对麻醉医师、主刀医师、助理医师和护理师进行合理的调配是提高应急手术效率的关键，必须科学地进行调度。

本章第一部分首先分析城市突发事件下应急手术的特点，将应急手术调度看作存在并行机的流水车间调度问题，然后对批量手术调度进行建模，并且考虑应急手术中医生长时间连续手术存在的疲劳问题，该问题将对手术持续时间和挽救患者生命的成功率带来恶化效应，最后利用改进的飞蛾扑火(improved moth-flame optimization，IMFO)算法对应急手术模型进行求解，并通过实证来测试模型和算法的效果。本章第二部分考虑了突发事件下的手术存在不确定状况的情况下，如何更合理地进行手术调度的问题。该问题的解决思路是用灰数来描述调度过程中的不确定性问题，然后构建灰色混合整数规划模型，并对其使用智能算法进行优化求解。

5.2 城市突发事件中基于疲劳效应的应急手术调度问题

医院手术室调度优化的研究多集中在手术排程的优化上。罗永等以手术室的均衡利用为目标，建立了混合整数规划模型，研究最大化手术室利用问题[248]。李惠等针对规模较大的手术排程问题，依据个体的优劣和算法迭代情况设计一种自适应选择机制，并通过将变异操作和禁忌搜索算法结合，获得更优的结果[118]。朱悦等针对手术间的学习效应和医疗团队间准备时间的恶化效应，建立包含手术间准备时间和医疗团队间准备时间的排程模型，并以最小化所有手术完成时间为目标。实例证明，如果依据手术时间非减顺序和多项式非减顺序安排手术，所有患者用最短的手术时间[125]。阎宇阳基于车间调度方法，结合排队思想与优先原则，以医疗资源利用率最大化与整体救援时间最短为优化目标，建立了统筹优化的手术室应急调度模型[249]。考虑了手术过程的不确定性，Denton 等以最小化手术运行成本为目标建立了鲁棒优化模型，并给出了手术室最优开放数量的区间上界和下界[250]。Zhong 等将手术调度描述为一个平行机调度问题，并采用两阶段的方法来处理这个问题[251]。Wei 等考虑到一个完整手术流程涉及多个资源限制，为了保证患者能得到及时救治，而且能够均衡利用医院资源，将手术调度看成一个多资源约束的柔性作业车间调度问题，并且提出了一种改进的蚁群算法进行求解[252]。这些研究主要考虑常规手术情况下，如何最大限度地利用手术室资源，降低手术时间，但是没有考虑应急手术下大批量重度伤员最短手术时间和最大资源利用率的情况。

5.2.1 应急手术调度问题

1. 应急手术调度问题描述

在制造业中，生产调度理论和方法已经得到了普遍的应用，但是在服务业，特别是医疗服务业中，很少得到应用。依靠工业工程方法和运筹学，将调度理论和方法运用到医疗服务业是一个全新的课题，有广泛的应用前景[253, 254]。白雪等[255]针对医院手术室调度计划性不强、缺乏规范性的调度规则、手术室使用混乱、人为干扰因素较多等现状，运用生产调度理论中的并行机调度及流水车间调度相关理论，并结合手术室资源调度的特点，提出医院手术室调度优化的应用研究框架。Zhou 等[171]研究了两种近似方法:确定性等效方法和方差定界法，考虑在每个患者的预期等待时间上有一个预先指定的上界的情况下,求解手术调度中最小化计划的预期时间跨度问题。舒文等[256]建立了手术室利用率最大优化目标模型，并考虑了手术室和手术辅助护士等资源的约束，对手术排程进行优化。钟力炜等[257]以运筹学、组合最优化和排程论的优化模型对手术排程管理进行研究，建立总手术量最大、手术室总开放时间最小和手术室数量最小的多目标优化模型，借助成组排序的思想，构建优化排程方案。

手术室是医院最重要的核心部门之一，占用了医院最多的医疗资源和最优秀的医技资源，手术室的正常运行关系到整个医院的良性发展，因此手术室的调度优化是医疗服务资源调度优化的关键问题之一。在日常医院运营过程中，大批量伤员的手术基本是不存在的，但是在突发事件发生后，医院短时间之内就会收治大量需要手术的伤员。突发事件中收治的伤员大多属于同一伤情类别的伤员，因此手术的类别也大致相同，如果将此类应急手术与生产制造的工件在机器上加工相对比，可以发现二者具有较高的相似度。因此，可以将应急手术调度问题看作一个加工车间调度问题。国外的手术室已经将麻醉准备间和麻醉复苏室进行了独立划分，我国的一些医院也开始这样处理，形成麻醉准备、手术和麻醉复苏三道独立工序，如图 5.1 所示。当突发事件产生的伤员被送到时，手术调度中心将伤员的手术按照一定的规则分配到各个手术间，并排好顺序，而每台手术的总时长分为三段：术前准备(包括麻醉)、手术、术后清理(包括麻醉复苏)。从生产调度视角分析整个应急手术调度流程，可以将应急手术调度看作一个流水车间调度。另外，考虑到麻醉间、手术间和麻醉复苏室并不仅仅只有一个，而是平行机组车间，也可将其视作可平行加工的同种机器，每一台手术视作加工工件。因此，应急手术调度问题可以看作柔性流水车间调度问题，可以将流水车间调度理论引入应急手术调度与优化中。

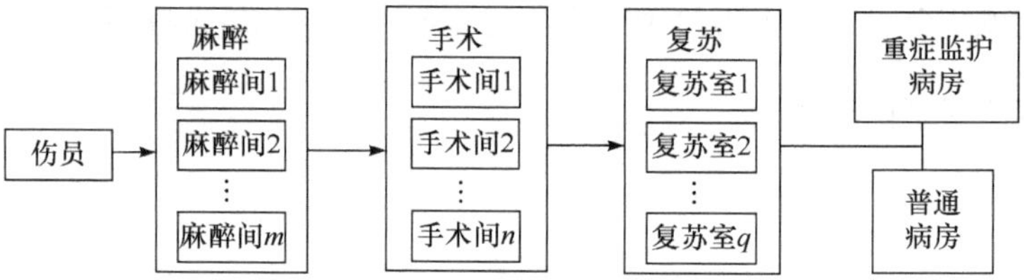

图 5.1　应急手术工序

2. *疲劳问题带来的恶化效应*

在城市突发事件中，应急救援过程转运的伤员数量往往是巨大的，远远高于医院日常接诊时安排的手术台数，那么在高负荷的手术压力下，医生因为性别、年龄、身体素质等各方面的因素，当手术持续时间过长时，必然会出现身体吃不消、疲劳等现象。这种疲劳现象会给应急手术调度带来恶化效应。近年来，带有恶化效应的调度问题引起了广大学者的关注。最早提出来的恶化效应模型中工件的加工时间是由工件的开始时间决定的非减线性函数。除此之外，文献[258]提出工件具有恶化效应(aging effect)的排序模型，并对此展开了研究。但是，对于具有恶化效应的调度模型的研究往往只考虑如果工件的开始加工时间足够大或者工件的加工位置顺序越靠后，那么会导致加工时间趋于无穷大的情况，很显然对于应急手术调度而言，这与实际处理过程不相符。因此，本章对应急手术中医生的疲劳问题引起的时间恶化效应进行分析，并将此作为应急手术调度问题的约束条件，构建一个更接近现实应急手术过程的调度模型，恶化效应模型如下：

$$C'_{ijk} = C_{ijk} + \alpha_{ik} S_{ijk} \tag{5.1}$$

式(5.1)中 C'_{ijk} 表示伤员 i 在第 j 道手术工序上在病床 k 上的实际处理时间，C_{ijk} 表示伤员 i 在第 j 道手术工序上在病床 k 上的理论处理时间，α_{ik} 为伤员 i 在病床 k 上的手术时间恶化系数，S_{ijk} 表示伤员 i 在第 j 道手术工序上在病床 k 上的开始处理时间。

3. 应急手术调度模型

突发事件下的应急手术调度与一般的调度问题不太一样，手术工序只有 3 道，每个伤员都必须经历麻醉、手术和复苏相同的流程，因此可描述为：有 n 个伤员 p_i ($i=1,2,\cdots,n$)排队接受手术，手术有 3 道操作工序，在第 j 道手术工序中包含 S_j 台并行手术病床($S_j>0,\ j\in\{1,2,3\}$)，每个伤员经历的手术工序相同，在每道工序上，伤员可以在任意一个并行的手术病床上接受处理，所有伤员在并行手术病床上进行手术操作的操作时间不同。该问题假设如下：

(1) 所有伤员的应急手术流程相同，手术工序固定；

(2) 每个伤员接受手术的次序没有特殊限制；

(3) 假设医院已经做好准备，救援车辆一到医院，伤员立即可以开始手术，忽略准备时间；

(4) 每个伤员的每个手术工序仅可在一个手术病床上进行；

(5) 每台手术病床同一时间只能对一个伤员进行处理；

(6) 手术流程不允许有任何特殊情况影响，从而导致手术中断；

(7) 所有应急手术的设备不会因为特殊情况发生故障；

(8) 医生会因为手术时间过长产生疲劳导致手术时间产生恶化效应。

问题优化目标是最小化最大完成时间，即

$$\min C_{\max} = \min\{\max\{C'_i\}\}, \quad i=1,2,\cdots,n \tag{5.2}$$

其中，C'_i 是伤员 p_i 的实际手术结束时间，与理论手术结束时间 C_{ijk} 之间存在式 (5.1)的疲劳恶化效应关系。

5.2.2　改进的飞蛾扑火算法设计

1. 基于混沌扰动的飞蛾扑火算法

在实际应用中许多优化问题往往在利用算法求解的过程中陷入局部最优，飞蛾扑火算法也不例外。虽然算法使用式(2.108)给出的自适应火焰更新机制能减少火焰的数量，目的是避免算法过早陷入局部最优，但效果非常不好。因此，必须在算法执行的时候对飞蛾种群的多样性进行优化，增强算法的自适应能力，使得算法在持续优化过程中保持良好的寻优效果和快速的收敛能力。

混沌是一种看似不规则无序的一种确定性过程，是非线性系统的一种非周期运动现象。混沌系统的行为随机且复杂，但具备一定的内在规律性。如果在算法中利用混沌思想来增强种群的多样性，将是一种不错的选择，其基本思想是：根据混沌映射函数规则，将算法中飞蛾在空间中的位置作为优化变量进行映射，映射后得到的混沌变量在混沌空间的取值范围内，然后利用混沌的性质，随机进行寻优搜索，并遍历所有的结果，获得的优化解通过映射规则重新转化到优化空间。混沌映射函数的种类比较多，考虑性能和鲁棒性，本章将采用逻辑自映射函数[259]产生的混沌序列来改进飞蛾扑火算法，下面介绍它的原理。逻辑自映射函数如下：

$$L_{n+1,d}=1-2L_{n,d}^{2},\quad n=0,1,2,\cdots,\infty,\quad L_{n,d}\in(-1,1) \tag{5.3}$$

变量的定义域为区间(−1,1)，但是不能取 0 和 0.5，d 是空间维度。当 $L_{n,d}\neq 0$ 时，混沌过程开始发生。假设存在一个初值 $L_{\mu}\in(-1,1)$，且 $L_{\mu}\neq\{0,0.5\}$。由式(5.3)可得混沌序列为 $\{L_n\mid n=0,1,2,\cdots,\infty\}$，计算序列的概率分布函数如下：

$$f(x)=\begin{cases}\dfrac{1}{\pi\sqrt{1-x^{2}}}, & x\in(-1,1),\\ 0, & \text{其他}\end{cases}$$

计算 $\{L_n\mid n=0,1,2,\cdots,\infty\}$ 序列的均值可得

$$\overline{x}=\lim_{n\to\infty}\sum_{i=0}^{n-1}x_i=\int_{-1}^{1}xf(x)\mathrm{d}x=0$$

由式(5.3)，对于选取的不同初始值 x_0 和 y_0，得到两个序列的互相关性为

$$c(r)=\lim_{n\to\infty}\frac{1}{n}\sum_{i=0}^{n-1}(x_i-\overline{x})(y_{i+r}-\overline{y})=\int_{-1}^{1}\int_{-1}^{1}f(x)f(y)(x-\overline{x})(\tau'(y)-\overline{y})\mathrm{d}x\mathrm{d}y=0$$

所以可以得出，飞蛾扑火算法中飞蛾位置随寻优过程得到的空间位置序列 $\{L_n\mid n=0,1,2,\cdots,\infty\}$ 之间不具有相关性，不会循环取得，因此基于逻辑自映射函数的混沌优化可以更好地实现种群多样性，增强算法的寻优过程。

基于混沌扰动的飞蛾扑火算法的优化过程为：飞蛾i绕着火焰飞行过程中，假设在t时刻飞蛾i在D维空间的位置为x，为了避免算法陷入局部最优，对飞蛾位置进行混沌扰动。根据式(5.4)，将飞蛾位置在D维空间的每一维均映射到区间(−1,1)上，由式(5.3)获得混沌序列，将得到的混沌变量转变为优化变量，并继续进行寻优操作。由于获得混沌操作之后的新个体的混沌不同序列的互相关性为 0，因此新个体避免了循环陷入局部寻优的可能性。最后由式(5.5)将混沌变量序列变换到原解空间。在混沌搜索过程中，如果得到的解比原解更优，则将飞蛾i此时所在位置替代原位置，否则继续下一轮混沌搜索，直到相关条件满足为止。式(5.4)和(5.5)分别如下所示

$$L_{i,d}=2\cdot\frac{y_{id}-\alpha_{id}}{b_{id}-\alpha_{id}}-1,\quad d=1,2,\cdots,D \tag{5.4}$$

$$x'_{id}=\frac{1}{2}(b_{id}-\alpha_{id})+\frac{1}{2}(b_{id}+\alpha_{id}),\quad d=1,2,\cdots,D \tag{5.5}$$

其中，α_{id}和b_{id}分别表示飞蛾个体i第d维变量的搜索上下界。

2. 编码设计

由于应急手术调度问题中需要安排每个伤员在手术某一个流程中的多个并行手术病床上挑选其中一个进行手术，问题有一定复杂性，不能用常规编码方式。因此，为了存储可行调度解，本章提出一种矩阵编码方式，以行向量的方式将飞蛾位置进行存储。该问题的一个可行解具有两个属性：伤员的某一手术流程中在多个并行手术病床上的床位选择和伤员的手术处理顺序。假设有n个伤员p_i ($i=1,2,\cdots,n$)需要在m道手术工序($S_1,S_2,\cdots,S_m$)上手术，很显然对于应急手术而言$m=3$，第i道手术工序有S_i台并行手术病床。那么该问题的一个可行调度方案如下：

$$X=\begin{bmatrix} x_{11} & x_{12} & \cdots & x_{1n} \\ x_{21} & x_{22} & \cdots & x_{2n} \\ \vdots & \vdots & & \vdots \\ x_{m1} & x_{m2} & \cdots & x_{mn} \end{bmatrix},\quad \mathrm{XT}=\begin{bmatrix} \mathrm{xt}_{11} & \mathrm{xt}_{12} & \cdots & \mathrm{xt}_{1n} \\ \mathrm{xt}_{21} & \mathrm{xt}_{22} & \cdots & \mathrm{xt}_{2n} \\ \vdots & \vdots & & \vdots \\ \mathrm{xt}_{m1} & \mathrm{xt}_{m2} & \cdots & \mathrm{xt}_{mn} \end{bmatrix} \tag{5.6}$$

其中，X为手术病床编号矩阵，XT 为手术顺序编号矩阵。X矩阵中的x_{ij} ($1\leqslant i\leqslant m$，$1\leqslant j\leqslant n$)表示伤员p_j在第i道手术工序上的手术病床编号。如果在算法中第i道手术流程中伤员p_j和p_k被安排到同一个病床，则有$x_{ij}=x_{ik}$，$j\neq k$。伤员p_j的第i道手术顺序编号表示为xt_{ij}。

假设手术工序i存在S_i台并行操作病床，仍然用矩阵存储伤员在每台手术病

床上的手术处理时间，为了方便计算，将手术病床按照工序依次编号为 1,2,⋯,λ $\left(\lambda=\sum_{i=1}^{m}S_i\right)$。对任意手术工序 $k\,(1\leqslant k\leqslant m)$，其并行手术病床 M_ω 的编号 ω 的取值范围为

$$\omega=\begin{cases}[1,S_1], & k=1,\\ \left[\sum_{i=1}^{k-1}S_i+1,\sum_{i=1}^{k}S_i\right], & x<k\leqslant m\end{cases} \tag{5.7}$$

例如：有 5 个等待手术的伤员，在手术流程中，有 2 张麻醉准备病床、1 个手术间和 3 张麻醉复苏病床,那么手术 3 个流程的手术病床编号分别为{1,2}, {3}, {4,5,6}。一个可行的调度方案如下：

$$X=\begin{bmatrix}1&2&1&2&1\\3&3&3&3&3\\4&5&6&4&5\end{bmatrix},\quad \mathrm{XT}=\begin{bmatrix}2&1&1&2&3\\3&4&1&2&5\\1&2&1&2&1\end{bmatrix}$$

从矩阵 X 中可知，$x_{11}=x_{13}=x_{15}=1$ 表示伤员 p_1, p_3 和 p_5 的第一道手术工序均在手术病床 M_1 上麻醉，而由矩阵 XT 可知，$\mathrm{xt}_{11}=2$, $\mathrm{xt}_{13}=1$, $\mathrm{xt}_{15}=3$，这表明在手术病床 M_1 上伤员 p_1, p_3 和 p_5 的排队顺序是 2→1→3，即 p_3 先被麻醉，然后是 p_1，最后是 p_5。

3. *种群初始化*

由于经典的飞蛾扑火算法采用随机的方式生成初始种群，这样使得初始解不能真正体现算法的性能，因此，本节在部分飞蛾的初始位置进行优化操作，以便提高初始种群的质量。种群初始化需要处理两个信息，也就是说一个可行解包含两个属性：一个是伤员每一道手术工序的并行手术病床选择，另一个是伤员的每一道手术工序的处理顺序。伤员的每一道手术工序的并行手术病床选择，由式(5.7)所表示的可选病床编号随机产生；而伤员的手术处理顺序，需要首先定义一个值为 1 的向量，然后再由手术病床选择信息对其进行修改。详细的处理：首先将手术病床选择信息转化为调度矩阵 $X=[x_{ij}]_{m\times n}$，然后按照下列方法确定伤员的手术处理顺序的值。

(1) $\mathrm{xt}_{ij}=x_{ik}$，$j\neq k$，如果 $i=1$，执行手术流程的第一道工序，即麻醉，按照手术时间的升序将伤员的手术处理顺序排序。

(2) 如果 $i\neq 1$，说明执行的不是第一道手术工序，那么手术顺序按照前一个工序中伤员的完成时间的升序进行排序。

(3) 算法步骤。

改进的飞蛾扑火算法的应急手术调度问题实现步骤如下。

Step 1　确定式(2.103)为算法的适应度函数。

Step 2　对飞蛾扑火算法进行初始化操作。设置飞蛾种群规模n、最大迭代次数T、搜索空间维数d和最大火焰数量N，令当前迭代次数$\eta=0$。按照编码设计方案设定飞蛾和火焰的编码，并进行种群初始化。

Step 3　根据式(5.2)，首先计算飞蛾个体适应度值，根据最好的适应度值，获得飞蛾的空间位置。然后判断是否满足算法的终止条件，如果满足，则跳转到Step 9，否则跳转到 Step 4。

Step 4　算法执行过程开始迭代。首先由式(2.108)对火焰数量进行更新，然后由式(2.107)计算飞蛾与火焰间的距离，接着由式(2.106)将飞蛾-火焰的位置进行更新。

Step 5　获得新的飞蛾空间位置后，再次由式(5.2)计算飞蛾个体适应度值，同时由式(2.99)，(2.101)将飞蛾和火焰空间位置进行保存。

Step 6　判断当前的飞蛾空间位置是否为最好位置。如果是，则保留，同时保留火焰位置。

Step 7　对飞蛾群体进行评估，首先选取性能最好的 20%的飞蛾作为精英，利用式(5.3)～(5.5)，对飞蛾空间位置进行混沌扰动优化，然后选取性能最差的 20%的个体，按照随机生成的方式，重新产生飞蛾个体，将原飞蛾个体进行替换。

Step 8　飞蛾绕火焰飞行后，对于新产生的空间位置，再次计算飞蛾个体的适应度值。如果算法的搜索精度或者最大迭代次数已经达到，则跳转到 Step 9，否则跳转到 Step 3。

Step 9　判断算法的终止条件是否满足，若满足则跳转到 Step10，否则令$\eta=\eta+1$，并重新执行 Step 4～Step 8。

Step 10　输出火焰最终所处的空间位置及所对应的适应度值，得到应急手术调度方案，算法结束。

5.2.3　数据仿真与实验

为了验证本章设计的改进的飞蛾扑火算法，以某城市发生突发事件为例，假如突发事件发生后有 12 个发生骨折的伤员需要采取应急手术，伤员都需要依次进行麻醉、手术和复苏 3 个手术流程，其中麻醉室有 2 张病床，手术室有 5 个手术台，复苏室有 3 张病床。麻醉室根据医师和伤员个人情况不同，麻醉时间相差 1～2min，手术台上每个伤员被实施手术的时间相差在 10min 之内，复苏室里每个患者复苏的时间相差 10min 之内，具体时间如表 5.1 所示。

表 5.1　伤员在每个手术流程的病床上被处理时间(单位：min)

伤员编号	S_1		S_2					S_3		
	M_1	M_2	M_3	M_4	M_5	M_6	M_7	M_8	M_9	M_{10}
p_1	2	2	60	60	58	58	57	27	28	27
p_2	4	2	58	56	59	59	58	30	29	30
p_3	3	2	58	57	61	58	59	31	34	29
p_4	2	2	59	61	58	60	58	33	35	32
p_5	2	3	58	57	58	57	60	32	33	28
p_6	3	2	57	63	65	58	61	35	36	35
p_7	3	2	56	57	59	59	62	29	30	29
p_8	3	2	57	66	66	58	58	32	35	34
p_9	2	4	58	59	62	60	59	33	32	31
p_{10}	4	2	59	63	65	62	58	35	34	33
p_{11}	2	3	58	57	58	59	60	29	28	28
p_{12}	3	3	59	64	62	60	61	30	29	32

对于一个应急手术调度问题，目标函数是最小化伤员的最大手术完成时间。为了做出对比，实验中将改进的飞蛾扑火(IMFO)算法与经典飞蛾扑火(MFO)算法、粒子群(PSO)算法和布谷鸟搜索算法进行对比，飞蛾和火焰个体规模为 30，粒子和鸟巢个体规模也为 30，最大迭代次数为 500，各算法的参数设定如表 5.2 所示。实验仿真环境为操作系统 Windows 7，处理器主频 2.0GHz，CPU Intel® Core™ i3-2350M，内存 2GB，仿真软件为 MATLAB R2015b。

表 5.2　各算法参数设置

算法	参数
IMFO	$b=1$, $t\in[-1,1]$
MFO	$b=1$, $t\in[-1,1]$
PSO	$w=0.9$, $c_1=c_2=2$
CS	$P_a=0.25$

随机运行 20 次得到平均值，实验结果如表 5.3 所示。

表 5.3　20 次运行后各算法下最小化伤员的最大手术完成时间及均值

算法	20 次运行后目标值			
	IMFO	MFO	PSO	CS
1	210	240	258	210
2	210	210	240	230
3	210	234	246	210
4	210	210	210	236
5	210	214	210	236
6	210	210	220	210
7	210	216	224	210
8	210	218	218	210
9	210	217	210	210
10	218	210	252	226
11	210	220	230	210
12	220	210	210	230
13	210	214	231	224
14	210	210	242	224
15	210	210	210	210
16	216	210	216	226
17	210	210	224	225
18	219	230	231	223
19	210	234	230	220
20	210	234	245	219
均值	211.65	218.05	227.85	219.95

从表 5.3 可以看出，目标函数最小值随着种群的进化，最后收敛到极值。IMFO 算法运行 20 次后，有 16 次达到最小值，而 MFO 算法只有 9 次达到最小值，说明经过混沌扰动的飞蛾扑火算法很好地避免陷入局部最优。PSO 算法有 5 次达到最小值，CS 算法有 8 次达到最小值，说明 IMFO 算法相比 PSO 算法和 CS 算法有更好的全局收敛性。为了更清楚地看出各个算法的收敛速度，随机选取第 13 次运行绘制算法的收敛曲线图，如图 5.2 所示。

从图 5.2 可以看出，随机选取的第 13 次运行结果的最优目标值收敛曲线中 IMFO 算法相比 MFO 算法、PSO 算法和 CS 算法，有更快的收敛速度。得到的最好的调度方案如下：

$$X=\begin{bmatrix} 2 & 2 & 1 & 1 & 1 & 1 & 2 & 2 & 1 & 2 & 1 & 2 \\ 5 & 4 & 4 & 6 & 4 & 3 & 3 & 3 & 5 & 7 & 7 & 6 \\ 9 & 10 & 10 & 10 & 9 & 8 & 8 & 8 & 10 & 9 & 9 & 8 \end{bmatrix}$$

$$\mathrm{XT}=\begin{bmatrix} 4 & 3 & 6 & 5 & 1 & 4 & 6 & 1 & 2 & 5 & 3 & 2 \\ 2 & 2 & 3 & 2 & 1 & 2 & 3 & 1 & 1 & 2 & 1 & 1 \\ 3 & 2 & 4 & 3 & 1 & 3 & 4 & 1 & 1 & 4 & 2 & 12 \end{bmatrix}$$

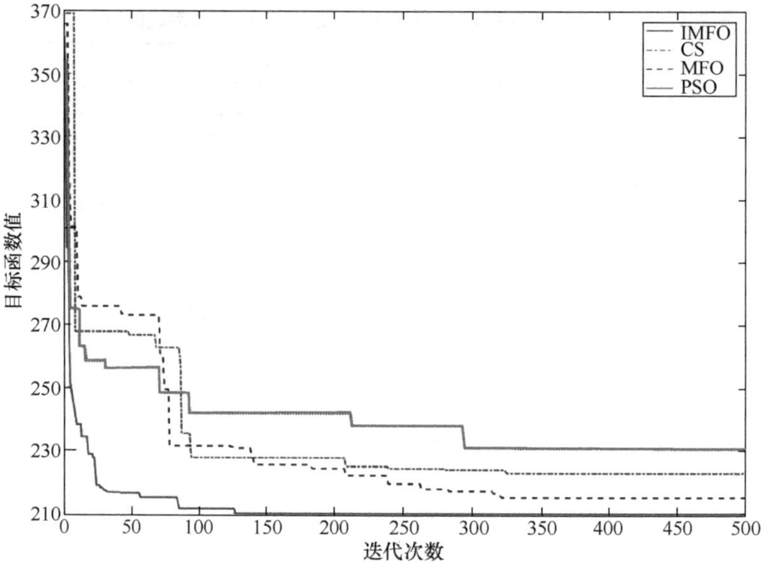

图 5.2　第 13 次运行时 4 种算法最优目标值收敛曲线

由此绘制该问题的并行手术病床任务分配甘特图如图 5.3 所示。

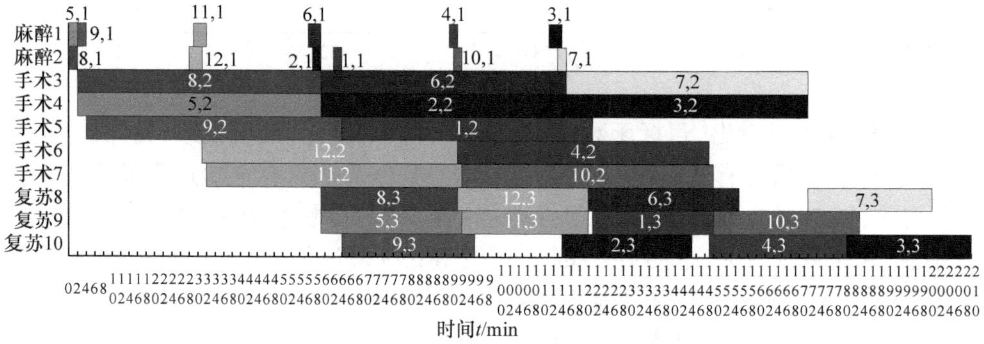

图 5.3　应急手术调度方案最佳甘特图

从图 5.3 所示甘特图可以看出，给每个伤员分配的手术次序和持续时间比较合理，手术中麻醉室、手术室和复苏室中的病床和手术台利用效率较高，而且基本保持连续，这种情况可以确保该批伤员的整个应急救援手术时间最短，实现了调度的最优化。

5.2.4　结论

针对城市突发事件中伤员的应急手术调度存在手术人数比较多，手术类型单一的情况，由于应急手术调度的麻醉、手术和复苏流程与柔性流水车间调度类似，本章首先采用柔性流水车间调度的思路，并考虑医生长时间工作可能会产生疲劳的情况，构建考虑疲劳恶化效应的手术调度模型；然后使用混沌扰动的飞蛾扑火算法对模型进行求解，采用矩阵编码方式存储可行调度解信息，并对种群进行初始化，给出算法步骤；最后通过 12 个骨折伤员的应急手术实例验证模型和算法的效果。结果表明，构建的应急手术调度模型能够很好地反映应急手术问题，改进的飞蛾扑火算法也能够求解出合理的调度方案；该算法相比经典的飞蛾扑火算法、粒子群算法和布谷鸟搜索算法有更好的性能。但是，由于本书给出的模型只考虑单一优化目标，对于多目标、有约束的问题并没有深入研究，比如同时要求最小手术时间和最少资源利用问题。

5.3　不确定因素下手术调度研究

突发事件发生时，应急救援必须抓住最初的“黄金 72 小时”，尽可能地降低人员伤亡和财产损失。突发事件发生后，大量的中度伤和重度伤的伤员被送到医院进行手术，在医院医疗资源有限的情况下，为了提高伤员的救治效率，医院必须制定应急手术方案，对各部门合理进行调度才能有效地挽救伤员生命。其中，手术室是最重要，也是最繁忙的部门，制约着整个救援过程的进展，同时也是医疗救护的瓶颈所在，必须合理地调配手术室、医师和护理师，充分发挥手术的潜力，才能更多更快地抢救伤员。手术调度优化问题类似于柔性流水车间调度优化问题(flexible flow-shop scheduling problem，FFSP)，与车间调度相比，工件换成了患者，机床换成了麻醉室、手术室和复苏室，工件加工过程换成了患者手术过程[255]。但是，应急救援情境下的手术调度存在大量的不确定因素，比如手术资源匮乏、患者手术排程安排不合理、医生决策失误等等，这将导致手术时间和结束期的不确定性。对于这种情况，通常把手术时间和结束期按照不确定因素来对待更加符合应急救援情境下的实际情况。另外，为了与经典手术调度保持一致，下面将突发事件中的伤员称为“患者”。

近年来，医院手术调度优化研究成果丰硕。文献[260]对手术计划与排程相关研究文献进行综述，从问题描述和技术特征角度将研究成果进行分类整理，提出手术调度中的不确定研究将成为手术调度发展的主要方向之一。邓富民等[128]针对手术调度设计因素众多难以优化的问题，考虑了手术台、执刀医师等资源约束，构建了模糊调度数学模型，并针对传统的加权系数方法不能很好地解决手术多目标优化问题，提出了改进的非支配排序遗传算法。王昱等[261]考虑手术服务的不确定性问题，以院方收益最大为目标，将手术的服务时间表示为有界区间，提出了区间型手术调度问题的两阶段鲁棒优化方法。周炳海等[134]针对手术中心的利用率问题，以最小化手术中心相关成本和最大化患者满意度为目标，建立可行调度解策略，结合手术中心特有的约束条件，提出基于拉格朗日松弛的手术中心调度方法，并用分支定界法求解子问题。文献[128]研究的是多资源约束下手术流程优化，并没有考虑本书所研究的突发事件情境下的手术时间和结束期的不确定性，且该文献提出的非支配排序遗传算法只适合该文献的特定场景，不具有普适性。文献[261]考虑了各种不确定因素，以院方收益为最大目标，但建立的是确定型手术调度模型，仅仅考虑手术服务时间的不确定性，而事实上手术结束期同样存在不确定性，该文献显然考虑得不够全面。文献[134]研究的是外科医生、护士和择期患者的多时段综合调度问题，这与本书研究的方向不同。不确定条件下 FFSP 的研究也得到大量学者的关注，大多数人采用模糊数学来进行研究，提出了模糊调度的概念，主要思路是从模糊因子的隶属性角度出发，通常采用三角模糊数和梯形模糊数来表示不确定加工时间和不确定交货期。Li 等[262]研究了一类单机并联配料问题，该问题具有模糊工期和模糊优先关系，目标是最小化最大完工时间、最大化模糊交货期的最小值和模糊优先级的最小值，提出了一种求解非支配解的有效算法。Noori-Darvish 等[263]提出一种调度序列在依赖工件准备时间、模糊加工时间和模糊交货期情况下开放车间调度问题的双目标模糊规划模型。Nailwal 等[264]研究了模糊环境下的并行机双指标调度问题，指标为优化加权流时间和最大延迟的环境，提出一种启发式算法来寻找最优解。应急救援情境下手术时间和结束期的不确定性，使得调度约束因素不是以确定值形式表示，而是带有比较明显的区间性，上述文献提到的模糊数均为线性分段函数，但是典型 FFSP 中理想的加工时间和交货期通常是不确定情况下最有可能取到的值，偏离最可能值的概率函数不一定为线性函数，因此，这种特点只有灰色系统理论中区间灰数最符合，如图 5.4 所示。因此，本书提出了使用三参数区间灰数和四参数区间灰数来描述不确定手术时间和不确定手术结束期，建立灰色手术调度模型，引入可能性测度和必然性测度，定义手术的拖期可信度指标，提出不确定结束拖期优化目标，建立灰色混合整数规划模型，利用智能算法进行求解。

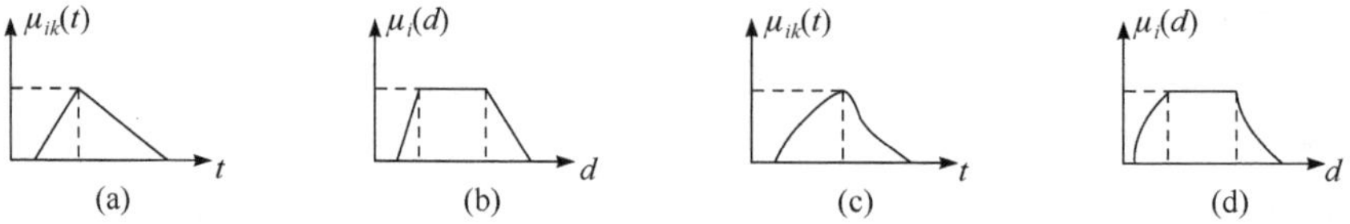

图 5.4　(a)和(b)为模糊数的线性概率函数，(c)和(d)为灰数的非线性概率函数

灰色理论中的区间灰数具备取值机会的概率不等性特征，不少学者对其进行了研究，并取得了一定的研究成果。将区间灰数引入到多准则优化方法中，用以解决现实世界中大量的不确定性决策问题[265]。针对灰数信息对预测结果的影响，文献[266]提出了将区间灰数序列转换成实数序列，建立区间灰数的预测模型。基

于基本区间灰数的定义，引出三参数区间灰数，并提出了相应领域的多属性决策方法[267-273]。文献[267]讨论了灰色目标决策问题，其中属性值的最大概率是已知的。使用主观或客观赋权法综合确定指标权重，建立指标权重综合优化模型，并利用三参数区间灰数来确定属性值。

5.3.1　灰色调度建模

1. 调度问题描述

确定的手术调度通常是不存在的，在调度过程中，手术的实施过程总是或多或少受到一些不确定因素的影响，实际的调度只能使用一些可能性来度量，因此本章针对不确定的手术时间和不确定的手术结束期问题，采用三参数区间灰数和四参数区间灰数来表示，对于调度的目标，采用优化手术平均拖期可信度来表示。因此，先给出灰数的定义。

对于只知道其变化范围，无法给出精确值的数称为灰数，通常记为“⊗”。根据三参数区间灰数定义[274]，记 $\alpha(\otimes)\in[\alpha^-,\alpha^*,\alpha^+]$ 为三参数区间灰数，且 $0\leqslant\alpha^-\leqslant\alpha^*\leqslant\alpha^+$，$\alpha^-$ 为区间灰数的取值下限，α^+ 为取值上限，α^* 为区间中最有可能的取值，称为区间灰数的重心值。当 $\alpha^-=\alpha^*=\alpha^+$ 时，三参数区间退化为一个实数，当 α^- 与 α^* 或 α^* 与 α^+ 相同时，三参数区间灰数退化成区间灰数。三参数区间灰数满足 $\int_{\alpha^-}^{\alpha^+}f(x)\mathrm{d}x=1$，$f_{\max}=f(\alpha^*)$，且在最理想取值两侧的取值曲线并非一定为直线，因此，可以构建三参数区间灰数的隶属度函数如下：

$$\mu_T(x)=\begin{cases}[x^{\frac{1}{2}}-(\alpha^-)^{\frac{1}{2}}]\cdot[(\alpha^*)^{\frac{1}{2}}-(\alpha^-)^{\frac{1}{2}}]^{-1}, & \alpha^-<x\leqslant\alpha^*,\\ [x^{\frac{1}{2}}-(\alpha^+)^{\frac{1}{2}}]\cdot[(\alpha^*)^{\frac{1}{2}}-(\alpha^+)^{\frac{1}{2}}]^{-1}, & \alpha^*<x\leqslant\alpha^+,\\ 0, & x\leqslant\alpha^-\text{或}x>\alpha^+\end{cases}\tag{5.8}$$

根据四参数区间灰数定义[275]，记 $b(\otimes)\in[\alpha^-,\alpha^{*-},\alpha^{*+},\alpha^+]$ 为四参数区间灰数，且 $0\leqslant\alpha^-\leqslant\alpha^{*-}\leqslant\alpha^{*+}\leqslant\alpha^+$。$\alpha^-$ 和 α^+ 分别为四参数区间灰数的取值下限和取值上限，另外，在此区间内，α^{*-} 表示下限最可能值，α^{*+} 表示上限最可能值，称二者为区间的双重心点，且满足 $\int_{\alpha^-}^{\alpha^+}f(x)\mathrm{d}x=1$，$f_{\max}=f(\alpha^{*-})$ 或 $f_{\max}=f(\alpha^{*+})$，当 α^{*-} 与 α^{*+} 相同时，四参数区间灰数退化成三参数区间灰数。因此，可以构建四参数区间灰数的隶属度函数如下：

$$\mu_D(x)=\begin{cases}[x^{\frac{1}{2}}-(\alpha^-)^{\frac{1}{2}}]\cdot[(\alpha^{*-})^{\frac{1}{2}}-(\alpha^-)^{\frac{1}{2}}]^{-1}, & \alpha^-<x\leqslant\alpha^{*-}\\ 1, & \alpha^{*-}<x\leqslant\alpha^{*+}\\ [x^{\frac{1}{2}}-(\alpha^+)^{\frac{1}{2}}]\cdot[(\alpha^{*+})^{\frac{1}{2}}-(\alpha^+)^{\frac{1}{2}}]^{-1}, & \alpha^{*+}<x<\alpha^+\\ 0, & x\leqslant\alpha^-\text{或}x\geqslant\alpha^+\end{cases} \tag{5.9}$$

根据以上描述，对于手术调度只有麻醉、手术和复苏三个阶段的情况，给出灰色手术调度问题描述如下：

(1) 设 P 代表 n 个患者的集合，则 P 可以表示为 $P=\{p_1,p_2,\cdots,p_n\}$，其中 p_i 为第 i 个患者，$i=1,2,\cdots,n$。

(2) 设 M 代表 m 台手术设备(病床和手术台)的集合，则 M 可以表示为 $M=\{m_{11},m_{12},\cdots,m_{1s}\}$，$\{m_{21},m_{22},\cdots,m_{2q}\}$，$\{m_{31},m_{32},\cdots,m_{3r}\}$，其中 $m=s+q+r$；s，q，r 分别为手术阶段 1，2，3 的多台平行机；1，3 阶段为麻醉病床和复苏病床，2 阶段为手术台。

(3) 每个患者都需要在麻醉、手术和复苏三个手术阶段上进行手术。对每个患者来说，手术阶段的次序是相同的。一个手术设备同时最多只能对一个患者执行操作。至少有一个手术阶段有多台设备，比如麻醉间、手术间或者复苏室。

(4) 患者 p_i 手术时间集合为 $T=\{a_{i1}(\otimes),\cdots,a_{ik}(\otimes)\},k\in\{1,2,3\}$，$a_{ik}(\otimes)\in[T_{ik}^-,T_{ik}^*,T_{ik}^+]$ 为三参数区间灰数，表示患者 i 的第 k 个手术阶段需要的时间。T_{ik}^* 为该操作最可能的时间，T_{ik}^- 为该操作最短时间，T_{ik}^+ 为最长时间，函数 $\mu_{ik}(t)$ 用来表示在时间 t 下患者 i 的第 k 个手术阶段完成的可能性。

(5) 患者 i 的手术结束期用一个四参数灰数 $D_i(\otimes)=(d_i^-,d_i^{*-},d_i^{*+},d_i^+)$ 来表示，区间 (d_i^{*-},d_i^{*+}) 为患者 i 的最可能手术结束期。

调度问题的其他约束条件与经典 FFSP 的约束条件基本一致。由于患者的手术结束期更能反映应急救援情境下的需求变化，所以本章研究的调度的最终目标是找到可行的调度方案，使得患者手术的平均结束拖期最小。

2. 灰数运算法则

在手术阶段 k，患者需要在手术设备 w 上排队接受手术，如果排队序列中患者 i 的前方存在患者序列 $1,2,\cdots,i-1$，将这些患者的手术时间进行加操作，就得到了患者 i 的手术结束时间，因此定义两个灰数的加操作。由文献[276]可得三参数区间灰数的加运算。

定义 5.1 $a_{ikw}(\otimes)=[\alpha^-,\alpha^*,\alpha^+]$，$a_{jkw}(\otimes)=[\beta^-,\beta^*,\beta^+]$，则 $a_{ikw}(\otimes)+a_{jkw}(\otimes)=$

$[\alpha^- + \beta^-, \alpha^* + \beta^*, \alpha^+ + \beta^+]$。由灰数加运算法则，可以得到患者 i 的灰色手术结束时间

$$a_i(\otimes) = \sum_{q=1}^{i} a_{qkw}(\otimes), \quad w \in \{s,q,r\}, \quad k \in \{1,2,3\} \tag{5.10}$$

其中 $a_{qkw}(\otimes)$ 为患者 q 第 k 阶段在手术设备 w 上的灰色手术时间。为了得到患者手术的拖期，还需要给出四参数区间灰数的减操作算子。

定理 5.1　对于四参数区间灰数的隶属度函数式(5.9)，存在 $x_1 \in [\alpha_i^-, \alpha_i^{*-})$，$x_2 \in [\alpha_j^{*+}, \alpha_j^+)$ 和 $x_3 = (\sqrt{x_1} - \sqrt{x_2})^2$，使得

$$\mu_{D_i}(x_1) = \mu_{Dj}(x_2) = \frac{\sqrt{\alpha_i^-} - \sqrt{\alpha_j^+} - \sqrt{x_3}}{\sqrt{\alpha_i^-} - \sqrt{\alpha_j^+} - \sqrt{\alpha_i^{*-}} + \sqrt{\alpha_j^{*+}}}$$

成立。

证明　若 $\mu_{D_i}(x_1) = \mu_{D_j}(x_2)$，则

$$\left[\sqrt{x_1} - \sqrt{\alpha_i^-}\right] \cdot \left[\sqrt{\alpha_i^{*-}} - \sqrt{\alpha_i^-}\right]^{-1} = \left[\sqrt{x_2} - \sqrt{\alpha_j^+}\right] \cdot \left[\sqrt{\alpha_j^{*+}} - \sqrt{\alpha_j^+}\right]^{-1}$$

求解得

$$x_2 = \left(\left[\sqrt{\alpha_j^{*+}} - \sqrt{\alpha_j^+}\right] \cdot \left[\sqrt{\alpha_i^-} - \sqrt{x_1}\right] \Big/ \left[\sqrt{\alpha_i^-} - \sqrt{\alpha_i^{*-}}\right] + \sqrt{\alpha_j^+}\right)^2$$

故有

$$\begin{aligned}
&\left[\sqrt{\alpha_i^-} - \sqrt{\alpha_j^+} - \sqrt{x_3}\right] \Big/ \left[\sqrt{\alpha_i^-} - \sqrt{\alpha_j^+} - \sqrt{\alpha_i^{*-}} + \sqrt{\alpha_j^{*+}}\right] \\
&= \frac{\left[\sqrt{\alpha_i^-} - \sqrt{x_1}\right] \cdot \left[1 + \left[\sqrt{\alpha_j^{*+}} - \sqrt{\alpha_j^+}\right] \Big/ \left[\sqrt{\alpha_i^-} - \sqrt{\alpha_i^{*-}}\right]\right]}{\left[\sqrt{\alpha_i^-} - \sqrt{\alpha_j^+} - \sqrt{\alpha_i^{*-}} + \sqrt{\alpha_j^{*+}}\right]} \\
&= \left[\sqrt{\alpha_i^-} - \sqrt{x_1}\right] \Big/ \left[\sqrt{\alpha_i^-} - \sqrt{\alpha_i^{*-}}\right]
\end{aligned}$$

所以存在 x_1, x_2 和 $x_3 = \left(\sqrt{x_1} - \sqrt{x_2}\right)^2$，使得

$$\mu_{D_i}(x_1) = \mu_{D_j}(x_2) = \frac{\sqrt{\alpha_i^-} - \sqrt{\alpha_j^+} - \sqrt{x_3}}{\sqrt{\alpha_i^-} - \sqrt{\alpha_j^+} - \sqrt{\alpha_i^{*-}} + \sqrt{\alpha_j^{*+}}}$$

成立，定理 5.1 得证。

定义 5.2　对于两个四参数区间灰数 $b_i(\otimes) = (\alpha_i^-, \alpha_i^{*-}, \alpha_i^{*+}, \alpha_i^+)$ 和 $b_j(\otimes) = (\alpha_j^-, \alpha_j^{*-}, \alpha_j^{*+}, \alpha_j^+)$，由文献[277]可得，经过减操作运算后得到四参数区间灰数为

$$b_i(\otimes)-b_j(\otimes)=(\alpha_i^- - \alpha_j^+, \alpha_i^{*-} - \alpha_j^{*+}, \alpha_i^{*+} - \alpha_j^{*-}, \alpha_i^+ - \alpha_j^-)$$

由于患者的手术实际结束时间 $a_{ikw}(\otimes)$ 是三参数区间灰数，而手术理论结束期 $b_i(\otimes)$ 为四参数区间灰数，在二者进行运算时，可以将三参数区间灰数当作一类特殊的四参数区间灰数来对待，即 $a_{ikw}(\otimes)\in[\alpha_{ikw}^-, \alpha_{ikw}^*, \alpha_{ikw}^+] \Leftrightarrow a_{ikw}(\otimes)\in[\alpha_{ikw}^-, \alpha_{ikw}^*, \alpha_{ikw}^*, \alpha_{ikw}^+]$。由定义 5.2 得到第 k 阶段在手术设备 w 等待区中患者 i 的灰色手术拖期为 $T_i(\otimes)=a_{ikw}(\otimes)-b_i(\otimes)\in[\alpha_{ikw}^- - \alpha_i^+, \alpha_{ikw}^* - \alpha_i^{*+}, \alpha_{ikw}^* - \alpha_i^{*-}, \alpha_{ikw}^+ - \alpha_i^-]$。

定义 5.3[277]　设有两个四参数区间灰数 $b_i(\otimes)\in[\alpha_i^-, \alpha_i^{*-}, \alpha_i^{*+}, \alpha_i^+]$，$b_j(\otimes)\in[\alpha_j^-, \alpha_j^{*-}, \alpha_j^{*+}, \alpha_j^+]$，若有 $\alpha_i^- \geqslant \alpha_j^-, \alpha_i^{*-} \geqslant \alpha_j^{*-}, \alpha_i^{*+} \geqslant \alpha_j^{*+}, \alpha_i^+ \geqslant \alpha_j^+$,则 $b_i(\otimes)\geqslant b_j(\otimes)$。同理若有 $\alpha_i^- \leqslant \alpha_j^-, \alpha_i^{*-} \leqslant \alpha_j^{*-}$，$\alpha_i^{*+} \leqslant \alpha_j^{*+}$，$\alpha_i^+ \leqslant \alpha_j^+$，则 $b_i(\otimes)\leqslant b_j(\otimes)$。

由此可知，若患者 i 的不确定手术拖期 $b_i(\otimes)>0$，则说明患者 i 必定发生了手术拖期，否则不会发生。因此可以用可能性测度和必然性测度对患者的不确定手术拖期进行表示。

3. 目标函数

定义 5.4　设集合 $A, B\in F(X), x\in X, \mu_A, \mu_B$ 分别为 A 和 B 的隶属度函数，若 $\mathrm{Pos}_A(B)=\sup\min\{\mu_A(x), \mu_B(x)\}$，$\mathrm{Nec}_A(B)=\inf\max\{1-\mu_A(x), \mu_B(x)\}$，称 $\mathrm{Pos}_A(B)$ 和 $\mathrm{Nec}_A(B)$ 分别为 B 在 A 发生的条件下的可能性测度和必然性测度。

很显然，$\mathrm{Pos}(x\geqslant 0)$ 和 $\mathrm{Nec}(x\geqslant 0)$，表示 x 不小于 0 的可能性和必然性的程度大小。

定义 5.5　假设患者 i 的灰色手术拖期 $T_i(\otimes)\in[\alpha_i^-, \alpha_i^{*-}, \alpha_i^{*+}, \alpha_i^+]$，将患者 i 的手术拖期可信度定义为其发生手术拖期的可能性测度和必然性测度的加权之和，记作 $\mathrm{Con}_i(x\geqslant 0)$，有 $\mathrm{Con}_i(x\geqslant 0)=\delta\mathrm{Pos}(x\geqslant 0)+(1-\delta)\mathrm{Nec}(x\geqslant 0), 0\leqslant\delta\leqslant 1$。

由定义 5.5 可知，当 $0<\delta<1$ 时，若患者 i 的手术拖期可信度 $\mathrm{Con}_i(x\geqslant 0)=1$，则有 $\mathrm{Nec}(x\geqslant 0)=1$，即患者 i 一定发生手术拖期，若 $\mathrm{Con}_i(x\geqslant 0)=0$，则 $\mathrm{Pos}(x\geqslant 0)=0$，那么患者一定不会发生手术拖期情况。拖期可信度系数 δ 依据多种因素来确定，比如决策者的决策效果和手术拖期惩罚程度等，δ 取值越小，那么决策越趋向保守。拖期可信度系数 δ 对手术调度的不确定性影响有重要的意义，当突发事件下应急手术调度的伤员数量较少，系数的灵敏度较小，手术调度的不确定性就会大大降低，手术发生拖期的可能性也变小。反之，当有大批量的伤员被送到医院急救，医院手术资源的负荷就会增加，系数的灵敏度增大，手术调度的不确定性会增加。如果拖期可信度系数增大到规定的阈值，应急救援管理者必须停止向该医院转运伤员，应该安排其他的医疗机构接收。根据可信度定义，得到下面的性质。

性质 5.1　若患者 i 的灰色手术拖期为 $T_i(\otimes)\in[\alpha_i^-,\alpha_i^{*-},\alpha_i^{*+},\alpha_i^+]$，$\alpha_i^- < \alpha_i^{*-} \leqslant \alpha_i^{*+} < \alpha_i^+$，则患者 i 的手术拖期可信度 $\mathrm{Con}_i(x\geqslant 0)$ 为

$$\mathrm{Con}_i(x\geqslant 0)=\begin{cases}0, & \alpha_i^+\leqslant 0,\\ \delta\alpha_i^+/(\alpha_i^+-\alpha_i^{*+}), & \alpha_i^+>0,\alpha_i^{*+}\leqslant 0,\\ \delta, & \alpha_i^{*+}>0,\alpha_i^{*-}\leqslant 0,\\ (\alpha_i^{*-}-\delta\alpha_i^-)/(\alpha_i^{*-}-\alpha_i^-), & \alpha_i^{*-}>0,\alpha_i^-\leqslant 0,\\ 1, & \alpha_i^->0\end{cases} \tag{5.11}$$

假设手术调度中患者 i 的灰色手术结束时间、灰色手术期和灰色手术拖期分别为 $a_{ikw}(\otimes)$，$D_i(\otimes)$ 和 $T_i(\otimes)$，所有患者的可行手术调度集合为 S，如果已知调度 $x\in S$，令 $f(x)$ 表示目标函数，那么由式(5.11)可以建立灰色混合整数规划模型如下：

$$\min_{x\in S} f(x)=\sum_{i=1}^{n}\sum_{k=1}^{m}\left\{\omega_1-\frac{\delta\alpha_i^+}{\alpha_i^+-\alpha_i^{*+}}+\omega_2\delta+\omega_3\frac{\alpha_i^{*-}-\delta\alpha_i^-}{\alpha_i^{*-}-\alpha_i^-}+\omega_4\right\}m_{ijk}\bigg/ n \tag{5.12}$$

s.t.

$$\sum_{k=1}^{m}\sum_{j=1}^{n}m_{ijk}=1,\quad j=1,2,\cdots,n \tag{5.13}$$

$$\sum_{i=1}^{n}m_{ijk}\leqslant 1,\quad k=1,2,\cdots,m;j=1,2,\cdots,n \tag{5.14}$$

$$a_{ikj_i}(\otimes)=\sum_{i=1}^{n}\sum_{j=1}^{j_i}a_{jk}(\otimes)m_{ijk},\quad i,j_i=1,2,\cdots,n;k=1,2,\cdots,m \tag{5.15}$$

$$T_i(\otimes)=a_{ikj_i}(\otimes)-D_i(\otimes),\quad i,j_i=1,2,\cdots,n \tag{5.16}$$

$$m_{ikj}=0,1,\quad i,j=1,2,\cdots,n;k=1,2,\cdots,m \tag{5.17}$$

$$\omega_q=0,1,\quad q\in\{1,2,3,4\} \tag{5.18}$$

该模型的目标是获得一个最优的调度方案，使得目标函数 $f(x)$ 最小，本章中目标函数为所有患者手术拖期可信度的平均值；式(5.13)约束每个患者在手术设备排队序列上的位置唯一，不允许同时独占多个位置；式(5.14)约束手术设备的排队序列中的每个位置只能允许一个患者进行手术；式(5.15)定义手术设备 k 的排队序列中的 j_i 位置的患者 i 的灰色手术结束时间 $a_{ikj_i}(\otimes)$；式(5.16)定义了患者 i 的灰色手术拖期 $T_i(\otimes)$；式(5.17)定义了指示变量 m_{ikj}，当患者 i 位于第 k 阶段在设备 w 的

排队序列中第 j 位置时 $m_{ikj}=1$，其他情况 $m_{ikj}=0$；式(5.18)中 ω_q 为一个符号函数，依 $T_i(\otimes)$ 的 4 个参数的变化而变化，若 $\omega_q\leqslant 0$，则令 $\omega_q=1$，其他情况 $\omega_q=0$。

定理 5.2 如果患者 i 的灰色手术拖期 $T_i(\otimes)=(\alpha_i^-,\alpha_i^{*-},\alpha_i^{*+},\alpha_i^+)$，$\alpha_i^-<\alpha_i^{*-}\leqslant\alpha_i^{*+}<\alpha_i^+$，则它的手术拖期可信度 $\mathrm{Con}_{T_i(\otimes)}\geqslant\mathrm{Con}_{T_i(\otimes)-a_j(\otimes)}$，其中四参数灰数 $a_j(\otimes)=(\alpha_j^-,\alpha_j^{*-},\alpha_j^{*+},\alpha_j^+)$。

证明 由于患者手术拖期可信度系数 $\delta\in[0,1]$，对于式(5.11)的分段函数，很显然有 $0\leqslant\delta\alpha_i^+/(\alpha_i^+-\alpha_i^{*+})\leqslant\delta\leqslant(\alpha_i^{*-}-\delta\alpha_i^-)/(\alpha_i^{*-}-\alpha_i^-)\leqslant 1$，于是 $T_i(\otimes)-a_j(\otimes)=(\alpha_i^--\alpha_j^+,\alpha_i^{*-}-\alpha_j^{*+},\alpha_i^{*+}-\alpha_i^{*-},\alpha_i^+-\alpha_j^-)$，可以看出 $\alpha_i^--\alpha_j^+\leqslant\alpha_i^-$，$\alpha_i^{*-}-\alpha_j^{*+}\leqslant\alpha_i^{*-}$，$\alpha_i^{*+}-\alpha_j^{*-}\leqslant\alpha_i^{*+}$，$\alpha_i^+-\alpha_j^-\leqslant\alpha_i^+$，故 $\mathrm{Con}_{T_i(\otimes)}\geqslant\mathrm{Con}_{T_i(\otimes)-a_j(\otimes)}$

定理 5.3 如果一个调度序列 S 中，第 k 阶段在手术设备 w 上有若干个患者存在于其排队序列中，假设患者 i 的灰色手术结束期和灰色手术时间为 $D_i(\otimes)$ 和 $a_{ikw}(\otimes)$，患者 j 的灰色手术结束期和灰色手术时间为 $D_j(\otimes)$ 和 $a_{jkw}(\otimes)$，$a_{ikw}(\otimes)=(\alpha_{ikw}^-,\alpha_{ikw}^{*-},\alpha_{ikw}^{*+},\alpha_{ikw}^+)$，$a_{jkw}(\otimes)=(\alpha_{jkw}^-,\alpha_{jkw}^{*-},\alpha_{jkw}^{*+},\alpha_{jkw}^+)$，$i,j=1,2,\cdots,v$，$k=1,2,\cdots,m$，$v$ 为第 k 阶段在手术设备 w 上排队序列中患者的数目，i 和 j 为患者 i 和患者 j 第 k 阶段在手术设备 w 上排队序列中的位置，如果灰色手术结束期 $D_i(\otimes)<D_j(\otimes)$，且 $a_{ikw}(\otimes)-D_i(\otimes)<a_{jkw}(\otimes)-D_j(\otimes)$，则患者 j 的手术顺序一定在患者 i 之后。

证明 假定手术时间大于 0，在一个优化的调度序列 S 中，第 k 阶段在手术设备 w 上的排队序列中所有患者的手术拖期可信度平均值

$$f_{kw}(S)=\frac{1}{\chi}\left[\sum_{g=1}^{i-1}\mathrm{Con}_{T_g(\otimes)}+\mathrm{Con}_{T_i(\otimes)}+\sum_{h=i+1}^{j-1}\mathrm{Con}_{T_h(\otimes)}+\mathrm{Con}_{T_j(\otimes)}+\sum_{u=j+1}^{v}\mathrm{Con}_{T_u(\otimes)}\right],\chi\in\{s,q,r\} \tag{5.19}$$

如果调换患者 i 和 j 的位置，即患者 j 比患者 i 先被处理，假设获得的另一个优化调度序列为 S'，则对于新序列 S'，第 k 阶段在手术设备 w 上的排队序列中所有患者的手术拖期可信度平均值

$$f_{kw}(S')=\frac{1}{\chi}\left[\sum_{g=1}^{i-1}\mathrm{Con}_{T'_g(\otimes)}+\mathrm{Con}_{T'_i(\otimes)}+\sum_{h=i+1}^{j-1}\mathrm{Con}_{T'_h(\otimes)}+\mathrm{Con}_{T'_j(\otimes)}+\sum_{u=j+1}^{v}\mathrm{Con}_{T'_u(\otimes)}\right],\chi\in\{s,q,r\} \tag{5.20}$$

由于第 k 阶段在手术设备 w 上的整个排队序列中，仅有患者 i 和 j 互换了位置，其他的均未变化，因此对于患者 u ，h 和 g 的灰色手术拖期 $T_u(\otimes)=T'_u(\otimes)$ ，$T_h(\otimes)=T'_h(\otimes)$ ，$T_g(\otimes)=T'_g(\otimes)$ ，其中，$u\in[j+1,v]$ ，$h\in[i+1,j-1]$ ，$g\in[1,i-1]$ ，并且

$$T'_j(\otimes)=\sum_{g=1}^{i-1}a_{gkw}(\otimes)+a_{jkw}(\otimes)-D_j(\otimes) \tag{5.21}$$

$$T_i(\otimes)=\sum_{g=1}^{i-1}a_{gkw}(\otimes)+a_{ikw}(\otimes)-D_i(\otimes) \tag{5.22}$$

由于 $a_{ikw}(\otimes)-D_i(\otimes)<a_{jkw}(\otimes)-D_j(\otimes)$ ，可知 $T'_j(\otimes)>T_i(\otimes)$ ，且由定理 5.2 可知手术拖期可信度 $\mathrm{Con}_{T'_j(\otimes)}>\mathrm{Con}_{T_i(\otimes)}$ 。对于调度序列 S' 中患者 i 和 S 中的患者 j 的灰色手术拖期 $T'_i(\otimes)$ 和 $T_j(\otimes)$ 分别有

$$T'_i(\otimes)=\sum_{g=1}^{i-1}a_{gkw}(\otimes)+a_{jkw}(\otimes)+\sum_{h=i+1}^{j-1}a_{hkw}(\otimes)+a_{ikw}(\otimes)-D_j(\otimes) \tag{5.23}$$

$$T_j(\otimes)=\sum_{g=1}^{i-1}a_{gkw}(\otimes)+a_{ikw}(\otimes)+\sum_{h=i+1}^{j-1}a_{hkw}(\otimes)+a_{jkw}(\otimes)-D_i(\otimes) \tag{5.24}$$

而 $D_j(\otimes)>D_i(\otimes)$ ，故由式(5.23)和式(5.24)得到 $T'_i(\otimes)>T_j(\otimes)$ ，由定理 5.2 可知，手术拖期可信度 $\mathrm{Con}_{T'_i(\otimes)}>\mathrm{Con}_{T_j(\otimes)}$ ，因此由式(5.19)和式(5.20)可知手术设备 k 的排队序列中患者手术拖期可信度之和 $f_k(S')>f_k(S)$ ，说明调换患者 i 和 j 位置后的调度序列不比调换前更优，因此患者 j 的手术顺序一定在患者 i 之后，定理得证。

5.3.2　混合灰色布谷鸟搜索算法设计

1. 编码设计

对于离散型的患者手术排序编码问题，无法直接使用 CS 算法，本节采用基于手术序列的编码规则。假设每个鸟巢的位置表示一个可行调度解，对于 m 台手术设备(病床和手术台) n 个患者，可行解的编码可以用 $n\times m$ 个鸟巢位置来表示，它代表一个手术序列的排列，每个患者必须出现但是只能出现 m 次。例如对于 4×3 的患者和手术设备，若位置编码为 132143123442，对应的患者的手术序列为($J_{1,1}$ ，$J_{3,1}$，$J_{2,1}$，$J_{1,2}$，$J_{4,1}$，$J_{3,2}$，$J_{1,3}$，$J_{2,2}$，$J_{3,3}$，$J_{4,2}$，$J_{4,3}$，$J_{2,3}$)，其中 $J_{i,j}$ 表示第 i 个患者的第 j 个手术阶段，即第 1 个患者先在麻醉室进行麻醉，接着第 3 个患者在麻醉室进

行麻醉，然后第 2 个患者在麻醉室麻醉，第 1 个患者在手术室进行手术，以此类推，最后第 2 个患者在复苏室复苏。如图 5.5 所示。

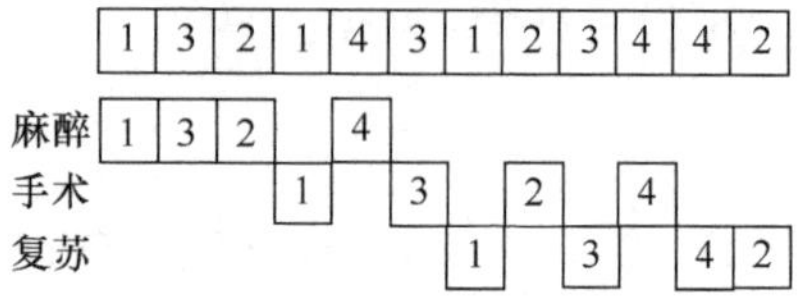

图 5.5　手术序列编码

2. 初始种群产生

在 CS 算法中首先必须要初始化鸟巢的位置，这种初始化是通过随机的方式产生的，没有使用任何与要求解问题相关的知识，因此初始种群的质量并不高。为了改进初始种群的质量，本节将手术调度的最短手术时间优先规则和最早手术结束期优先规则进行结合，利用二者的特征，提出一种灰色启发式算法，用来产生部分初始鸟巢位置。具体描述如下。

对于四参数灰数 $\gamma(\otimes)\in(\alpha^-,\alpha^{*-},\alpha^{*+},\alpha^+)$，令 $\mathrm{sign}(\gamma(\otimes))=\delta(\alpha^-+\alpha^{*-})+(1+\delta)\cdot(\alpha^{*+}+\alpha^+)$ 为 $\gamma(\otimes)$ 的灰色标记，δ 为患者手术拖期可信度系数，对于患者的灰色手术时间 $a_{ikw}(\otimes)=(\alpha_{ikw}^-,\alpha_{ikw}^*,\alpha_{ikw}^+)$ 有 $\mathrm{sign}(a_{ikw}(\otimes))=\delta(\alpha_{ikw}^-+\alpha_{ikw}^*)+(1+\delta)(\alpha_{ikw}^*+\alpha_{ikw}^+)$，对于患者的灰色手术结束期 $D_i(\otimes)=(d_i^-,d_i^{*-},d_i^{*+},d_i^+)$ 有 $\mathrm{sign}(D_i(\otimes))=\delta(d_i^-+d_i^{*-})+(1-\delta)(d_i^{*+}+d_i^+)$。因此最短手术时间和最早手术结束期可以表示为 $\min\{\mathrm{sign}(a_{ikw}(\otimes))\}$ 和 $\min\{\mathrm{sign}(D_i(\otimes))\}$。那么，给出获取种群初始解的灰色启发式算法如下步骤。

Step 1　建立患者、手术设备和结束期的灰色标记集合

$$P_{kw}=\{\mathrm{sign}(a_{1kw}(\otimes)),\mathrm{sign}(a_{2kw}(\otimes)),\cdots,\mathrm{sign}(a_{nkw}(\otimes))\}$$

其中，$k\in\{1,2,3\},w\in[1,\zeta],\zeta\in\{s,q,r\},s+q+r=m$

$$M_l=\{\mathrm{sign}(a_{l1}(\otimes)),\mathrm{sign}(a_{l2}(\otimes)),\cdots,\mathrm{sign}(a_{lm}(\otimes))\},\quad l\in[1,n]$$

$$D_q=\{\mathrm{sign}(D_1(\otimes)),\mathrm{sign}(D_2(\otimes)),\cdots,\mathrm{sign}(D_n(\otimes))\}$$

Step 2　令 $\mathrm{sign}(D_q'(\otimes))=\min(D_q)$，$\mathrm{sign}(a_{lk'}(\otimes))=\min(M_l)$，$\mathrm{sign}(a_{l'k}(\otimes))=\min(P_l)$，即将患者 l' 分配给 k' 进行手术，集合 $P_k=P_k-\mathrm{sign}(a_{l'k}(\otimes))$，$M_l=M_l-\mathrm{sign}(a_{lk'}(\otimes))$，$D_q=D_q-\mathrm{sign}(D_{l'}(\otimes))$，$i=1,2,\cdots,n$，$k=1,2,\cdots,m$。

Step 3　依次重复 Step 2，直至每个手术设备均被分配给患者。

为了使初始种群中鸟巢的位置保持种群多样性，将全部种群的三分之一部分

使用上述步骤产生，剩下的部分仍然采用随机产生。设定 CS 算法的基本参数为搜索空间维数为 m，鸟巢个数为 n，宿主发现外来鸟蛋的概率为 P_a，算法的最大迭代次数为 $\max \mathrm{T}$，获得初始化鸟巢的位置后，依据手术序列编码的方式将鸟巢位置转换为手术序列排列，然后计算各鸟巢位置对应的目标函数值(本节需要计算 $\min\{f(x)\}, x \in S$，即计算不确定手术调度中所有患者手术拖期可信度的平均值的最小值)，并找出最优鸟巢位置。

3. 产生候选解

首先，保留上一代的最优鸟巢位置，计算每个鸟巢位置的适应度函数 $\text{fitness} = Q - f(x), x \in S$，$Q$ 为一个合适的正数，$f(x)$ 为目标函数，然后通过试探路径和位置的方式产生候选种群，策略是使用 Lévy 飞行的方式。Lévy 飞行的方向是任意的，步长 s 服从 Lévy 分布的随机过程，下式用以产生候选种群：

$$x_i^{t+1} = x_i^t + \alpha \oplus \text{levy}(\lambda), \quad i = 1, 2, \cdots, n \tag{5.25}$$

式(5.25)中 x_i^t 表示在第 t 代的时候第 i 个鸟巢的位置，α 为步长控制系数，通常取值为 1，$\oplus$ 为点对点乘法，$\text{levy}(\lambda)$ 是 Lévy 飞行随机搜索的路径，Lévy 飞行的方向服从均匀分布。

4. 择优选择

利用定理 5.3 改进当前种群的全部鸟巢位置，即比较每个鸟巢位置中的患者手术结束期，若灰色结束期 $D_i(\otimes) < D_j(\otimes)$，且 $a_{ikw}(\otimes) - D_i(\otimes) < a_{jkw}(\otimes) - D_j(\otimes)$，则患者 j 的手术顺序一定在患者 i 之后。计算父代和其候选子代的适应度函数值，然后使用 CS 算法的选择算子对二者进行比较，将适应值大的个体保留到下一代，即计算当前种群中鸟巢位置适应度函数的最大值 $\text{fitness}_{\max}$，如果上一代种群中的最大适应度值大于 $\text{fitness}_{\max}$，则用上一代具有最大适应度值的鸟巢位置替换当前代适应度函数值的鸟巢位置，具体规则如式(5.26)。

$$x_i^{t+1} = \begin{cases} y_i^t, & f(y_i^t) \leqslant f(x_i^t), \\ x_i^t, & f(y_i^t) > f(x_i^t) \end{cases} \tag{5.26}$$

择优选择操作采用的是贪婪策略，该策略能加快算法的收敛速度，避免了算法在迭代的时候发生退化情况，并且能跟踪进化过程中获得的最优解。

5. 随机迁移

随机迁移类似遗传算法的变异操作，由于基本的布谷鸟搜索(CS)算法中鸟蛋被宿主发现且被丢弃后，算法会以随机的方式重新搜寻鸟窝，这种方式寻找的效果不理想，容易使解陷入局部最优，因此，如果使用遗传算法中的交叉变换来寻找未被发现的鸟巢的话，则可以使解具备多样性，效果更好。交叉法的具体做法是：暂存经过随机乱序排列的 N 个宿主鸟巢的位置，并重复操作一次，最后将两次的结果进行相减得到一个交叉步长，利用交叉步长来寻找新的宿主鸟巢。

假设外来鸟蛋被宿主发现的概率为 P_a，将其与服从均匀分布的随机数 $r \in [0,1]$ 对比，如果 $r > P_a$，那么使用交叉法去寻找新的鸟巢，然后检查新鸟巢位置是否越界，并计算适应值，选取适应值好的鸟巢，因此获得一组适应值更优的鸟巢位置。如果新鸟巢位置适应值较差，则保存宿主鸟巢位置不变。随机迁移操作保留相对较好的鸟巢，既能淘汰种群中的劣势个体，又可以增加种群的多样性。

6. 终止条件

对择优选择和随机迁移操作之后，得到的最优鸟巢位置和最优适应值进行判断，若达到迭代停止条件，即已满足 maxT 值或者算法计算的结果的精度达到要求，那么算法迭代完成，输出全局最优值及其对应的最优位置，否则返回重新进行择优选择和随机迁移，依次迭代。最后通过对全局最优位置进行解码，即得所需要的调度方案。

5.3.3　数据仿真与实验

为了验证本书设计的混合灰色布谷鸟搜索(HGCS)算法，利用规模为 $6(3)\times 3$ 的经典算例来仿真测试，该算例是由 Sakaw 提出的，用于模拟不确定手术时间和不确定手术结束期的调度问题。实验中布谷鸟搜索(CS)和 HGCS 算法的参数设定为：鸟巢个数为 30，宿主发现外来鸟蛋的概率 $P_a = 0.25$，最大迭代次数 maxT =1000。实验仿真环境为：操作系统 Windows 7，处理器主频 2.0GHz，CPU Intel® Core™ i3-2350M，内存 2GB，仿真软件为 MATLAB R2014a。

对于一个 $6(3)\times 3$ 的灰色手术调度问题，以最小化患者平均手术拖期可信度为目标函数，灰色手术时间和灰色手术结束期如表 5.4 所示，患者的手术约束顺序为 $R_1 \to R_2 \to R_3$。

表 5.4　6(3)×3 问题灰色手术时间和灰色手术结束期

患者号	手术时间 a			手术结束期 D	权重比例
	R_1	R_2	R_3		
P_1	(5,6,13)	(1,2,3)	(2,3,4)	(20,25,35,40)	0.15
P_2	(3,4,5)	(2,4,5)	(1,3,5)	(20,25,35,40)	0.15

续表

患者号	手术时间 a			手术结束期 D	权重比例
	R_1	R_2	R_3		
P_3	(1,2,3)	(1,2,3)	(1,2,3)	(20,28,32,40)	0.25
P_4	(3,4,6)	(2,3,5)	(3,4,5)	(20,28,32,40)	0.25
P_5	(2,3,4)	(4,5,6)	(2,3,4)	(30,35,40,45)	0.10
P_6	(2,3,4)	(3,4,5)	(2,3,4)	(30,35,40,45)	0.10

患者的手术拖期可信度系数 δ 分别选取 0.1，0.2，0.5，0.7，0.8，目标值为最小患者平均手术拖期可信度值，随机运行 10 次得到平均值，实验结果如表 5.5 所示。

表 5.5　CS 和 HGCS 算法下最小患者平均手术拖期可信度值及 10 次运行均值

系数 δ	算法	$f(x)$ 最优目标值										均值
		1	2	3	4	5	6	7	8	9	10	
0.1	CS	0.0491	0.0486	0.0480	0.0499	0.0483	0.0492	0.0488	0.0484	0.0493	0.0497	0.0489
	HGCS	0.0481	0.0485	0.0472	0.0480	0.0477	0.0476	0.0480	0.0479	0.0483	0.0470	0.0478
0.2	CS	0.0723	0.0786	0.0655	0.0689	0.0822	0.0755	0.0623	0.0741	0.0777	0.0814	0.0739
	HGCS	0.0564	0.0654	0.0423	0.0568	0.0601	0.0656	0.0564	0.0589	0.0641	0.0532	0.0579
0.5	CS	0.1895	0.1876	0.1910	0.1747	0.1885	0.1841	0.1678	0.1708	0.1933	0.1850	0.1832
	HGCS	0.1331	0.1230	0.1445	0.1211	0.1391	0.1509	0.1436	0.1280	0.1472	0.1370	0.1368
0.7	CS	0.2135	0.2213	0.2331	0.2210	0.2178	0.2311	0.2258	0.2361	0.2283	0.2209	0.2249
	HGCS	0.1954	0.2031	0.1986	0.1870	0.1986	0.2015	0.2364	0.2013	0.1845	0.1922	0.1999
0.8	CS	0.2548	0.2631	0.2745	0.2610	0.2511	0.2537	0.2610	0.2503	0.2587	0.2611	0.2589
	HGCS	0.2456	0.2315	0.2498	0.2356	0.2475	0.2501	0.2468	0.2468	0.2511	0.2432	0.2448

从表 5.5 可以看出，当患者手术拖期可信度系数 δ 增大的时候，目标值的均值也会变大，主要原因是 δ 增大的时候会明显增大可能性测度的权重，从而导致患者手术拖期可信度变大。

取 $\delta=0.2$，0.5，0.7，0.8，分别利用 CS 和 HGCS 算法进行仿真实验，对于每个 δ 取值，均任意选取其中一次实验得到患者平均手术拖期可信度值的收敛曲线，如图 5.6 所示。

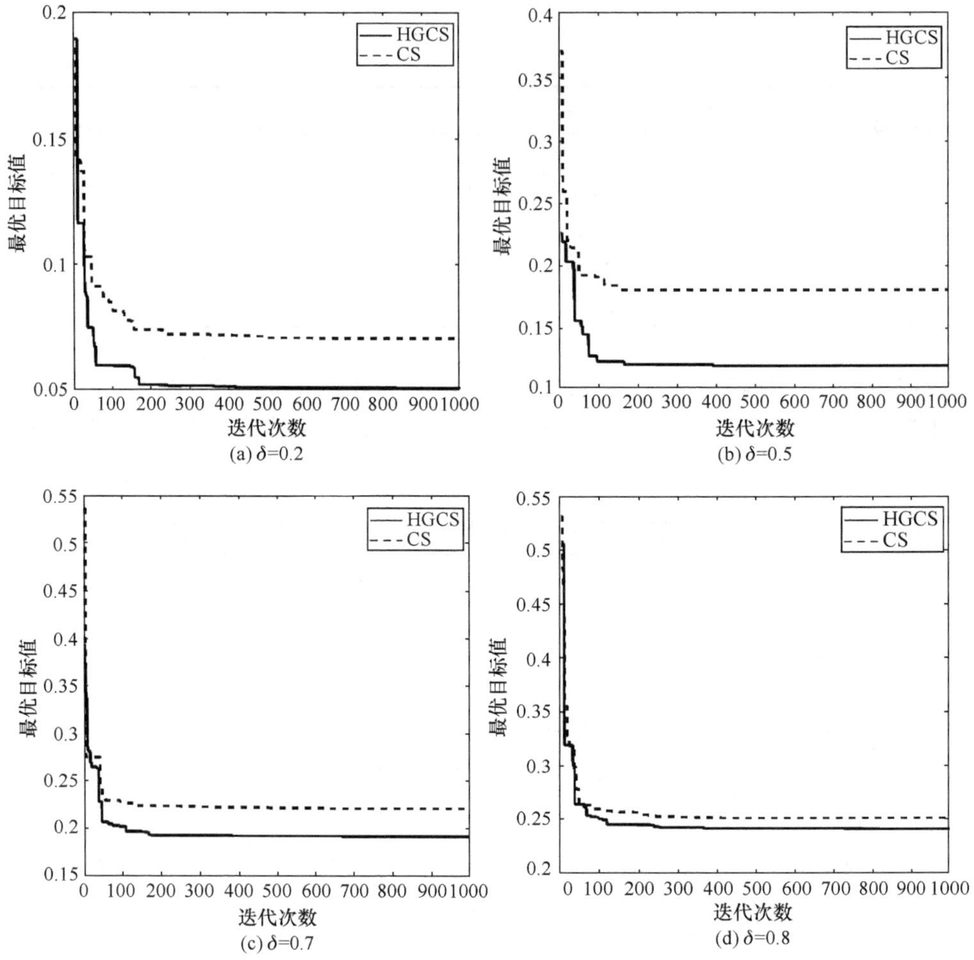

图 5.6　CS 和 HGCS 算法最优目标值收敛曲线

从表 5.5 可以看出对于不同的患者手术拖期可信度系数 δ，HGCS 算法所得到的最优目标值的平均值均比 CS 算法的要小，当 $\delta = 0.2$，0.5，0.7，0.8 时，从图 5.6 的收敛曲线也可以看出，当曲线趋于全局收敛时，HGCS 算法的最优目标值也要优于 CS 算法，并且算法的收敛速度比较快。

5.3.4　结论

突发事件下的应急救援中，伤员批量手术调度问题类似于柔性流水车间调度优化问题，但是手术时间和手术结束期存在不确定性。本书提出了一种灰色调度模型，利用三参数灰数表达不确定手术时间，四参数灰数表达不确定结束期，这种方式比其他文献上使用三角模糊数和梯形模糊数来表示不确定调度因素更具一般性和实际价值。除此之外，本书利用灰数的一些性质，获得最优灰色调度的一些特征，并利用这些特征对 CS 算法进行重新设计和创新，提出了 HGCS 算法。利用 HGCS 算法对问题规模为 6(3)×3 的经典算例进行仿真测试，测试结果表明改进后的算法能很好地解决不确定手术调度中不确定手术时间和不确定结束期带来的患者手术拖期问题，并且通过与 CS 算法求解该问题的测试结果比较，发现 HGCS 算法的性能明显要优于 CS 算法。这说明本书所提出的 HGCS 算法能很好地解决不确定手术调度问题，具有一定的应用价值。当然，本书所给出的解决方案仅仅适合单目标优化问题，对于多目标和带有资源约束类的调度问题将是下一步研究的工作。

5.4　本章小结

城市突发事件发生后，短时间会产生大量的伤病员，给医疗机构的应急救援带来巨大压力，本章第一部分分析了城市突发事件下应急手术的特点，建立了批量手术调度模型，并且考虑应急手术中医生长时间连续手术存在的疲劳问题，对应急手术模型利用改进的飞蛾扑火算法进行求解，实例证明模型和算法是有效的。本章第二部分使用三参数区间灰数和四参数区间灰数来描述不确定手术时间和不确定手术结束期，建立灰色手术调度模型，引入可能性测度和必然性测度，定义手术的拖期可信度指标，提出不确定结束拖期优化目标，建立灰色混合整数规划模型，利用智能算法进行求解。

第 6 章　城市突发事件下应急物资协同调度和检伤、转运与手术协同调度研究

6.1　引　　言

如果城市发生了大型突发性自然灾害，比如地震、台风等，那么有可能造成大量人员伤亡，受灾区域和数量也急剧增加。1976 年，发生在我国唐山市的大地震造成 24 万余人死亡，16 万余人重伤，充分说明了突发事件造成的大灾难。由于城市道路狭窄，再加上在灾难中道路大多数被破坏，大型救援车辆很难直接进入市区，只能依托人力或者小型车辆往灾区运送救援物资，因此必须在受灾城市外围建立若干救援物资集结区，通过大运力的车辆将外地的救援物资源源不断地送至物资集结区，再用小运力的车辆按照救援物资需求优先顺序将救援物资分类从物资集结区送往灾区。在这种情况下，必须对救援物资分阶段、分级、分类别进行协同调度，才能高效地实现救援物资的投送。

除此之外，随着网络信息技术的发展，特别是物联网的发展，对于伤员的检伤分类、车辆转运和手术调度过程，各种伤员信息、车载信息和医院资源信息都可以共享，因此，运用这些实时信息做出优化调度方案对于提高应急救援效率有重要的意义。从某个角度讲，伤员的检伤分类、车辆转运和医院的应急手术已经形成了完整的救援链，在突发事件发生后，各方救援力量严重不足的情况下，合理的协同调度，对于整个应急救援链的调度优化显得尤为重要。

6.2　应急物资协同调度

6.2.1　应急物资协同调度概述

突发事件中的救援物资主要包括医疗物资、食品和衣物、防护用品、工程器械、动力燃料等。当突发事件发生后，灾区内部未受伤的人员可以协助伤员展开自救，并向外发布求救信号。“一方有难，八方支援”，对于大型突发灾害，从全国各地会有政府机构和民间组织的救援力量将救援物资源源不断向灾区运送，全国各省份和地市对灾区都有对口支援。在灾害情况未明的情况下，为了保证安全，只有极少先头救援力量深入核心灾区展开救援，大部分救援力量在灾区外围集结，

形成救援集结区，待疏通部分道路后，开始深入灾区内部救援。因此，从物资的投送流程看，救援物资调度涉及由外到内的协同网络，由外地支援层、外围集结层、内部自救层和灾害事故层构成，救援物资的协同调度网如图 6.1 所示。

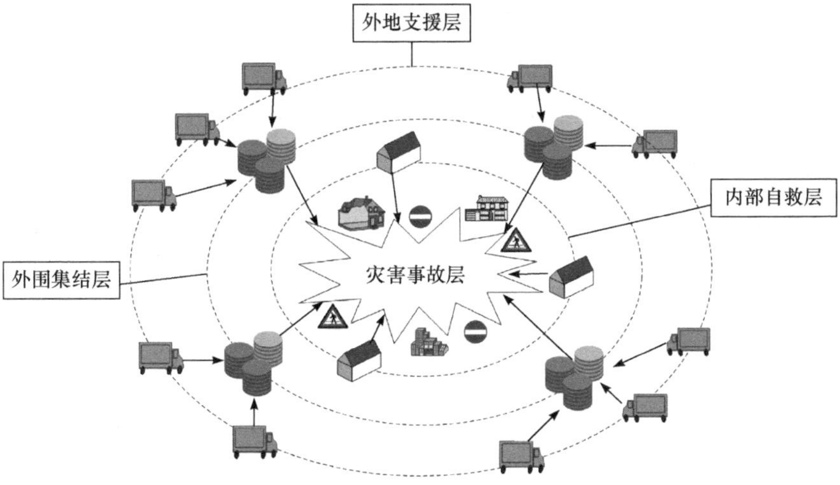

图 6.1　救援物资协同调度网

突发灾害情形下通常需要多种类型的应急救援物资，不同的物资具有不同的特征、有特定的用途，在救援时的重要性也不相同，而且事故灾害区对物资抵达的最长响应时间，即紧迫性的要求也不一样，比如医疗救援物资，要求必须首先到达救援现场，因此，救援物资有一个应急限制期[278]的概念，在调度时必须对救援物资设定优先权，即紧迫的优先调度。

为了将问题简单化，这里假设城市里灾害事故区只有一个，忽略了多个灾害事故区之间的相互影响。灾害事故区急切需要调运 $m\ (m>1)$ 种救援物资，假设需要的物资标记为 $X=(x_1,x_2,\cdots,x_m)$，x_j 表示第 j 种物资。对救援物资的优先级用 w_j 表示，假设所有物资的优先级为 $w_1 \gg w_2 \gg \cdots \gg w_m$。灾害事故区未被损坏的可用物资量为 $X^{(1)}=(x_1^{(1)},x_2^{(1)},\cdots,x_m^{(1)})$，城市内部其他区域可供调配的未损坏的自救应急物资量为 $X^{(2)}=(x_1^{(2)},x_2^{(2)},\cdots,x_m^{(2)})$，外围集结区和外地支援力量还需提供的救援物资量为 $X^{(3)}=(x_1^{(3)},x_2^{(3)},\cdots,x_m^{(3)})$，其中 $X^{(3)}=X-X^{(1)}-X^{(2)}$。在灾害事故发生后的初期，灾害事故区自身的物资和外围集结区的物资是远远无法满足救援需求的，因此，需要调度外地支援力量进行物资支援。在通常情况下，由于灾害事故的破坏，城市内部抢救出来未被损坏的物资量非常少，可以忽略不计，救援物资主要来源于外部的支援。外部支援的物资是持续不断的，因此可以将调度方案设计为两个阶段：第一阶段由外围集结区向灾害事故区调运物资，确定运载车辆的数目和运力，按照调度优先级和物资的应急限制期等影响因素，确保用最少的救援车辆实现应急响应时间最短；第二阶段根据外围集结区物资剩余储备量和事故区对物资的需求情况，优化外部支援力量的物资供应量，在运输时间满足救援时间要求的条件下，使运输成本最小。

6.2.2　两阶段多物资协同调度模型

在救援物资协同调度中，把外围集结区的物资向灾害事故区调运作为第一阶段，把外地支援的物资向外围集结区调运作为第二阶段。由于通过外围集结区去往灾害事故区的道路受损，再加上城市里建筑物倒塌造成原有道路阻塞，因此第一阶段的运输能力极大可能受到非常大的影响。第二阶段是外地的救援物资向外围集结区调运物资，这种情况下由于道路四通八达，运力是无限的，但是受灾程度和灾区面积的大小因素不同，灾区对救援物资的需求量也不是无限的，过多的物资会造成浪费。鉴于这些情况，对模型做出如下假设：

(1) 对外围集结区实行分区管理，不同物资集结区接收对应的外地支援的物资，集结区接收的物资的供应地之间不存在交叉情况。

(2) 外地救援力量可以使用火车、轮船、飞机等运力无限的运输工具，有最优的运输路径。

(3) 就近选择灾区周边构建外围集结区，地理位置和物资的储备空间已知。

(4) 由于道路被破坏，假设城市内多个事故区之间没有联系，单一事故区的救援物资的需求量已知。

(5) 不考虑外围集结区的运输车辆借调的情况。

针对以上假设，按照事故区实际的物资需求类别和需求量以及救援力量的响应时间，调用不同外部集结区的物资，如果外部集结区内某种类型的物资不足，外部支援力量的供应点及时补充供应，这是一种需求为导向的调度模式。根据以上的分析研究，构建两阶段协同调度模型。

1. 第一阶段

设 $B_1,B_2,\cdots,B_n$ 为 n 个外围集结区，A 为灾害事故区，$X^{(3)}=(x_1^{(3)},x_2^{(3)},\cdots,x_m^{(3)})$ 为向救援网络提供的救援物资量。外围集结区 B_i 储存的可用物资量为 $x_i=(x_i^{(1)},x_i^{(2)},\cdots,x_i^{(m)})$，假设 B_i 有 k_i 辆型号不同小运力救援车辆可供调配，用以往灾害事故区运送救援物资，S_{il} 为 B_i 的第 l 辆救援车辆，运力为 G_{il}，车辆的匀速行驶速度为 $v_{il}(i=1,2,\cdots,n;l=1,2,\cdots,k_i)$，那么可得 B_i 的总运载能力如下：

$$G_i=\sum_{l=1}^{k_i}G_{il}$$

但是，由于可能会有次生灾害的发生，道路会发生各种不确定的变化，救援车辆无法以正常的速度匀速行驶，因此引入速度干扰因子 $\pi\ (0 \leqslant \pi \leqslant 1)$ 对速度 v_{il} 进行干扰，有 $v'_{il} = \pi \cdot v_{il}$，由速度 v'_{il} 和 B_i 到 A 的路程距离 d_i，可以计算得到救援车辆运送物资往返的行驶时间。如果物资装卸的速度为 μ，灾区对应急物资的消耗速率为 c，运载车辆的装运容量为 M_τ，那么物资装卸时间为 $t_{ilz} = M_\tau / \mu$，物资消耗时间为 M_τ / c，由此可得救援车辆的往返运输周期为 $t_{il} = t_{ilz} + t_{ilq} + t_{ilh}, i = 1, 2, \cdots, n$，$l = 1, 2, \cdots, k_i$，$t_{ilq}$ 为车辆 S_{il} 前往灾害事故区的行驶时间，t_{ilh} 为车辆 S_{il} 从灾害事故区回来的行驶时间。如果 n_{il} 为车辆 S_{il} 前往灾区的实际运输趟数，那么可得救援车辆 S_{il} 参与物资调运的运输时间 t'_{il}，有

$$t'_{il} = n_{il} t_{il} \tag{6.1}$$

对于第 j 种物资来说，如果 S_{il} 实际参与对其调运的时间为 $t_{il}^{(j)}$，那么外围集结区 B_i 完成第 j 种物资的调运时间为所有参与运输第 j 种物资的车辆中所用时最大的那一个，即

$$t_i^{(j)} = \max\left(t_{il}^{(j)}\right), \quad l = 1, 2, \cdots, k_i \tag{6.2}$$

在设计调度决策时，m 种救援物资由运载车辆分批进行调运，根据物资的优先级定义和物资应急限制期的要求，优先调运需求最紧要的物资，其次是调运需求次紧要的物资，以此类推，将灾害事故区需要的救援物资全部调运完成。模型的决策变量为运载车辆的选择，考虑的因素有车辆的运输时间和运载量。如果最后一次调运的某种物资无法装满该车辆，则可以装载下一个优先级的应急物资。每一种应急救援物资都有一个应急限制期，应急限制期表示突发事件下灾区对应急物资的需求具有很高的不确定性，而且有很强的时效性，如果长时间没有送达，该种物资往灾区运送就失去了意义。设第 j 种物资的限制期为 T_j，由物资调度的优先级，有

$$T_1 \ll T_2 \ll \cdots \ll T_j \ll \cdots \ll T_m \tag{6.3}$$

假设在零时刻开始进行应急物资调运，$t_1^{(j)}$，$t_2^{(j)}$，$\cdots$，$t_i^{(j)}$，$\cdots$，$t_n^{(j)}$ 为 n 个外围集结区 B_i 完成前 j 种物资调运的时间，当然也有可能某些集结区未参与该物资调运。因此，第 j 种物资完成调运的时间 $T(j) = \max\left(t_i^{(j)}\right), i = 1, 2, \cdots, n$。

当第 j 种应急物资开始调运时，对于任意集结区 B_i，每进行一次物资调运，需要将运输车辆、运输量和该车累积运输趟数进行记录。设 $Q_i^j(q)$ 为 B_i 区第 q 次实施物资调运后剩余的物资储备量，B_i 第 q 次实施调运的物资量为 $\varphi_i^j(q)$，有

$$\varphi_i^j(q)=\min\{Q_i^j(q-1),G_{il}^j(q)\},\quad q=1,2,\cdots,\sum_{l=1}^{k_i}n_{il};\ l=1,2,\cdots,k_i \tag{6.4}$$

$G_{il}^j(q)$ 为 B_i 第 q 次物资调运时选中的救援车辆 S_{il} 的运力。此阶段的模型为

$$\min(T(j))=\min(\max(t_i^{(j)})),\quad i=1,2,\cdots,n;\quad j=1,2,\cdots,m \tag{6.5}$$

s.t.

$$\sum_{i=1}^{n}\sum_{q=1}^{\gamma}\varphi_i^j(q)\geqslant x_j^{(3)},\quad \gamma=\sum_{l=1}^{k_i}n_{il},\quad i=1,2,\cdots,n;\quad j=1,2,\cdots,m \tag{6.6}$$

$$T(j)\leqslant T_j,\quad j=1,2,\cdots,m \tag{6.7}$$

$$\varphi_i^j(q)\geqslant 0 \tag{6.8}$$

式(6.5)为第一阶段模型的目标函数，其目标是最小化每种救援物资的调运时间且符合救援车辆的运载能力。式(6.6)～式(6.8)为模型的约束条件。式(6.6)表示调运的物资量要满足灾害事故区对该种物资的需求。式(6.7)表示对一种物资的调运完成后所用时间不能超过该种物资的应急限制期。式(6.8)表示每次实施调运的物资量不能是负值。

2. 第二阶段

设外围集结区 B_i 有 m_i 个外地支援力量为其供应物资，P_{ik} 为 B_i 的第 k 个外部支援力量物资供应点，$k=1,2,\cdots,m_i$，$i=1,2,\cdots,n$。假设各外部支援力量物资供应点无论使用什么运载工具，运力都不受限。外地支援力量物资供应点 P_{ik} 到 B_i 的运输时间为 t_{ik}，P_{ik} 到 B_i 的单位运输成本为 c_{ik}。t_1^{j*}，t_2^{j*}，…，t_i^{j*}，…，t_n^{j*} 为 n 个外围集结区对应的外地支援力量物资供应点完成调运前 j 种物资的时间，当然也有可能某些供应点未参与该物资的调运。第 j 种救援物资的调运完成时间 $T'(j)$ 为参与调运的所有外地支援力量物资供应点中调运时间最长的一个，即 $\max(t_i^{j*})$。P_{ik} 中当前第 j 种应急物资的储备量为 y_{ik}^j，且 $\sum_{k=1}^{m_i}y_{ik}^j$ 满足 B_i 对第 j 种救援物资的需求。P_{ik} 在 B_i 第 q 次实施调运时实际供应给 B_i 的第 j 种物资的量为 $y_{ik}^j(q)$。$Q_{ik}^j(q)$ 为大运力运载工具 S_{ik} 在 B_i 第 q 次实施调运时供应给 B_i 物资后剩余的第 j 种应急物资的量。此阶段的模型为

$$\begin{cases}\min(T'(j))=\min(\max(t_i^{(j)})),\\ \min C=\sum_{i=1}^{n}\sum_{q=1}^{\gamma}\sum_{k=1}^{m_i}c_{ik}y_{ik}^j(q),\quad \gamma=\sum_{l=1}^{k_i}n_{il},i=1,2,\cdots,n;j=1,2,\cdots,m\end{cases} \tag{6.9}$$

s.t.

$$t_{ik} \leqslant \min(t_{il}), \quad l = 1,2,\cdots,k_i, \quad \forall i, k = 1,2,\cdots,m_i \tag{6.10}$$

$$\sum_{k=1}^{m_i} y_{ik}^j(q) \geqslant G_{il}^j(q), \quad \forall(i,q,j) \tag{6.11}$$

$$y_{ik}^j(q) \leqslant Q_{ik}^j(q-1), \quad \forall(i,k,q,j) \tag{6.12}$$

$$y_{ik}^j(q) \geqslant 0, \quad \forall(i,k,q,j) \tag{6.13}$$

式(6.9)为第二阶段的目标函数，其目标是最小化外部支援力量调运每种物资的时间和最小化外部支援力量物资供应的运输成本。式(6.10)～式(6.13)为模型的约束条件,其中式(6.10)为外部支援力量供应点的运输时间满足外围集结区对物资供应时间的要求；式(6.11)表示装载的物资量要与运载车辆的运载能力匹配；式(6.12)和(6.13)表示外部支援力量的供应点供应的物资不能大于其供应点的储备量，每次调运时提供的物资不能是负值。

6.2.3　算法实现

根据上述数学模型的定义,针对两阶段救援物资的调度过程设计一种多物资、多运载车辆的调度算法。由于救援物资有限制期要求和紧急调运特征，因此对于每种救援物资均定义一个优先级权重，调度时先按照优先级权重排序，权值较小的优先调度。对于运载车辆的选择，首先考虑车辆调运物资的时间长短，然后看调运的物资是否满足灾害事故区的需求，当运载车辆装载某种物资后运力仍有盈余时，可以同时装运另一种物资。每一次物资调运完毕后，都要及时更新事故区对该物资的需求，以及各方救援物资提供方的物资剩余量，用以决定下一步的调度方案。

从两阶段的物资协同调运模型来看，第一阶段为单目标优化模型，当外围集结区对第 j 种救援物资的供应满足灾害事故区的需求且有盈余的时候，需要合理地挑选外围集结区的运载车辆以及车辆运输趟数，确保该物资的调运时间最短。第二阶段为多目标优化模型，当外围集结区对第 j 种救援物资的供应不满足灾害事故区的需求的时候，需要外部支援力量支援，其优化目标是首先保证该物资的调运时间最短，然后使运输成本最小。

对于第一阶段的优化，本章利用柯西分布对布谷鸟搜索(CS)算法进行改进，然后对模型进行求解。对于第二阶段的多目标优化，本章结合非支配排序遗传算法(NSGA-II)的非支配排序思想以及使用拥挤距离来维护外部档案集策略对 CS 算法进行改进，然后对模型进行求解。具体描述如下。

第一阶段中，外围集结区对救援物资 j 进行调度，最优调度方案的求解过程是一个离散组合优化过程，可以利用柯西分布的全局变异和离散分布特点，对单个鸟巢进行柯西变异[279]以增加鸟巢的多样性，有利于跳出局部极值进行全局搜索，同时提高搜索速度和质量。

柯西分布是一种常见的分布函数，一维柯西分布随机变量$C(0,\sigma)$的密度函数定义为：$f_c(x)=\dfrac{\sigma}{\pi(\sigma^2+x^2)}, -\infty<x<+\infty$，其中$\sigma$为尺度函数，当$\sigma=1$时称为标准柯西分布。

CS 算法的扰动时机的表达式为：$\dfrac{1}{T_{\text{pre}}}\sum\limits_{i=T_{\text{cur}}}^{T_{\text{cur}}-(T_{\text{pre}}-1)}|F_i-F_{i-1}|\leqslant\delta$，其中$T_{\text{pre}}$表示向前比较的代数；$T_{\text{cur}}$表示当前代数；$F_i$表示第$i$代当前鸟巢的适应度值；$T_{\text{pre}}<i\leqslant T_{\text{cur}}$；$\delta$为扰动因子。

扰动方法表达式为：$X_{ij}^k=X_{ij}^k+C(0,1)$，其中X_{ij}^k表示第k代鸟巢群中的第i个鸟巢的第j个鸟蛋，$C(0,1)$表示柯西变异公式。

应急物资调度方案属于组合优化问题，应用 CS 算法求解调度问题首先需要构造合理的编码方式来表示调度问题的解。在运载车辆的分配中，设有n个单位的物资j需要用m辆运载车辆进行运载，则$X=[x_1,x_2,\cdots,x_n]$代表为n个元素的一维向量，每个单位物资对应的运载车辆编号即为当前维的值。在对运载车辆号进行编码时，采用从 1 至m递增的整数编码。由于 CS 算法迭代过程中使用实数编码方式，所以本章采用编码时使用$x_i\in[1,m+1)$，解码使用$X'=[\lfloor x_1\rfloor,\lfloor x_2\rfloor,\cdots,\lfloor x_m\rfloor]$，其中$x_i$为实数，$\lfloor x_i\rfloor$表示对$x_i$向下取整，解码后每一数值代表对应单位资源所分配的运载车辆的编号。

算法流程如下：

Step 1　初始化算法基本参数，确定优化目标为最小化物资调度时间；

Step 2　对问题域进行编码，对应到鸟巢位置，计算各鸟巢适应度并进行评估，更新最优鸟巢记录X^*；

Step 3　变异判断，评估是否需要柯西变异，若需要则进行柯西变异，产生新的鸟巢，并评估鸟巢的适应度，更新最优鸟巢记录；

Step 4　利用 Lévy 飞行机制更新鸟巢的位置，并评估新的鸟巢适应度值，对比上一步最优值后更新最优鸟巢记录；

Step 5　产生随机数R，若$R>P_a$，则随机改变鸟巢位置，得到一组新的鸟巢位置；

Step 6　检验算法是否满足停止条件，满足则输出最优值，并解码输出对应的最优车辆调配方案，否则转 Step2，继续下一代搜索。

第二阶段中，CS 算法要设计成求解多目标优化问题，标准的多目标布谷鸟搜索(multi-objective cuckoo search，MOCS)算法[280]的发现概率 P_a 和步长 α 在初始化时被设定为固定值，这可能导致迭代次数增多或收敛精度不高。如果 P_a 值较小，α 值较大，则迭代次数增多且搜索精度不高；如果 P_a 值较大，α 值较小，则收敛速度会相对加快，但无法保证找到最优解。因此，本章对 MOCS 算法进行了改进，得到改进的多目标布谷鸟搜索(IMOCS)算法，将参数 P_a 和 α 设置为动态改变的变量。在迭代初期，使两者的值足够大，增强解向量的多样性，加快运行速度；迭代后期，使两者的值变小，以便进行局部寻优，找到最优解。从而使该算法在不丢失原始算法优秀特征的同时具有更大的适用范围，动态发现概率和步长的具体公式如下：

$$P_a(t) = P_{a,\max} - \frac{t}{g}(P_{a,\max} - P_{a,\min})$$

$$\alpha(t) = \alpha_{\max} \exp(c,t)$$

$$c = \frac{1}{g}\text{In}\left(\frac{\alpha_{\min}}{\alpha_{\max}}\right)$$

其中，g 为算法的总迭代次数；t 为当前进化代数；$P_{a,\max}$ 和 $P_{a,\min}$ 为 P_a 的控制参数；$\alpha_{\max}$ 和 $\alpha_{\min}$ 为 α 的控制参数。

带精英策略的非支配排序遗传算法(NSGA-II)[281]是一种高效的多目标算法。NSGA-II 的非支配排序的思想就是通过循环排序，淘汰被支配个体，保留非支配个体，最终形成非支配解集。本章借鉴 NSGA-II 中非支配排序思想得到非支配解集。在多目标算法中，如果解 $x^{(1)}$ 对应的目标函数值同时满足 $f_i(x^{(1)}) \leqslant f_i(x^{(2)})$，$\forall i \in \{1,\cdots,M\}$ 和 $f_i(x^{(1)}) < f_i(x^{(2)}), \forall i \in \{1,\cdots,M\}$，此时解 $x^{(1)}$ 称为非支配解或 Pareto 最优解，$x^{(2)}$ 称为支配解，从而得到非支配解集即 Pareto 最优解集。

非支配排序得到的非支配解保存在外部档案集中，并通过计算拥挤距离来维护外部档案集。当个体总数小于外部档案集大小时，非支配解直接进入外部档案集；当个体总数超出外部档案集的大小时，若新解支配外部档案集中的部分个体，则新解代替那些个体；否则，将新解加入档案集中，并从中删除一个拥挤距离较小的个体。本章通过计算拥挤距离来维护外部档案集，从而确保了 Pareto 解前沿分布的均匀性。

由于假定外部救援力量的供应点运力无限，因此算法的编码方案同第一阶段的编码方案类似，只不过决策变量不再是运载车辆，而是供应点。设灾害事故区还需要再调配 n 个单位的 j 物资，需要从 m 个供应点中选择物资，则 $X=[x_1,x_2,\cdots,x_n]$ 代表 n 个元素的一维向量，每个单位物资对应的供应点编号即为当前维的值。

优化目标就是合理地选择供应点，使得物资调运时间最短，总的物资调运成本最低。同理，使用 $x_i \in [1, m+1)$ 进行编码，使用 $X' = [|x_1|, |x_2|, \cdots, |x_m|]$ 进行解码。

算法的流程如下：

Step 1　设定鸟巢数量 n、维数 nd、档案集大小 d、搜索域上下界 U_b 和 L_b、迭代次数 $t = 0$；

Step 2　初始化鸟巢位置，对问题域进行编码，将供应点编号组成的序列映射到鸟巢位置，$X_i = L_b + (U_b - L_b) \cdot r, i \in [1, n], r \in [0, 1]$，$i$ 为整数；计算相应的目标函数值；

Step 3　通过非支配排序选取非支配解得到新一代鸟巢；

Step 4　判断是否达到最大迭代次数($t > t_{\max}$)，如果是，输出 Pareto 最优解，对解域进行解码，获得资源最优调配方案，否则继续执行下一步；

Step 5　通过 Lévy 飞行更新鸟巢位置，计算相应的目标函数值；

Step 6　合并上一代鸟巢与新一代鸟巢，并通过非支配排序选取非支配解存入外部档案集中；

Step 7　通过拥挤度计算维护外部档案集，并得到新一代鸟巢；

Step 8　根据改进公式 $P_a(t) = P_{a,\max} - \dfrac{t}{g}(P_{a,\max} - P_{a,\min})$ 计算 P_a，随机淘汰生成的新鸟窝；

Step 9　合并上一代鸟巢与新一代鸟巢，并通过非支配排序选取非支配解存入外部档案集中；

Step 10　通过拥挤度计算维护外部档案集，并得到 Pareto 最优解；

Step 11　进入下一次迭代，$t = t + 1$。

将第一阶段和第二阶段的算法流程进行结合获得总算法伪代码如下。

---

for j=1 to m　　　　//m 为所需救援物资类别数

　if $\sum_{i=1}^{m} x_i^{(j)} > A^{(j)}$　then　//外围集结区的物资 j 满足灾害事故区的需求且有盈余

　begin　　　　　//进行第一阶段物资调运

　　运行第一阶段算法，用柯西变异的 CS 算法进行寻优，目标是获得合理的车辆调配方案，使得最大的物资调运时间最小，约束条件为满足灾害事故区对物资应急限制期的要求

　end

　else　　　　　//外围集结区的物资 j 小于等于灾害事故区的需求

　begin　　　　　//同时进行第一阶段和第二阶段物资调运

　　if $\sum_{i=1}^{m} x_i^{(j)} > A^{(j)}$　then　//外围集结区的物资 j 刚刚满足灾害事故区的需求量

```
        begin
            第一阶段：将所有外围集结区的物资 j 全部调运到灾害事故区，由于
            物资刚好满足要求，所以对各个集结区的运载车辆不设定运输方案，
            每个集结区选择运速最快、载量最大的车辆即可
        end
       else        //外围集结区的物资 j 不满足灾害事故区的需求量
         begin
            第一阶段：将所有外围集结区的物资 j 全部调运到灾害事故区，由于
            物资不满足要求，所以对各个集结区的运载车辆不设定运输方案，每
            个集结区选择运速最快、载量最大的车辆即可，同时启动第二阶段运
            输方案
            运行第二阶段算法：将参数 P_a 和 α 设置为动态改变的变量，利用非
            支配排序思想得到非支配解集，保存在外部档案集中，并通过计算拥
            挤距离来维护外部档案集。优化目标是合理分配供应点，使得物资调
            运时间最短，总运输成本最低
        end
    end
```

从算法的流程来看，算法按照调度优先级，以每种物资的调度为主线，根据救援车辆的运载量和调运时间，计算得出到达事故区用时最短的车辆，然后根据事故区对该种物资的需求量，确定该车辆的当次运输载运量。如果外围集结区对该种物资的储备量不够车辆载运或者不满足事故区的需求时，需要从外地支援力量的供应点跨区进行物资调运，为了使运输时间和供应的成本最小，需要计算外地支援力量与事故区的距离和运输时间，以及运输成本，选取合适的供应点进行供应，并对该供应点进行标记。基于事故救援的紧迫性，应急救援各级网络必须协同合作，在保证事故区足够的物资供应前提下，再考虑运输成本等其他因素。

算法的两个阶段是相互影响的，每个调度决策完成之后都需要更新应急物资的储备量剩余值，为了使问题简化，此二阶段调度模型没有考虑外围集结区和外地支援力量供应点的物资动态补充情况，因此，只需通过式(6.14)和式(6.15)将救援物资的变化信息在第一阶段和第二阶段之间进行交换，确保求解过程的一致性。

$$Q_i^j(q) = Q_i^j(q-1) + \sum_{k=1}^{m_j} y_{ik}^j(q) - \varphi_i^j(q) \tag{6.14}$$

$$Q_{ik}^j(q) = Q_{ik}^j(q-1) - y_{ik}^j(q) \tag{6.15}$$

6.2.4　实例分析

假设某城市突发大型地震灾害，救援所需的应急物资共 7 种，分别为药品、

食品、燃料、电力设备、工程机械、帐篷和棉被，其需求量、应急限制期和需求优先级如表 6.1 所示。灾害事故发生后，在城市外围建立了 5 个物资集结区，集结区的物资储备量如表 6.2 所示。小运力救援车辆的所属区、对物资的运载能力以及行程时间如表 6.3 所示，外地支援力量供应点物资储备量如表 6.4 所示。设车辆装卸速度为 3 单位时间，物资消耗速度为 6 单位时间。外地支援力量可以采用多种方式的运载工具，运力无限。

表 6.1　灾害事故区物资需求表

项目	药品	食品	燃料	电力设备	工程机械	帐篷	棉被
需求量	15 吨	20 吨	12 吨	14 件	11 套	2000 套	4000 套
应急限制期/天	8	7	21	20	25	16	18
需求优先级	1	2	6	5	7	3	4

表 6.2　外围集结区物资储备量表

外围集结区	药品/吨	食品/吨	燃料/吨	电力设备/件	工程机械/套	帐篷/套	棉被/套
B_1	3	2	4	2	1	200	300
B_2	2	3	0	1	0	260	500
B_3	0	3	2	1	3	320	200
B_4	3	0	5	3	2	190	0
B_5	3	1	3	2	2	0	700

表 6.3　小运力救援车辆表

救援车辆编号	所属外围集结区	运力(单一)							去程用时/h	回程用时/h
		药品/吨	食品/吨	帐篷/套	棉被/套	电力设备/件	燃料/吨	工程机械/套		
S_1	B_1	6	6	600	1200	6	6	3	4	3
S_2	B_1	4	4	400	800	3	3	2	3	3
S_3	B_2	5	5	500	1000	4	4	2	5	4
S_4	B_3	5	5	500	1000	4	4	2	4	3
S_5	B_4	6	6	600	1200	6	6	3	3	4
S_6	B_5	4	4	400	800	3	3	2	3	2

表 6.4　外地支援力量供应点物资储备量

供应点编号	对口的集结区	运输时间/h	运输成本/万元	药品储备量/吨	食品储备量/吨	燃料储备量/吨	电力设备储备量/件	工程机械储备量/套	帐篷储备量/套	棉被储备量/套
P_1	B_4	8	0.58	2	4	3	3	1	300	900
P_2	B_2	12	0.95	3	3	4	4	2	340	1300
P_3	B_1	15	1.49	3	5	4	4	1	420	1100
P_4	B_3	19	2.66	2	2	5	3	2	500	2300
P_5	B_5	17	2.58	1	3	3	5	3	380	900
P_6	B_1	22	2.85	2	1	7	6	2	400	1200

根据所给的算法对实例进行求解，表 6.5 给出了救援车辆的调运结果，表 6.6 汇总了外围集结区和外地支援力量供应结果。

表 6.5　救援车辆调运结果

车辆	运输趟数	药品/吨	食品/吨	帐篷/套	棉被/套	电力设备/件	燃料/吨	工程机械/套
S_2	1	3	1	0	0	0	0	0
S_3	1	2	3	0	0	0	0	0
S_5	1	3	0	190	0	2	0	0
S_6	1	3	1	0	0	0	0	0
S_4	1	2*	3	0	0	0	0	0
S_1	1	2*	1+3*	0	0	0	0	0
S_3	2	0	3*	200	0	0	0	0
S_5	2	0	4*	200*	0	0	0	0
S_2	2	0	1*	200	200	0	0	0
S_4	2	0	0	320	200+160*	0	0	0
S_6	2	0	0	0	700+100*	0	0	0
S_1	2	0	0	420*	100+260*	0	0	0
S_4	3	0	0	470*	60*	0	0	0
S_3	3	0	0	0	500+500*	0	0	0
S_4	4	0	0	0	1000*	0	0	0
S_2	3	0	0	0	220*	2	0	0
S_5	3	0	0	0	0	1+2*	3	0
S_6	3	0	0	0	0	2	1	0
S_1	3	0	0	0	0	4*	2	0
S_5	4	0	0	0	0	1*	2+3*	0

续表

车辆	运输趟数	药品/吨	食品/吨	帐篷/套	棉被/套	电力设备/件	燃料/吨	工程机械/套
S_6	4	0	0	0	0	0	1	1
S_5	5	0	0	0	0	0	0	2+1*
S_4	5	0	0	0	0	0	0	3
S_2	4	0	0	0	0	0	0	1+1*
S_1	4	0	0	0	0	0	0	2*

注：带*的为外地支援。

表 6.6 外围集结区和外地支援力量供应结果

物资	药品/吨	食品/吨	燃料/吨	电力设备/件	工程机械/套	帐篷/套	棉被/套
B_1	3	2	2	2	1	200	300
B_2	2	3	0	0	0	200	500
B_3	0	3	0	0	3	320	200
B_4	3	0	5	3	2	190	0
B_5	3	1	2	2	1	0	700
P_1	0	4	3	3	1	200	0
P_2	0	3	0	0	0	0	500
P_3	2	4	0	4	1	420	480
P_4	2	0	0	0	0	470	1220
P_5	0	0	0	0	0	0	100
P_6	0	0	0	0	2	0	0
总调运量	15	20	12	14	11	2000	4000

从上述物资调度实例能够看出，外围集结区和外地支援力量供应点的物资调度满足了灾害事故区的物资需求，说明调度方案是可行的。另外，从表 6.5 可以看出救援车辆每次运输都能基本实现满载，而且最大往返趟数为 5 次，缩短了救援时间，节约了运输成本，调度时按照物资的优先级进行物资调度，满足了对各物资的应急限制期要求。

为验证第二阶段算法求解供应点物资调配多目标优化调度模型的有效性，本书同时采用 NSGA-Ⅱ进行求解。两种算法的种群数量均为 100，外部档案集规模为 50，最大迭代次数为 1000，其中 NSGA-Ⅱ中交叉率为 0.9，变异率为 0.1。所得 Pareto 前沿分布图如图 6.2 所示，表 6.7 给出了图 6.2 部分调度方案。

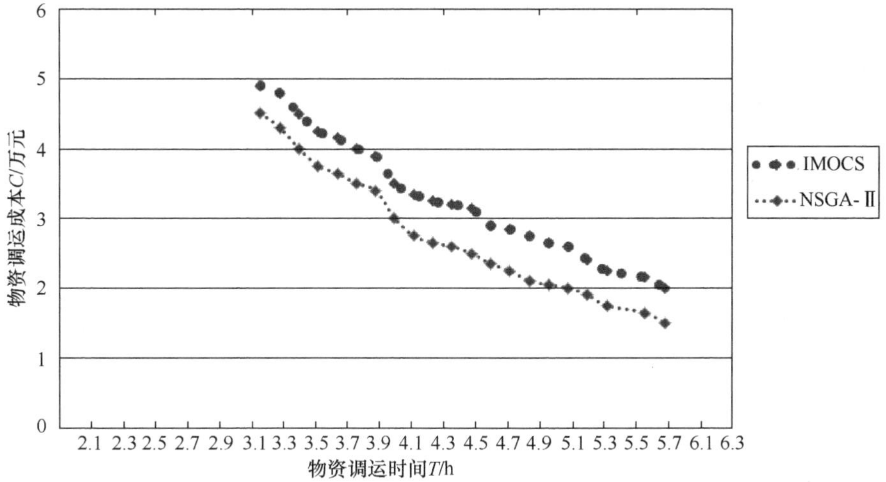

图 6.2　Pareto 前沿分布图

表 6.7　部分调度方案

方案编号	物资调运时间 T/h	物资调运成本 C/万元	方案编号	物资调运时间 T/h	物资调运成本 C/万元
1	2.1	4.8	11	4.1	2.6
2	2.3	4.6	12	4.3	2.2
3	2.5	4.4	13	4.5	1.8
4	2.7	4.3	14	4.7	1.6
5	2.9	4.2	15	4.9	1
6	3.1	4.1	16	5.1	0.8
7	3.3	4	17	5.3	0.7
8	3.5	3.8	18	5.5	0.6
9	3.7	3.4	19	5.7	0.6
10	3.9	3	20	6.1	0.5

由图 6.2 中的 Pareto 前沿分布情况可以看出，物资调运成本和物资调运时间存在明显的反比关系。从算法的对比结果可以看出，由 IMOCS 算法求得的 Pareto 前沿在收敛精度上和分布上都优于 NSGA-II 得到的 Pareto 前沿。此说明了 IMOCS 算法求解此调度模型时多目标优化性能更为优秀，可以给决策者提供更为丰富和准确的调度方案信息。

6.2.5 结论

当大规模灾害事故发生时，由于内城区的道路遭到破坏，只能用小运力的救援车辆运送物资，而其他外地的救援物资只能在城市外围集结。因此，本节构建了外地支援层、外围集结层、内部自救层和灾害事故层四层结构，并将外地往集结区运送物资和集结区往灾害事故区运送物资当作救援时物资运送的两阶段运输模型，考虑小运力的救援车辆的运力以及运送时间，构建两阶段数学模型，然后设计了求解算法。实例证明，该算法能有效地实现两阶段的运输协同，达到高效救援的目的。

6.3 检伤分类、伤员转运与应急手术协同调度

突发事件应急救援中的检伤分类、伤员转运和应急手术构成了应急救援的完整流程，由于参与救援的资源紧缺，必须要加强各个救援工种之间的紧密合作，协同实施，才能高效地完成救援工作。随着网络信息技术的发展，各种数据已经能够很好地实现共享，各个救援环节的实时信息也都能方便地获取，因此，必须把检伤分类、伤员转运和应急手术有机地结合起来，形成完整的救援链，进行协同调度。

突发事件应急救援中的救援链类似于工业生产中的供应链，属于运载车辆有限情形下的救援运输协同调度问题，可以采用类似供应链的处理方法来实现协同优化，目前尚无文献将应急救援中的各个环节结合起来实现协同调度的研究，更没有文献利用供应链的方法来研究应急救援流程的优化问题。因此，本书的研究具有理论创新性。

有关供应链中生产运输协同调度问题，有很多学者从不同的角度进行研究，并获得了许多好的成果。Liu[282]研究了生产运输协同调度问题，将运输分为两个阶段，研究目标是最小化制造跨度时间和总安装成本之和，并提出了两种遗传算法，通过仿真实验说明改进的遗传算法能很好地解决问题，相比基本遗传算法有更好的性能。Garcia 等[283]研究了有限生产力、车辆数量和订单时间窗等多约束条件下的协同调度问题，给出了整数规划模型，并使用禁忌搜索算法进行求解。牛力等[284]针对单元制造问题，提出了一种基于两阶段的调度算法，通过过程分解和算法优化两方面实现问题求解，调度算法采用了精确计算和近似求解相结合的方式，既提高计算效率又兼顾了全局优化目标。胡觉亮等[285]研究加工与运输协同调度的单机排序问题，优化目标是极小化最后一个送到顾客的工件的到达时间，并给出了该问题的一个最优算法，并且证明了该算法的最坏情况界为 3/2。Ng 等[286]

研究了具有优先级约束、发布日期和处理时间相同的单机、串行批处理、总完工时间调度问题，并给出了一种时间复杂度为 $O(n^5)$ 的动态规划算法。Liu 等[287]研究了批处理机能力无限情况下的批调度问题，目标是最小化总完成时间，并证明了该问题为 NP 难问题。

本节将借助工业制造的供应链的思路，分析应急救援中各个救援环节的协同调度问题，充分考虑伤员的数量和救援车辆的运力，实现救援响应时间最短，运力最节约的调度过程，建立数学模型，设计优化算法，并分析算法的性能，最后通过仿真实证来检验算法的实际效果。

6.3.1　问题描述

突发事件发生后，救援力量深入到灾区，首先对搜救出来的伤员进行检伤分类，因此，必须开辟场地作为检伤分类的场所，由于医疗救助力量的短缺，伤员进入检伤分类场需要排队，检伤分类采用模糊定性法和定量评分法相结合的方式。伤情分类出来的伤员由救援车辆分批转运到医院，进行进一步的手术治疗。这个过程形成了完整的救援链，只有各个救援环节协同调度才能保证救援的高效快捷。救援链流程如图 6.3 所示。

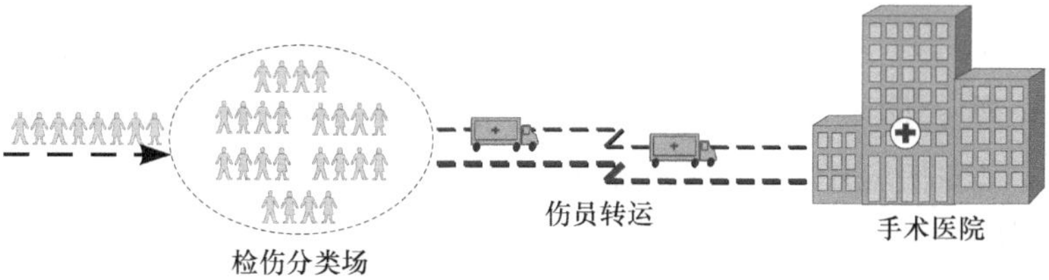

图 6.3　突发事件救援链流程

假设有 n 个伤员 $\{W_1,W_2,\cdots,W_n\}$ 动态到达检伤分类场，这些伤员需要在检伤分类场里接受检伤分类，由于救援的紧迫性，检伤分类操作属于连续批处理操作，伤员一批一批被送到，一个接一个地接受检伤分类，检伤的结束时间等于该批伤员中最后一个检伤完成时间。伤员 W_i 的排序计数值和检伤过程用时分别记为 s_i 和 p_i，到达检伤分类场的时间记为 r_i。将 b_k 批在检伤分类场上接受检伤的伤员检伤用时表示为 p^k，则有

$$p^k \sum_{W_i \in b_k} p_i, \quad i=1,2,\cdots,n \tag{6.16}$$

假设车辆的运载能力为 c。由于医护人员数量有限，每批伤员必须排队进行检伤，设伤员排队等待时间为 s。很显然，一批伤员中最后一个进入检伤分类场的伤员的到达时间即为该批伤员的等待时间。当某一批伤员检伤完毕，这批伤员

即刻由救援车辆进行转送。假设救援车辆从检伤分类场到手术医院的单程行驶时间为T。当一批伤员到达医院之后，该批伤员会在医院的手术室进行手术，由于存在多间手术室，应急救援手术可以对同批送过来的多个伤员同时手术，这种模式是平行处理机[288]模式。每个批次的伤员手术时间等于一个常数P。根据伤员手术的实际情况，假设$p_i + s \geqslant P, i = 1,2,\cdots,n$。

6.3.2 问题建模

首先给定数学模型的参数如下。

n为伤员总数；i为伤员编号，$i = 1,2,\cdots,n$；s_i为伤员i的计数数目；r_i为伤员i到达检伤分类场的时间；p_i为伤员i在检伤分类场上某个检伤组的检伤时间；P为每批伤员在医院手术室的手术时间；c为检伤分类场一批最多能检伤伤员的数目，或一次转运车辆的运载能力；L为批次总数，满足$\lceil s_i / c \rceil \leqslant L \leqslant n$；$k$，$f$为批次编号，$k = 1,2,\cdots,L$；$f = 1,2,\cdots,L$；$s$为伤员在检伤分类场的排队等待时间；$T$为救援车辆从检伤分类场到手术医院的单程行驶时间；$M$为一个大值正整数。

定义的决策变量如下。

x_{ik}：若伤员i分配到第k个批次进行检伤分类和转运，则$x_{ik} = 0$，否则$x_{ik} = 1$。y_{kf}：检伤分类场第k个批次伤员在第f个批次之前检伤分类，则$y_{kf} = 0$，否则$y_{kf} = 1$。z_{kf}：医院手术室第k个批次伤员在第f个批次之前手术，则$z_{kf} = 0$，否则$z_{kf} = 1$。P^k：检伤分类场第k个批次中伤员的检伤时间之和。S_{1k}：检伤分类场第k个批次中伤员开始检伤分类时间。C_{1k}：检伤分类场第k个批次中伤员检伤分类结束时间。S_{2k}：医院手术室第k个批次中伤员手术开始时间。C_{2k}：医院手术室第k个批次中伤员手术结束时间。$C_{\max}$：整个救援流程的最大时间跨度或者救援链中最大的伤员被救治的持续时间。

问题的混合整数规划模型如下：

$$\min \quad C_{\max} \tag{6.17}$$

s.t.

$$\sum_{k=1}^{L} x_{ik} = 1, \quad i = 1,2,\cdots,n \tag{6.18}$$

$$\sum_{i=1}^{n} s_i \cdot x_{ik} \leqslant c, \quad k = 1,2,\cdots,L \tag{6.19}$$

$$S_{ik} \geqslant r_i \cdot x_i, \quad i = 1,2,\cdots,n; k = 1,2,\cdots,L \tag{6.20}$$

$$C_{ik} = S_{1k} + s + \sum_{i=1}^{n} x_{ik} \cdot p_i, \quad k = 1, 2, \cdots, L \tag{6.21}$$

$$S_{2k} \geqslant C_{1k} + T, \quad k = 1, 2, \cdots, L \tag{6.22}$$

$$C_{2k} = S_{2k} + P, \quad k = 1, 2, \cdots, L \tag{6.23}$$

$$C_{1k} - C_{1f} + P^f + s - (1 - y_{ky})M \leqslant 0 \quad k = 1, 2, \cdots, L; f = 1, 2, \cdots, L; k \neq f \tag{6.24}$$

$$z_{kf} + z_{fk} = 1, \quad k = 1, 2, \cdots, L; f = 1, 2, \cdots, L; k \neq f \tag{6.25}$$

$$C_{\max} \geqslant C_{2k}, \quad k = 1, 2, \cdots, L \tag{6.26}$$

$$x_{ik} \in \{0, 1\}, \quad \forall i, k \tag{6.27}$$

$$y_{kf} \in \{0, 1\}, \quad \forall k, f \tag{6.28}$$

$$z_{kf} \in \{0, 1\}, \quad \forall k, f \tag{6.29}$$

在模型中，式(6.17)为目标函数，表示最小化整个救援的跨度时间。式(6.18)～式(6.29)为约束条件，其中，式(6.18)表示任何伤员只能被分配到一个救援流程批次中；式(6.19)表示任一批次中所有伤员的总数不能超过救援车辆的运力 c；式(6.20)表示一批伤员的检伤分类开始必须以该批中所有伤员能够到达为前提；式(6.21)表示检伤分类场中一个批次伤员的检伤完成时间；式(6.22)和式(6.23)分别表示医院手术室中对一批伤员进行手术的开始时间和结束时间；式(6.24)表示检伤分类场中伤员检伤过程中不存在重叠情况；式(6.25)表示由于医院手术资源的限制，某一时刻任意两个救援批次不能在手术医院里同时手术；式(6.26)表示整个救援流程时间的性质；式(6.27)～式(6.29)表示决策变量的取值范围。

对于以上数学模型，针对应急救援的实际情况，考虑有如下理论。

引理 6.1　如果将同一批次中的参与检伤分类的伤员顺序互换，不影响调度的结果。

推论 6.1　对于任一最优调度方案，如果对已有的任一批次的伤员到达时间按照递增的顺序进行排序后去接受检伤分类，此操作不影响该调度方案的最优性质。

引理 6.2　在最优调度方案中，存在一个最优解，该解存在伤员的批次分配策略，如果对所有批次按照准备时间的递增顺序进行排序，此操作不影响调度方案的最优性质，其中批次的准备时间为批次中伤员的最大到达时间。

证明　设 $r_{\max} = \max\{r_i\}$ 表示伤员 i 到达检伤分类场的最大时间，假设调度方案中存在某一批次 b_l 在检伤分类场接受检伤分类，同时调度方案中还有两个相邻的伤员批次 b_k 和 b_f 紧接在批次 b_l 后面。考虑普遍性，假设到达检伤分类场的时间 $r_k > r_f$，因此只需证明当检伤分类开始时间 $S_{1k} > S_{1f}$ 时仍是最优方案即可。这里

考虑检伤分类场第 l 个批次中伤员检伤分类结束时间 C_{1l}，分两种情况来分析：

(1) $C_{1l} \geqslant r_{\max}$。

假如 $S_{1k} < S_{1f}$，批次 b_k 的检伤分类结束时间为 $C'_{1k} = S_{1k} + 2s + P^f + P^k = C_{1f}$，很显然如果互换 b_k 和 b_f，调度方案的解仍是最优解，根本不影响最终结果，因此仍设 $S_{1k} > S_{1f}$。

(2) $C_{1l} < r_{\max}$。

当 $r_f < r_k \leqslant C_{1l}$ 时，同(1)可以得出当 $S_{1k} > S_{1f}$ 时调度方案仍保持最优。当 $r_f \leqslant C_{1l} < r_k$ 时，如果 $S_{1k} < S_{1f}$，那么 $C_{1f} = r_k + 2s + P^f + P^k$，当批次 b_k 和 b_f 互换后，批次 b_f 和 b_k 检伤完成时间分别为 $C'_{1f} = C_{1l} + s + P^f$ 和 $C'_{1k} = \max\{r_k + s + P^k, C_{1l} + 2s + P^f + P^k\}$，可以得出 $C'_{1k} < C_{1f}$，很显然，这种结论不符合最优解性质，与假设相互矛盾，所以最优调度方案应满足 $S_{1k} > S_{1f}$。当 $C_{1l} < r_f < r_k$ 时，如果 $S_{1k} < S_{1f}$，那么 $C_{1f} = r_k + 2s + P^f + P^k$，当批次 b_k 和 b_f 互换后，批次 b_f 和 b_k 检伤分类的完成时间分别为 $C'_{1f} = r_f + s + P^f$ 和 $C'_{1k} = \max\{r_k + s + P^k, r_f + 2s + P^f + P^k\}$，可以得出 $C'_{1k} < C_{1f}$，很显然，这种结论也不符合最优解性质，与假设相互矛盾，所以最优调度方案应满足 $S_{1k} > S_{1f}$。

综上所述，$S_{1k} > S_{1f}$ 时仍是最优方案，引理得证。

引理 6.3 设存在一个调度方案 G，$G = \{\cdots, b_k, b_{k+1}, \cdots\}$，如果 $b_{k+1} = \{W_j\}$，$j = 1, 2, \cdots, n$，满足 $S_{1k} < r_j < S_{1k} + s$ 和 $\sum_{W_j \in b_k} s_i + W_j \leqslant c$，那么当伤员 W_j 加入批次 b_k 后，该调度方案比原方案更优。

证明 由 $r_j < S_{1k} + s$ 和 $C_{1k} = S_{1k} + s + P^k$，可以得到 $r_j < C_{1k}$，因此，$C_{1(k+1)} = S_{1(k+1)} + s + P^{k+1} = S_{1k} + 2s + P^k + p_j$。由于 $\sum_{W_j \in b_k} s_i + W_j \leqslant c$，因此批次 b_k 存在足够的队列空间让伤员 W_j 加入其中。如果伤员 W_j 加入到批次 b_k，批次 b_k 在检伤分类场的检伤开始和检伤结束时间分别更新为 $S'_{1k} = r_j$ 和 $C'_{1k} = S'_{1k} + s + P^k + p_j = r_j + s + P^k + p_j$。因此，$C'_{1k} - C_{1(k+1)} = r_j + s + P^k + p_j - (S_{1k} + 2s + P^k + p_j) = r_j - S_{1k} - s$。因为 $r_j < S_{1k} + s$，所以 $C'_{1k} < C_{1(k+1)}$。引理 6.3 得证。

引理 6.4 假设有两个相邻批次 b_k 和 b_f 的伤员在检伤分类场接受检伤分类，该方案 π^* 为最优调度方案。如果 $S_{1k} > S_{1f}$，那么 $S_{2k} > S_{2f}$。

证明 由于医院的手术室的手术模式属于平行批处理机模式，假设该医院手术室接受手术的最早时间为 E ,并将批次 b_k 和 b_f 能够接受手术的最早手术时间分别标记为 T_k 和 T_f ，能够得出 $T_k = C_{1k} + T$ 和 $T_f = C_{1f} + T$ ，因此 $T_k > T_f$ 。如果 $S_{2k} > S_{2f}$ ，有 $C_{2f} = \max\{T_k, E\} + 2P$ ， P 为一个常数，表示一批伤员手术时间。如果将 b_k 和 b_f 互换,批次 b_k 的手术结束时间为 $C'_{2k} = \max\{\max\{T_f, E\} + P, T_K\} + P$ ，得出 $C'_{2k} \leqslant C_{2f}$,这种结论也不符合最优解性质,与假设相互矛盾,因此 $S_{2k} > S_{2f}$ ，引理得证。

在检伤分类中，有一些特殊情况可能会发生，比如所有伤员具有相同的到达时间 r ，将这种特殊情况称为“同一释放时刻”情况。

引理 6.5　在“同一释放时刻”情况下，有 L^* 批次伤员存在于一个最优调度方案 π^* 中，有 $C_{\max}(\pi^*) = r + L^* \cdot s + \sum_{i=1}^{n} p_i + T + P$ 。

证明　考虑这种情况,所有伤员在 r 时刻均能够在检伤分类场接受检伤分类。那么对 b_1 来说，有 $C_{11} = S_{11} + s + P^1 = r + s + P^1$ 和 $C_{21} = S_{21} + P = r + s + P^1 + T + P$ 。同理，对于 b_2 来说，有 $C_{12} = S_{12} + s + P^2 = r + 2s + P^1 + P^2$ 。如果记 C_{21} 为任一新批次的检伤分类开始时间，那么基于 $p_i + s \geqslant P$ ，有 $C_{12} + T \geqslant C_{21}$ ，得到 $C_{22} = S_{22} + P = r + 2s + P^1 + P^2 + T + P$ ，同理，对于第 l 个批次 $b_l, l = 3, 4, \cdots, L^*$ ，有 $C_{1l} = r + l \cdot s + \sum_{k=1}^{l} p^k$ 和 $C_{2l} = S_{2l} + P = r + l \cdot s + \sum_{k=1}^{l} p^k + T + P$ 。显然 $C_{\max} = C_{2L^*} = r + L^* \cdot s + \sum_{k=1}^{L^*} P^k + T + P$ ，因为 $\sum_{k=1}^{L^*} P^k = \sum_{i=1}^{n} p_i$ ，所以得到 $C_{\max} = r + L^* \cdot s + \sum_{i=1}^{n} p_i + T + P$ 。

由引理 6.5，可得以下推论。

推论 6.2　在“同一释放时刻”情况中，如果一个调度方案 π 存在 L 批次，那么 $C_{\max}(\pi) \geqslant r + L \cdot s + \sum_{i=1}^{n} p_i + T + P$ 。

推论 6.3　在“同一释放时刻”情况下， $C_{\max} \geqslant r + \lceil s_i / c \rceil \cdot s + \sum_{i=1}^{n} p_i + T + P$ 。

引理 6.6　在“同一释放时刻”情况下，如果存在一个检伤分类和伤员转运过程无额外空闲时间的调度方案 π ，那么该方案中设计的批次越少，调度解越优。

证明　假设有两种调度方案 π 和 π' 的检伤分类和伤员转运过程都不存在额外空闲时间。 π 中包含的批次数为 L ， π' 中包含的批次数为 L' ，由引理 6.3，得出 $C_{\max}(\pi) = r + L \cdot s + \sum_{i=1}^{n} p_i + T + P$ 和 $C_{\max}(\pi') = r + L' \cdot s + \sum_{i=1}^{n} p_i + T + P$ ，则

$$C_{\max}(\pi) - C_{\max}(\pi') = r + L \cdot s + \sum_{i=1}^{n} p_i + T + P - \left(r + L' \cdot s + \sum_{i=1}^{n} p_i + T + P \right) = (L - L')s$$

若 $L \geqslant L'$，则 $C_{\max}(\pi) \geqslant C_{\max}(\pi')$，否则 $C_{\max}(\pi) < C_{\max}(\pi')$。

由引理 6.6，可得以下推论。

推论 6.4　在“同一释放时刻”情况下，所有调度方案中最优调度方案具有最少的批次数量。

引理 6.7　在“同一释放时刻”情况下，存在一个最优调度方案，如果将该方案中任意两个伤员批次顺序互换，方案仍然是最优调度方案。

证明　考虑普遍性，假设存在一个最优调度方案，该方案有批次 b_k 和 b_f，且批次 b_k 检伤分类顺序紧接 b_f。如果所有伤员在时刻 r 能够在检伤分类场上接受检伤分类，可以得到 $C_{1f} = S_{1f} + s + P^f$ 和 $C_{1k} = S_{1k} + s + P^k = S_{1f} + 2s + P^f + P^k$。当批次 b_k 和 b_f 在检伤分类场上互换后，批次 b_k 在检伤开始和结束时间分别更新为 $S'_{1k} = S_{1f}$ 和 $C'_{ik} = S'_{ik} + s + P^k$。批次 b_f 的检伤结束时间更新为 $C'_{if} = C'_{ik} + s + P^f = S_{1f} + 2s + P^k + P^f$，则 $C_{1k} = C'_{if}$。由引理 6.5，可得批次 b_f 的检伤结束时间 $C'_{2f} = C_{2k}$。因此，此方案保持最优。

6.3.3　算法设计及性能分析

基于检伤分类、伤员转运和应急手术的完整救援链的问题性质，本书设计了两阶段算法(TSA)。TSA 第一阶段用于解决检伤分类中第 k 批伤员检伤完成时间 $C_{1k} < r_{\max}$ 时的调度问题，其中 $r_{\max} = \max\limits_{i=1,2,\cdots,n} \{r_i\}$。第二阶段用于解决检伤分类中第 k 批伤员检伤开始时间 $S_{1k} < r_{\max}$ 时的调度问题。在调度方案中伤员加入批次的情况和批次在方案中的排序均已确定，第二阶段问题等同于“同一释放时刻”情况，此时所有未安排的伤员在时刻 $r_{\max}$ 均已经到达检伤分类场。

TSA 第一阶段基于引理 6.3，第二阶段基于引理 6.5～引理 6.7 和首次适应算法(first fit decreasing, FFD)[289]。先定义排序规则。规则 1：将伤员按照到达检伤分类场时间的非递减顺序排序，如果有多个伤员同时到达，那么再按照伤员计数数值的非递增顺序排序。规则 2：将伤员按照到达检伤分类场的计数数值的非递增顺序排序。TSA 的参数定义：$W = \{W_1, W_2, \cdots, W_n\}$ 为伤员集合；$A(t)$ 为 t 时刻有效调度伤员集合；$U(t)$ 表示 t 时刻未参与调度方案的伤员集合；$K(t)$ 表示 t 时刻不属于 $A(t)$ 的未参与调度方案的伤员集合，有 $K(t) = U(t) \backslash\backslash A(t)$；$B$ 为调度中的批次集合；S^k 表示批次 b_k 中伤员的总计数数值；Q 表示第一阶段中最后参与检伤分类的伤员的批次序号。

算法第一阶段的步骤如下：

Step 1　令 $k=1$， $b=\varnothing$， $S^1=0$， $S_{11}=r_1$， $P^1=0$， $t=r_1$， $U(t)=W$， $A(t)=\{W_i \mid r_1=t\}$， $K(t)=U(t)\setminus\setminus A(t)$。$U(t)$， $A(t)$ 和 $K(t)$ 集合的伤员按照排序规则 1 排序。

Step 2　如果 $t \geqslant r_{\max}$，跳转到第二阶段，否则跳转到 Step 3。

Step 3　按照排序规则，判断 $A(t)$ 集合中每个伤员是否能加入批次 b_k。如果 $S^k+s_i \leqslant c$，则 $b_k=b_k \cup \{W_i\}$， $S^k=S^k+s_i$， $P^k=P^k+p_i$。将 $U(t)$， $A(t)$ 和 $K(t)$ 集合进行更新。

Step 4　如果 $S^k=c$，跳转到 Step 7，否则跳转到 Step 5。

Step 5　按照排序规则，判断 $K(t)$ 集合中每个伤员是否能加入批次 b_k。若 $S^k+s_i \leqslant c$ 和 $r_i \leqslant \alpha s+t$，其中参数 $\alpha(0 \leqslant \alpha \leqslant 1)$ 对算法性能有一定影响，通常取 $\alpha=0.3$， s 为排队等待时间，若满足条件则跳转到 Step 6，否则跳转到 Step 7。

Step 6　设置 $b_k=b_k \cup \{W_i\}$， $S^k=S^k+s_i$， $P^k=P^k+p_i$， $S_{1k}=t$，更新 $U(t)$ 集合，跳转到 Step 8。

Step 7　对于检伤分类批次 b_k，设置 $B=B \cup b_k$，令 $t=t+s+P^k$， $C_{1k}=t$。如果 $U(t)=\varnothing$，则算法停止，否则，令 $k=k+1$， $b_k=\varnothing$， $S^k=0$， $P^k=0$，跳转到 Step 8。

Step 8　设置 $t=\max\{\min\{r_1 \mid W_i \in U(t)\},t\}$， $S_{1k}=t$，对 $A(t)$ 和 $K(t)$ 集合进行更新，跳转到第二阶段。

算法第二阶段的步骤如下：

Step 1　按照排序规则 2 对 $U(t)$ 集合中伤员进行排序。令 $Q=k$， $k=k+1$，将 $U(t)$ 集合的序号为 1 的伤员加入批次 b_k 中，然后更新集合 $U(t)$。

Step 2　如果 $U(t)=\varnothing$，则停止，否则跳转到 Step 3。

Step 3　令 $i=i+1$，将第 i 个伤员加入到批次序号最小且大于 Q 的批次中，要求伤员的计数数值不大于 $c-s_i$，对 $U(t)$ 进行更新，跳转到 Step 2。

根据引理 6.2、引理 6.4 和引理 6.7，当所有伤员在第一、二阶段被安排完成后，这些批次按照其产生的顺序展开调度过程。

为了评估 TSA 的性能，考虑理想状态下问题的两个下界。第一个下界表示如果将该问题特殊化为所有伤员在 $r_{\min}$ 时刻均已到达检伤分类场，有 $r_{\min}=\min\limits_{i=1,2,\cdots,n}\{r_i\}$，记为 LB_1，其下界小于等于原问题的下界，根据推论 6.3，可以得到

$$\mathrm{LB}_1=r_{\min}+\lceil s_i/c \rceil \cdot s+\sum_{i=1}^{n} p_i+T+P$$

第二个下界假设医院手术室手术过程中不存在额外空闲时间，那么，计算伤员最

小到达时间、第一个批次伤员检伤完成时间、检伤分类场和医院之间的单程运输时间以及所有批次在医院手术的时间的总和，即 $\mathrm{LB}_2 = r_{\min} + s + P^1 + T + L \cdot P$ 。因为 $P^1 \geqslant \min\limits_{i=1,2,\cdots,n}\{p_i\}$ ， $L \geqslant \lceil s_i / c \rceil$ ，可得

$$\mathrm{LB}_2 = r_{\min} + s + \min_{i=1,2,\cdots,n}\{p_i\} + T + \lceil s_i / c \rceil \cdot P$$

因此，对于救援链的整个流程来说，理想状况下的最优性能即为上述两个下界最大值，即

$$\begin{aligned}\mathrm{LB} &= \max\{\mathrm{LB}_1, \mathrm{LB}_2\} \\ &= \max\left\{r_{\min} + \lceil s_i / c \rceil \cdot s + \sum_{i=1}^{n} p_i + T + P, r_{\min} + s + \min_{i=1,2,\cdots,n}\{p_i\} + T + \lceil s_i / c \rceil \cdot P\right\}\end{aligned}$$

6.3.4 仿真实证及分析

为了检验 TSA 的性能，通过仿真实验来进行分析。仿真实验中伤员数量和到达检伤分类场的时间分别采用离散数值和区间数值来表示，比如伤员数量 $n \in \{300, 500, 700, 1000, 1500, 2000\}$，伤员到达检伤分类场的时间 $r_i \in [1, 200], i = 1, 2, \cdots, n$ 。同理，检伤分类场中检伤组的检伤能力或者运载车辆的运力 $c \in \{150, 280\}$，伤员的计数数值 $s_i \in [1, n], i = 1, 2, \cdots, n$，伤员的检伤分类时间 $p_i \in \{1, 20\}$，伤员在检伤分类场的排队等待时间 $s \in [0, 20]$，伤员在检伤分类场和医院之间的转运时间 $T \in [30, 80]$，伤员在医院手术室的手术时间 $P \in [45, 130]$ 。

为了评估算法的性能，将 TSA 和改进的首次适应(Modified First Fit, MFF)算法、改进的最优适应(Modified Best Fit, MBF)算法[290]进行对比实验。TSA 求得的整个救援流程的最大时间跨度与理想状况下的最优性能(两个下界中的最大值)的相对差距可以用来衡量算法的性能。该相对差距百分比如下式：

$$\mathrm{RG} = \frac{C_{\max}^{H} - \mathrm{LB}}{\mathrm{LB}} \cdot 100\%$$

考虑仿真实验中通常变动的因素，伤员的数量和每批检伤分类伤员数量或者救援车辆的运力可作为实验因子，下面以 n 和 c 变量来测试算法的性能。n 为伤员的数量，c 为检伤分类每批的容量或运载车辆的运载能力，组合 n 和 c 的数值重复实验 10 次。

由于 $c \in \{150, 280\}$ ，$n \in \{300, 500, 700, 1000, 1500, 2000\}$ ，因此实验分 $c = 150$ 和 $c = 280$ 两种情况。

(1) 当 $c = 150$ 时，经过 10 次重复实验，可得 RG 的平均值如图 6.4 所示。

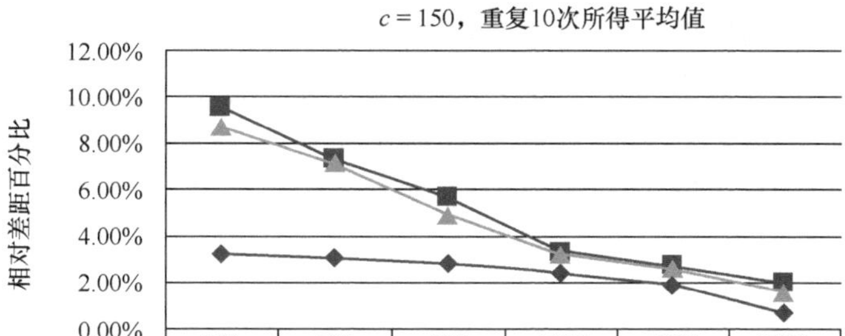

	300	500	700	1000	1500	2000
RG平均值	3.23%	3.10%	2.82%	2.43%	1.87%	0.75%
MFF平均值	9.56%	7.34%	5.62%	3.34%	2.75%	1.96%
MBF平均值	8.76%	7.10%	4.88%	3.22%	2.64%	1.55%

图 6.4　当 $c = 150$ 时，相对差距百分比实验结果

从图 6.4 中可以看出，当伤员数量递增时，TSA 计算得到RG 的平均值呈递减状态，当伤员数量取值从 300 到 2000 时，RG 的平均值取值范围为[0.75%, 3.23%]。说明当检伤分类每批的容量或运载车辆的运载能力为 150 时，随着伤员数量的增多，算法的性能越接近理想状况下的最优性能。实验结果也表明 TSA 相比 MFF 算法、MBF 算法而言，获得了更好的性能。

(2) 当 $c = 280$ 时，经过 10 次重复实验，可得 RG 的平均值如图 6.5 所示。

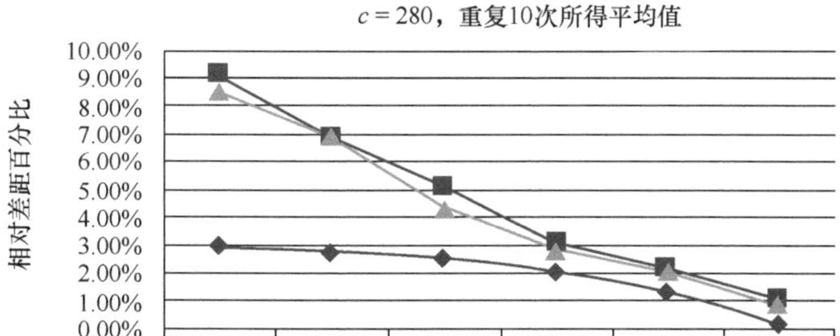

	300	500	700	1000	1500	2000
RG平均值	2.94%	2.76%	2.56%	2.10%	1.34%	0.23%
MFF平均值	9.12%	6.84%	5.12%	3.08%	2.22%	1.12%
MBF平均值	8.50%	6.92%	4.35%	2.81%	2.04%	0.86%

图 6.5　当 $c = 280$ 时，相对差距百分比实验结果

从图 6.5 中可以看出，当伤员数量递增时，TSA 计算得到RG 的平均值呈递减状态，当伤员数量取值从 300 到 2000 时，RG 的平均值取值范围为[0.23%, 2.94%]。说明当检伤分类每批的容量或运载车辆的运载能力为 280 时，随着伤员数量的增多，算法的性能越接近理想状况下的最优性能。实验结果也表明 TSA 相比 MFF 算法、MBF 算法而言，获得了更好的性能。

同理，在每批检伤分类的容量或运载车辆的运载能力增加时，平均差距百分比会减少，说明每批检伤分类的容量或运载车辆的运载能力增加会带来算法性能的提升。通过图 6.4、图 6.5 说明本节提出的 TSA 对于伤员数量越大、运载能力越强的情境，越有质量较优的解和良好的性能。

6.3.5　结论

本节针对突发事件中检伤分类、伤员转运和医院手术组成的完整救援链，采用类似供应链的处理方式，实现了各个救援环节的协同调度。主要考虑了伤员到达检伤分类场的时间不同和运载车辆的运力不同等约束因素下的检伤分类、运输和手术协同调度问题，研究目标为最小化救援流程中伤员不同批次的完整救援时间跨度，并建立了数学模型，根据检伤分类场的能力或者运载车辆的运力安排伤员批次，分析批次对整个流程时间的影响，给出一般和特殊情况下的问题性质。

为了评估 TSA 的性能，本节最后给出了 TSA 并构造了理想状态下问题域的下界。仿真实验表明，本节提出的 TSA 优于文献中提到的 MFF 和 MBF 两种算法，同时，对于伤员数量较大、救援车辆运力较大的情况，实验能获得更优的结果，说明算法能处理大规模的协同调度问题。

6.4　本章小结

本章针对城市突发事件下应急物资协同调度与检伤、转运和手术协同调度展开研究，首先考虑突发事件，尤其是城市中发生的大型灾害，比如突发地震的情况下救援物资的协同调运问题。由于城市区域建筑物比较多，道路宽度有限，再加上大型灾害往往会使建筑物倒塌、道路塌陷，必然给参与救援的救援车辆活动造成非常不利的局面，在这种情况下，只能使用小运力的救援车辆前往灾害事故区运送救援物资。另外，对于城市发生的灾害，已有的物资往往随着灾害被破坏殆尽，这时候只能从其他城市或者其他省份调运物资。对口支援城市源源不断的物资支援和去往灾区的小运力的车辆运输，形成了救援物资调运的瓶颈。因此，需要在城市外围建立外围集结区，对物资进行中转，这样就形成了外地支援层、外围集结层、内部自救层和灾害事故层四层物资调度网络，必须协同好外地支援力量供应点到外围集结区和外围集结区到灾害事故区的物资调度。本章建立了两阶段数学模型，并设计了求解算法。仿真实验表明，对于救援物资有应急限制期的情况，调度方案设计了物资调度的优先级规则，有效地满足了灾害事故区对救援物资的需求，并解决了协同调度问题。

除此之外，本章针对检伤分类、伤员转运和应急手术三个救援环节，提出应急救援协同调度的救援链网络，利用信息技术实现各个环节的信息共享、合作与协同。因此，考虑伤员到达检伤分类场的时间不同和运载车辆运力不同等约束因素下的检伤分类、运输和手术协同调度问题。这类问题目前还没有相关文献展开研究，本章主要借助工业制造的供应链分析方法，以最小化救援链流程的总时间跨度为目标，考虑整个流程中伤员的数量和救援车辆的运载能力，建立了混合整数规划模型，并结合伤员检伤分类、伤员转运和伤员手术等情形下的问题性质，给出了阶段算法。仿真实验以批次检伤分类的容量或救援车辆的运力为 150 和 280 两个值，针对 300，500，700，1000，1500 和 2000 数量的伤员进行 10 次反复实验，通过与其他文献给出的 MFF 算法和 MBF 算法进行对比，本章提出的 TSA 有更好的性能，能很好地解决大规模伤员情形下的协同调度问题。

参考文献

[1] 杨振姣, 郭纪斐. 我国应急管理中的公众脆弱性问题及其应对研究: 以“11 · 22 中石化黄潍输油管道泄漏爆炸事故”为例[J]. 中国海洋大学学报(社会科学版), 2017(4): 81-87.

[2] 闪淳昌. “12 · 31”上海外滩踩踏事件的调查与思考[J]. 江苏社会科学, 2015(4): 1-6.

[3] 聂志勇, 丁日高, 王汉斌, 等. “天津港 8 · 12 特大爆炸事故”防化应急处置经验与启示[J]. 中国药理学与毒理学杂志, 2015, 29(5): 842-846.

[4] 汪永清. 中华人民共和国突发事件应对法解读[M]. 北京: 中国法制出版社, 2007: 236-257.

[5] 政府网. 国务院发布《国家突发公共事件总体应急预案》[EB/OL].(2006-01-08)[2018-12-11]. https://www.gov.cn/jrzg/2006-01/08/content_150878.htm.

[6] 赵巍博. 浅议城市突发事件的应急管理: 以“11 · 22 青岛输油管道爆炸事件”为例[J]. 时代金融, 2015(5): 61-62.

[7] 宋英华. 突发事件应急管理导论[M]. 北京: 中国经济出版社, 2009: 167-187.

[8] Comfort L K, Waugh W L, Cigler B A. Emergency management research and practice in public administration: Emergence, evolution, expansion, and future directions[J]. Public Administration Review, 2012, 72(4): 539-547.

[9] Lundberg J, Törnqvist E, Tehrani N S. Resilience in sensemaking and control of emergency response[J]. International Journal of Emergency Management, 2012, 8(2): 99-122.

[10] McLennan B J, Handmer J. Changing the rules of the game: Mechanisms that shape responsibility-sharing from beyond Australian fire and emergency management[J]. Australian Journal of Emergency Management, 2012, 27(2): 7-13.

[11] 邓云峰, 郑双忠, 刘功智, 等. 城市应急能力评估体系研究[J]. 中国安全生产科学技术, 2005, 1(6): 33-36.

[12] 铁永波, 唐川, 周春花. 城市灾害应急能力评价研究[J]. 灾害学, 2006, 21(1): 8-12.

[13] 杨青, 田依林, 宋英华. 基于过程管理的城市灾害应急管理综合能力评价体系研究[J]. 中国行政管理, 2007(3): 103-106.

[14] 王重建. 疾病预防控制机构应急能力评价及发展对策研究[D]. 武汉: 华中科技大学, 2008.

[15] 孙宁宁. 城市突发公共事件应急能力评价指标体系研究[D]. 大连: 大连理工大学, 2009.

[16] 王薇. 我国城市应急管理能力综合评价研究[D]. 哈尔滨: 哈尔滨工程大学, 2010.

[17] 唐桂娟, 王绍玉. 城市自然灾害应急能力综合评价研究[M]. 上海: 上海财经大学出版社, 2011: 45-53.

[18] 薛澜, 张强, 钟开斌. 危机管理: 转型期中国面临的挑战[J]. 中国软科学, 2003(4): 6-12.

[19] 张乃平, 夏东海. 自然灾害应急管理[M]. 北京: 中国经济出版社, 2009: 231-254.

[20] 庄越, 雷培德. 安全事故应急管理[M]. 北京: 中国经济出版社, 2009: 158-196.

[21] 万明国, 王成昌. 突发公共卫生事件应急管理[M]. 北京: 中国经济出版社, 2009: 85-99.

[22] 贾海江, 刘双跃, 姜传胜,等. 基层应急体系现状调查分析[J]. 中国安全生产科学技术,

2011, 7(6): 38-42.
[23] 郭晓东. 完善我国粮食应急体系的对策探讨[J]. 经济纵横, 2011(12): 87-90.
[24] 钟开斌. 国家应急管理体系建设战略转变: 以制度建设为中心[J]. 经济体制改革, 2006(5): 5-11.
[25] 陈祖义. 应急响应管理系统的研究与实现[D]. 南京: 东南大学, 2005.
[26] 刘红芹, 沙勇忠, 刘强. 应急管理协调联动机制构建: 三种视角的分析[J]. 情报杂志, 2011, 30(4): 18-23.
[27] 贾学琼, 高恩新. 应急管理多元参与的动力与协调机制[J]. 中国行政管理, 2011(1):70-73.
[28] Han Z Q, Deng J Y. Emergency Process Capability Assessment Based on Stochastic Petri Nets[C]// IEEE International Conference on Emergency Management and Management Sciences, IEEE, 2010: 367-371.
[29] 刘天虎, 许维胜, 吴启迪. 大规模突发事件下医疗资源配置建模及算法[J]. 计算机工程与应用, 2010, 46(29): 13-17.
[30] 张海龙, 李雄飞, 王仁彪. 启发式遗传算法求解应急资源调度[J]. 吉林大学学报(工学版), 2010, 40(3): 758-762.
[31] 王晓, 庄亚明. 基于案例推理的非常规突发事件资源需求预测[J]. 华东经济管理, 2011, 25(1): 115-117.
[32] 黄卫东. 基于环境感知的应急管理知识需求研究[C]//第四届中国软件工程大会论文集. 杭州: 浙江大学出版社, 2007: 410-414.
[33] 杜磊, 王文俊, 董存祥, 等. 基于多Agent的应急协同Petri网建模及协同检测[J]. 计算机应用, 2010, 30(10): 2567-2571.
[34] 李藐, 陈建国, 陈涛, 等. 突发事件的事件链概率模型[J]. 清华大学学报(自然科学版), 2010, 50(8): 1173-1177.
[35] 季学伟, 翁文国, 赵前胜. 突发事件链的定量风险分析方法[J]. 清华大学学报(自然科学版), 2009, 49(11): 1749-1752, 1756.
[36] 裘江南, 师花艳, 王延章. 基于事件链的知识导航模型研究[J]. 中国管理科学, 2009, 17(1): 138-143.
[37] 陈安, 马建华, 李季梅, 等. 现代应急管理应用与实践[M]. 北京:科学出版社, 2010: 56-72.
[38] 亓菁晶, 陈安. 突发事件与应急管理的机理体系[J]. 中国科学院院刊, 2009, 24(5): 496-503.
[39] 唐珺珺. 城市应急管理系统框架模型的研究[D]. 上海: 同济大学, 2007.
[40] 齐二石, 王嵩. 城市应急管理系统的构建及系统分析研究[J]. 现代管理科学, 2008(7): 3-4,7.
[41] 张明媛, 袁永博, 周晶, 等. 基于灰色系统模型的城市承灾经济协调性分析[J]. 系统工程理论与实践, 2008, 28(3): 171-176.
[42] 安金朝, 付跃强, 刘卫东. 基于工作流的应急系统响应可靠性研究[J]. 机电产品开发与创新, 2007, 20(1): 52-53,56.
[43] 陈秀万, 杨凯欣, 方裕, 等. 基于空间信息技术的城市应急救援联动系统研究[J]. 地理与地理信息科学, 2003, 19(4): 49-52.
[44] 姜立新, 吴天安, 刘在涛, 等. 地震现场应急指挥技术系统的结构与设计[J]. 地震, 2004, 24(3): 35-41.

[45] 邵荃, 翁文国, 何长虹, 等. 突发事件模型库中模型的层次网络表示方法[J]. 清华大学学报(自然科学版), 2009,49(5): 625-628.
[46] 王文俊, 刘昕鹏, 罗英伟, 等. 应急事件 Ontology 语义模型及其应用[J]. 计算机工程, 2005, 31(10): 10-12,44.
[47] 王旭坪, 李小龙, 梁阿密. 基于 SOA 非常规突发事件资源协调决策系统研究[J]. 情报杂志, 2010, 29(6): 164-169.
[48] 吴健宏, 翁文国, 倪顺江. 基于 GIS 和 Multi-Agent 的城市应急疏散[J]. 清华大学学报(自然科学版), 2010, 50(8): 1168-1172.
[49] 汪季玉, 王金桃. 基于案例推理的应急决策支持系统研究[J]. 管理科学, 2003, 16(6): 46-51.
[50] Jackson H. First responders: problems and solutions: Office of Emergency Management[J]. Technology in Society, 2003, 25(4): 539-541.
[51] Kevany M J. GIS in the world trade center attack: Trial by fire[J]. Computers, Environment & Urban Systems, 2003, 27(6): 571-583.
[52] 李娟莉, 闫克裕. 基于本体的 Apriori 算法在消防应急决策系统中的应用研究[J]. 科学之友(B 版), 2007(11): 128-129,131.
[53] 凌学武. 公共危机管理中的协调联动机制建设研究[J]. 前沿, 2007(9): 135-138.
[54] Naktani M, Atoji Y, Koiso T, et al. Information filtering for emergency management[J]. Cybernetics & Systems, 2003, 34(3): 193-206.
[55] 单承戈. 基于部门协调的分布式群决策支持系统的研究[D]. 成都: 西南交通大学, 2005.
[56] 辛明军, 李伟华, 沈钧毅. 面向协同设计系统的分布式群决策支持技术研究[J]. 计算机工程, 2005(6): 30-32.
[57] Kuwata Y, Noda I, Ohta M, et al. Evaluation of decision support systems for emergency management[C]// Sice 2002. Proceedings of the 41st SICE Annual Conference. IEEE Xplore, 2003(2): 860-864.
[58] Mendonca D, Beroggi G E G, van Gent D, et al.Designing gaming simulations for the assessment of group decision support systems in emergency response[J].Safety Science, 2006, 44(6):523-535.
[59] Wohlgemuth S, Oloruntoba R, Clausen U. Dynamic vehicle routing with anticipation in disaster relief[J]. Socio-Economic Planning Sciences, 2012, 46(4): 261-271.
[60] 谢秉磊, 胡小明, 张一喆. 需求可分的车辆路径问题模型与算法[J]. 运筹与管理, 2012, 21(3): 72-76.
[61] 刘波, 李砚. 应急物资车辆调度的鲁棒双层优化模型[J]. 系统工程, 2016, 34(5): 77-81.
[62] 曹二保, 赖明勇, 张汉江. 模糊需求车辆路径问题研究[J]. 系统工程, 2007, 25(11): 14-18.
[63] Ruan J, Shi P, Lim C C, et al. Relief supplies allocation and optimization by interval and fuzzy number approaches[J]. Information Sciences, 2015, 303: 15-32.
[64] 王旭坪, 马超, 阮俊虎. 运力受限的应急物资动态调度模型及算法[J]. 系统工程理论与实践, 2013, 33(6): 1492-1500.
[65] 吴腾宇, 徐寅峰, 温新刚. 预知信息和有限运载能力下应急车辆路径选择问题[J]. 系统工程理论与实践, 2015, 35(5): 1224-1229.
[66] 程碧荣, 赵晓波, 秦进. 考虑供应不足的应急物流车辆路径优化模型及算法[J]. 计算机应

用研究, 2016, 33(6): 1682-1685.

[67] 苏兵，张萌，姬浩. 应急救援物资紧缺的配送车辆路径选择研究[J]. 运筹与管理，2013, 22(6): 57-64.

[68] Nikolakopoulou G, Kortesis S, Synefaki A, et al. Solving a vehicle routing problem by balancing the vehicles time utilization[J]. European Journal of Operational Research, 2004, 152(2): 520-527.

[69] 徐志宇，张杰，彭嘉臻，等. 应急物流的分批配送模型及亚启发式算法求解[J]. 系统仿真学报, 2012, 24(12): 2500-2505, 2510.

[70] 何正文，贾涛，徐渝. 基于禁止时间窗的应急物资调度车辆路径问题[J]. 运筹与管理，2009, 18(2): 1-6.

[71] Wang H, Du L, Ma S. Multi-objective open location-routing model with split delivery for optimized relief distribution in post-earthquake[J].Transportation Research Part E: Logistics and Transportation Review, 2014, 69: 160-179.

[72] 张晓倩. 应急救援中多目标车辆路径问题研究[J]. 交通科技与经济, 2015, 17(1): 40-44.

[73] 杨晓璐，赵江平，王珂，等. 城市救援最佳路线的确定[J]. 中国安全科学学报，2008, 18(10): 50-56.

[74] 徐寅峰，张惠丽，余海燕，等. 基于方格路网的两车应急救援路径在线选择[J]. 系统工程理论与实践, 2013, 33(1): 175-180.

[75] 刘杨，云美萍，彭国雄. 应急车辆出行前救援路径选择的多目标规划模型[J]. 公路交通科技, 2009, 26(8): 135-139.

[76] 吴青，龚亚伟. 地震救灾物资的路径选择[J]. 东南大学学报(自然科学版)，2007(S2): 343-347.

[77] 杨兆升，于尧，孙文飞. 城市路网下应急救援路径选择方法[J]. 哈尔滨工程大学学报，2013, 34(12): 1566-1572.

[78] Lee C G, Epelman M, White III C C, et al. A shortest path approach to the multiple-vehicle routing problem with split pick-ups[J]. Transportation Research Part B: Methodological, 2006, 40(4): 265-284.

[79] Azi N, Gendreau M, Potvin J Y. An exact algorithm for a single-vehicle routing problem with time windows and multiple routes[J]. European Journal of Operational Research, 2007, 178(3): 755-766.

[80] Jin M, Liu K, Bowden R O. A two-stage algorithm with valid inequalities for the split delivery vehicle routing problem[J]. International Journal of Production Economics, 2007, 105(1): 228-242.

[81] Ma H, Cheang B, Lim A, et al. An investigation into the vehicle routing problem with time windows and link capacity constraints[J]. Omega, 2012, 40(3): 336-347.

[82] Ursani Z, Essam D, Cornforth D, et al. Localized genetic algorithm for vehicle routing problem with time windows[J]. Applied Soft Computing, 2011, 11(8): 5375-5390.

[83]Wei Y, Kumar A. Ant colony optimization for disaster relief operations[J]. Transportation Research Part E: Logistics and Transportation Review, 2007, 43(6): 660-672.

[84] Chen P, Huang H K, Dong X Y. Iterated variable neighborhood descent algorithm for the

capacitated vehicle routing problem[J]. Expert Systems with Applications, 2010, 37(2): 1620-1627.

[85] 缪成，许维胜，吴启迪. 大规模应急救援物资运输模型的构建与求解[J]. 系统工程，2006, 24(11): 6-12.

[86] 张景玲，赵燕伟，王海燕，等. 多车型动态需求车辆路径问题建模及优化[J]. 计算机集成制造系统, 2010, 16(3): 543-550.

[87] 刘士新，冯海兰. 动态车辆路径问题的优化方法[J]. 东北大学学报(自然科学版), 2008, 29(4): 484-487.

[88] 张晓楠，范厚明. 模糊需求车辆路径优化及实时调整[J]. 上海交通大学学报，2016, 50(1): 123-130, 139.

[89] 马华伟，杨善林. 可选时间窗车辆调度问题的改进禁忌搜索算法[J]. 系统仿真学报，2008, 20(16): 4454-4457.

[90] 钟石泉，贺国光. 多车场有时间窗的多车型车辆调度及其禁忌算法研究[J]. 运筹学学报, 2005, 9(4): 67-73.

[91] 杨善林，马华伟，顾铁军. 时变条件下带时间窗车辆调度问题的模拟退火算法[J]. 运筹学学报, 2010, 14(3): 83-90.

[92] 裴小兵，贾定芳. 基于模拟退火算法的城市物流多目标配送车辆路径优化研究[J]. 数学的实践与认识, 2016, 46(2): 105-113.

[93] 王晓博，李一军. 多车场多车型装卸混合车辆路径问题研究[J]. 控制与决策，2009, 24(12): 1769-1774.

[94] 彭春林，梁春华，周泓. 求解同时取货和送货车辆路径问题的改进遗传算法[J]. 系统仿真学报, 2008, 20(9): 2266-2270.

[95] 王飞. 带时间窗车辆调度问题的改进粒子群算法[J]. 计算机工程与应用，2014, 50(6): 226-229.

[96] 温惠英，孙博. 基于离散粒子群算法的协同车辆路径问题[J]. 公路交通科技，2011, 28(1): 149-153, 158.

[97] 陈金，蔡延光. 带时间窗的中转联盟运输调度问题的混合算法研究[J]. 工业控制计算机, 2010, 23(1): 70-72.

[98] 陈建军. 蚁群算法在物流配送路径优化中的研究[J]. 计算机仿真, 2011, 28(2): 268-271.

[99] 王超，穆东. 基于模拟退火算法求解 VRPSPDTW 问题[J]. 系统仿真学报，2014, 26(11): 2618-2623.

[100] 葛斌，韩江洪，魏臻，等. 求解带时间窗车辆路径问题的动态混合蚁群优化算法[J]. 模式识别与人工智能, 2015, 28(7): 641-650.

[101] 雷秀娟，史忠科，付阿利. 改进的粒子群优化算法求解车辆调度问题[J]. 计算机应用研究, 2008, 25(9): 2674-2675,2696.

[102] 刘云，张惠珍. 多目标带时间窗的车辆路径问题的单亲遗传混合蚁群算法[J].公路交通科技, 2016, 33(6): 95-100, 106.

[103] 费腾，张立毅，孙云山. 基于 DNA-蚁群算法的车辆路径优化问题求解[J]. 计算机工程, 2014, 40(12): 205-208, 213.

[104] 杜少甫，谢金贵，刘作仪. 医疗运作管理：新兴研究热点及其进展[J]. 管理科学学报，

2013, 16(8): 1-19.

[105] Dexter F, Macario A, Traub R D, et al. An operating room scheduling strategy to maximize the use of operating room block time: Computer simulation of patient scheduling and survey of patients' preferences for surgical waiting time[J]. Anesthesia and Analgesia, 1999, 89(1): 7-20.

[106] Blake J T, Dexter F, Donald J. Operating room managers' use of integer programming for assigning block time to surgical groups: A case study[J]. Anesthesia and Analgesia, 2002, 94(1): 143-148.

[107] van Oostrum J M, Parlevliet T, Wagelmans A P M, et al. A method for clustering surgical cases to allow master surgical scheduling[J]. INFOR: Information Systems and Operational Research, 2011, 49(4): 254-260.

[108] Patrick J, Queyranne M. Dynamic multipriority patient scheduling for a diagnostic resource[J]. Operations Research, 2008, 56(6): 1507-1525.

[109] Pham D N, Klinkert A. Surgical case scheduling as a generalized job shop scheduling problem[J]. European Journal of Operational Research, 2008, 185(3): 1011-1025.

[110] Cardoen B, Demeulemeester E, Beliën J. Operating room planning and scheduling problems: A classification scheme[J]. International Journal of Health Management and Information, 2010, 1(1): 71-83.

[111] Yi P, George S K, Paul J A, et al. Hospital capacity planning for disaster emergency management[J]. Socio-Economic Planning Sciences, 2010, 44(3): 151-160.

[112] Demeulemeester E, Beliën J, Cardoen B, et al. Operating Room Planning and Scheduling[M]// Handbook of Healthcare Operations Management. New York: Springer, 2013: 121-152.

[113] Abdelrasol Z Y, Harraz N, Eltawil A. A proposed solution framework for the operating room scheduling problems[C]//Lecture Notes in Engineering and Computer Science. 2013, 2: 23-25.

[114] Saremi A, Jula P, Elmekkawy T, et al. Appointment scheduling of outpatient surgical services in a multistage operating room department[J]. International Journal of Production Economics, 2013, 141(2): 646-658.

[115] Astaraky D, Patrick J. A simulation based approximate dynamic programming approach to multi-class, multi-resource surgical scheduling[J]. European Journal of Operational Research, 2015, 245(1): 309-319.

[116] Saadouli H, Jerbi B, Dammak A, et al. A stochastic optimization and simulation approach for scheduling operating rooms and recovery beds in an orthopedic surgery department[J]. Computers & Industrial Engineering, 2015, 80: 72-79.

[117] 赵亮, 金昌晓, 乔杰. 基于数学优化的手术室调度研究[J]. 中国医院管理, 2012, 32(12): 22-24.

[118] 李惠, 蒋大奎. 基于单亲遗传禁忌搜索算法的手术排程问题研究[J]. 计算机应用研究, 2013, 30(3): 699-702.

[119] 殷姣. 基于多资源约束柔性工件车间调度的手术排程优化研究[D]. 宁波: 宁波大学, 2013.

[120] 项薇, 殷姣, 陈赛峰. 考虑实际护士排班约束的手术排程优化[J]. 工业工程, 2013, 16(5): 120-124.

[121] 刘子先, 王萍. 基于目标规划的手术排程规则的比较[J]. 工业工程, 2014, 17(1): 23-29.

[122] 钟力炜, 万国华, 唐国春, 等. 建模的艺术: 中国大型医院的手术排程[J]. 上海医学, 2014, 37(3): 254-258.

[123] 李智, 龚仁蓉, 廖安鹊, 等. 权变理论在大型灾害时手术资源调度中的应用研究[J]. 华西医学, 2014, 29(9): 1750-1752.

[124] 翟爱华. 流程化调度管理模式在手术室的应用[J]. 世界最新医学信息文摘(连续型电子期刊), 2015, 15(30): 200-201.

[125] 朱悦, 张玉林, 宋旼珊. 考虑手术间及医疗团队间准备时间的手术排程[J]. 东南大学学报(自然科学版), 2015, 45(6): 1218-1222.

[126] 欧阳骥, 林伟佳, 卓晓燕, 等. 基于整数规划与演化优化混合的护士排班问题求解算法[J]. 计算机应用研究, 2015, 32(12): 3660-3664.

[127] 徐靖, 刘俊兰, 刘子先, 等. 基于作业调度的医院手术室病例调度策略研究[J]. 中华医院管理杂志, 2011, 27(6): 417-420.

[128] 邓富民, 梁学栋, 刘爱军, 等. 多资源约束下改进 NSGA-Ⅱ算法的手术调度[J]. 系统工程理论与实践, 2012, 32(6): 1337-1345.

[129] 秦晓燕, 刘晓, 程勤侦. 考虑供应中断的灾后安全救援血液优化调度研究[J]. 中国安全科学学报, 2012, 22(1): 165-171.

[130] 张政, 谢晓岚, 耿娜. 多目标优化下的手术室分派调度问题[J]. 上海交通大学学报, 2012, 46(12): 1983-1988.

[131] 王昱, 唐加福, 曲刚, 等. 医院手术调度问题的多目标粒子群优化方法[J]. 系统仿真学报, 2014, 26(8): 1658-1665.

[132] 周炳海, 殷萌. 不定时间下带资源约束的手术室鲁棒调度方法[J]. 上海交通大学学报, 2015, 49(12): 1797-1802.

[133] 周炳海, 殷萌. 基于分布估计的新型手术室调度算法[J]. 东南大学学报(英文版), 2016, 32(1): 112-118.

[134] 周炳海, 殷萌, 钟臻怡. 基于拉格朗日松弛的手术中心调度算法[J]. 系统工程理论与实践, 2016, 36(1): 224-233.

[135] 王珊. 供应链环境下单机制造与运输交付协同调度问题研究[D]. 沈阳: 东北大学, 2009.

[136] 马文琼, 王恺. 两阶段装配流水车间加工与配送协同调度研究[J]. 工业工程与管理, 2016, 21(6): 103-110,117.

[137] 薛梅, 周志平. 批处理机环境下生产与两阶段运输协同调度问题研究[C]//第十八届中国管理科学学术年会论文集. 北京: 北京大学出版社, 2016: 458-471.

[138] Xue X, Sun C, Wang Y, et al. A two-level programming method for collaborative scheduling in construction supply chain management[J]. LNCS4674,Berlin Heidelberg: Spring-Verlag. 2007, 4674: 290-297.

[139] Li G, Lv F, Guan X. A collaborative scheduling model for the supply-hub with multiple suppliers and multiple manufacturers[J]. The Scientific World Journal, 2014, 2014(2): 1-2.

[140] Niu L, Han X T. Collaborative scheduling algorithm for flexible manufacturing cell based on heuristic rules[J]. Science Technology & Engineering, 2012(3): 412-418.

[141] Zhang F, Teng G F, Ma J B, et al. Research on multitask collaborative scheduling problem with heuristic strategies[J]. Applied Mechanics & Materials, 2011, 66-68: 758-763.

[142] 刘玲, 李昆鹏, 刘志学. 生产和运输协同调度问题的模型和算法[J]. 工业工程与管理, 2016, 21(2): 86-91.
[143] 陈业华, 马晓玉. 突发事件情景下串联式需求系统应急物资协同调度研究[J]. 运筹与管理, 2017, 26(4): 89-95.
[144] 马晓玉. 突发事件下串联式需求系统应急响应及应急物资调度研究[D]. 秦皇岛: 燕山大学, 2017.
[145] 裴军. 基于连续批加工的生产运输协同调度研究[D]. 合肥: 合肥工业大学, 2014.
[146] 薛梅. 考虑分布式仓库的两级供应链生产与运输协同调度问题研究[D]. 合肥: 合肥工业大学, 2017.
[147] 易宣齐, 胡志华. 应急救援物资与伤员协调转运的两阶段调度优化模型研究[J]. 武汉理工大学学报(交通科学与工程版), 2013, 37(2): 391-395.
[148] 聂宗瑶, 李穗, 陈吕强. 基于协同差分进化的多出救点应急物资调度[J]. 计算机工程与应用, 2013, 49(3): 247-250,262.
[149] 马雪丽, 王淑云, 刘晓冰, 等. 易腐食品二级供应链生产调度与配送路线的协同优化[J]. 工业工程与管理, 2017, 22(2): 46-52,59.
[150] 姚俊超, 常小定, 张晓斌. 应急管理下运输问题的不确定随机规划方法[J]. 扬州大学学报(自然科学版), 2014,17(3): 19-23.
[151] 王婧. 不确定条件下应急物资多式联运调度模型研究[D]. 武汉: 华中科技大学, 2013.
[152] 孟丹. 考虑需求不确定和道路受损情况的应急物资调度研究[D]. 邯郸: 河北工程大学, 2015.
[153] 周德群, 张钦, 陈超. 应急时间不确定下应急资源调度模型研究[J]. 技术经济与管理研究, 2011(5): 3-5.
[154] 郭子雪, 郭亮, 张培, 等. 应急物资调度时间最小化模糊优化模型[J]. 中国安全科学学报, 2015, 25(10): 172-176.
[155] 杨勃, 李小林, 杜冰. 模糊环境下应急系统多目标调度问题求解[J]. 系统管理学报, 2013, 22(4): 518-525.
[156] 李惠, 蒋大奎. 手术持续时间不确定的手术排程鲁棒优化[J]. 工业工程与管理, 2012, 17(5): 126-130.
[157] 赵韩涛, 毛宏燕, 黄瑞锦. 不确定条件下的城市应急车辆调度模型研究[J]. 交通运输系统工程与信息, 2014, 14(1): 187-191.
[158] 李梅霞, 单锡泉, 车海涛. 基于层次分析和不确定决策的应急调度路线决策模型[J]. 数学的实践与认识, 2015, 45(24): 45-50.
[159] 杨海强, 陈卫明. 存在不确定灾害点的交通运输网络应急车辆调度研究[J]. 安全与环境工程, 2017, 24(5): 26-30.
[160] 李相勇. 车辆路径问题模型及算法研究[D]. 上海: 上海交通大学, 2007.
[161] 刘宁, 赵胜川, 何南. 基于 BPR 函数的路阻函数研究[J]. 武汉理工大学学报(交通科学与工程版), 2013, 37(3): 545-548.
[162] Liu Y, Chu C, Wang K. A new heuristic algorithm for the operating room scheduling problem[J]. Computers & Industrial Engineering, 2011, 61(3): 865-871.
[163] Dexter F, Macario A. Changing allocations of operating room time from a system based on

historical utilization to one where the aim is to schedule as many surgical cases as possible[J]. Anesthesia and Analgesia, 2002, 94(5): 1272-1279.

[164] Arnaout J P. Heuristics for the maximization of operating rooms utilization using simulation[J]. Simulation, 2010, 86(8-9): 573-583.

[165] Sciomachen A, Tanfani E, Testi A. Simulation models for optimal schedules of operating theatres[J]. International Journal of Simulation, 2005, 6(12/13): 26-34.

[166] Adan I, Bekkers J, Dellaert N, et al. Improving operational effectiveness of tactical master plans for emergency and elective patients under stochastic demand and capacitated resources[J]. European Journal of Operational Research, 2011, 213(1): 290-308.

[167] Xiang W, Yin J, Lim G. A short-term operating room surgery scheduling problem integrating multiple nurses roster constraints[J]. Artificial Intelligence in Medicine, 2015, 63(2): 91-106.

[168] Jebali A, Hadj Alouane A B, Ladet P. Operating rooms scheduling[J]. International Journal of Production Economics, 2006, 99(1/2): 52-62.

[169] Fei H, Chu C, Meskens N, et al. Solving surgical cases assignment problem by a branch-and-price approach[J]. International Journal of Production Economics, 2008, 112(1): 96-108.

[170] Augusto V, Xie X, Perdomo V. Operating theatre scheduling with patient recovery in both operating rooms and recovery beds[J]. Computers & Industrial Engineering, 2010, 58(2): 231-238.

[171] Zhou Y，Parlar M，Verter V，et al. Surgical Scheduling with Constrained Patient Waiting Times[J]. Production and Operations Management, 2021,30(9):3253-3271.

[172] Roland B, di Martinelly C, Riane F, et al. Scheduling an operating theatre under human resource constraints[J]. Computers & Industrial Engineering, 2010, 58(2): 212-220.

[173] Zhao Z, Li X. Scheduling elective surgeries with sequence-dependent setup times to multiple operating rooms using constraint programming[J]. Operations Research for Health Care, 2014, 3(3): 160-167.

[174] Meskens N, Duvivier D, Hanset A. Multi-objective operating room scheduling considering desiderata of the surgical team[J]. Decision Support Systems, 2013, 55(2): 650-659.

[175] Eyheramendy S, Lewis D D, Madigan D. On the naive bayes model for text categorization[J]. International Workshop on Artificial Intelligence and Statistics, 2003, 21(2): 245-256.

[176] Lewis D D. Naive (Bayes) at Forty: The Independence Assumption in Information Retrieval[M]// Machine Learning: ECML-98. Berlin Heidelberg: Springer, 1998: 4-15.

[177] Adankon M M, Cheriet M. Support vector machine[J]. Computer Science, 2009, 1(4): 1-28.

[178] 顾剑，任咏红. 求解约束规划的一个非线性 Lagrange 函数[J]. 数学进展，2007, 36(6): 749-760.

[179] 张檑，李宏光. 基于 KKT 条件选择被控变量的自优化控制方法[J]. 北京化工大学学报(自然科学版), 2013, 40(S1): 67-71.

[180] Maji P K, Biswas R, Roy A R. Fuzzy soft sets[J]. Journal of Fuzzy Mathematics, 2001, 9(3): 589-602.

[181] Liu B. Uncertainty Theory [M]. 2nd ed. Heidelberg, New York: Springer, 2007: 423-465.

[182] Liu B. Theory and Practice of Uncertain Programming[M]. Berlin, Heidelberg: Springe Verlag, 2009: 265-273.

[183] Liu B. Uncertainty Theory: A Branch of Mathematics for Modeling Human Uncertainty[M]. Berlin, Heidelberg: Springer-verlag, 2010: 542-586.

[184] Arel I, Rose D C, Karnowski T P. Deep machine learning: A new frontier in artificial intelligence research[J]. IEEE Computational Intelligence Magazine, 2010, 5(4): 13-18.

[185] Hubel D H, Wiesel T N. Receptive fields of single neurones in the cat's striate cortex. [J]. The Journal of Physiology, 1959, 148(3): 574-591.

[186] 阎平凡. 再励学习: 原理、算法及其在智能控制中的应用[J]. 信息与控制, 1996, 25(1): 28-34, 43.

[187] Sutton R, Barto A. Reinforcement learning: An introduction [J]. IEEE Transactions on Neural Networks, 1998, 9(5): 1054.

[188] 郭靖. 基于马氏决策理论的智能体决策问题研究[D]. 广州: 广东工业大学, 2012.

[189] Yang X S. Flower Pollination Algorithm for Global Optimization[M].Unconventional Computation and Natural Computation. Berlin, Heidelberg: Springe Verlag, 2012: 240-249.

[190] Edwards A M. Overturning conclusions of Lévy flight movement patterns by fishing boats and foraging animals[J]. Ecology, 2011, 92(6): 1247-1257.

[191] Yang X S. Nature-Inspired Metaheuristic Algorithms[M]. 2nd ed. Frome: Luniver Press, 2010: 16-30.

[192] Yang X S, Karamanoglu M, He X. Flower pollination algorithm: a novel approach for multiobjective optimization[J]. Engineering Optimization, 2014, 46(9):1222-1237.

[193] Nanda S J, Panda G. A survey on nature inspired metaheuristic algorithms for partitional clustering[J]. Swarm and Evolutionary Computation, 2014, 16: 1-18.

[194] Nasa-Ngium P, Sunat K, Chiewchanwattana S. Enhancing modified cuckoo search by using Mantegna Lévy flights and chaotic sequences[C]// International Joint Conference on Computer Science and Software Engineering. IEEE, 2013: 53-57.

[195] Li X, Yin M. Modified cuckoo search algorithm with self adaptive parameter method[J]. Information Sciences, 2015, 298(3): 80-97.

[196] Mirjalili S. Moth-flame optimization algorithm: A novel nature-inspired heuristic paradigm[J]. Knowledge-Based Systems, 2015, 89(11): 228-249.

[197] 徐松鹤, 韩传峰, 孟令鹏, 等. 基于 NK 模型的突发事件应急管理组织系统适应性研究[J]. 系统工程理论与实践, 2017, 37(6): 1619-1629.

[198] 冯庚. 交通事故现场救援时伤情检查及检伤分类[J]. 中华卫生应急电子杂志, 2016, 2(4): 251-254.

[199] 杨雯, 庄苗苗, 刘建民. 生灭排队模型数据拟合[J]. 科教导刊-电子版(上旬), 2015(10): 158.

[200] 孙荣恒, 李建平. 排队论基础[M]. 北京: 科学出版社, 2002: 101-123.

[201] 孙荣恒. 随机过程及其应用[M]. 北京: 清华大学出版社, 2004: 234-262.

[202] 王宗月, 邓世昆, 李广强. Little 定理推导及在 GSM 中的应用[J]. 硅谷, 2011(4): 182.

[203] 陆传赉. 排队论[M]. 2 版. 北京: 北京邮电大学出版社, 2009: 236-275.

[204] 冯凯, 徐志胜, 冯春莹, 等. 城市公共安全规划与灾害应急管理的集成研究[J]. 自然灾害学报, 2005, 14(4): 85-89.

[205] Bozorgi-Amiri A, Jabalameli M S, Al-E-Hashem S M M. A multi-objective robust stochastic programming model for disaster relief Logistics under uncertainty[J]. OR Spectrum, 2013, 35(4): 905-933.

[206] 王旭坪, 董莉, 陈明天. 考虑感知满意度的多受灾点应急资源分配模型[J]. 系统管理学报, 2013, 22(2): 251-256.

[207] Sheu J B. An emergency logistics distribution approach for quick response to urgent relief demand in disasters[J]. Transportation Research Part E: Logistics and Transportation Review, 2007, 43(6): 687-709.

[208] 王苏生, 王岩. 基于公平优先原则的多受灾点应急资源配置算法[J]. 运筹与管理, 2008, 17(3): 16-21.

[209] Arora H, Raghu T S, Vinze A. Resource allocation for demand surge mitigation during disaster response[J]. Decision Support Systems, 2010, 50(1): 304-315.

[210] Wex F, Schryen G, Feuerriegel S, et al. Emergency response in natural disaster management: Allocation and scheduling of rescue units[J]. European Journal of Operational Research, 2014, 235(3): 697-708.

[211] 于辉, 刘洋. 应急物资的两阶段局内分配策略[J]. 系统工程理论与实践, 2011, 31(3): 394-403.

[212] 葛洪磊, 刘南, 张国川,等. 基于受灾人员损失的多受灾点、多商品应急物资分配模型[J]. 系统管理学报, 2010, 19(5): 541-545.

[213] Liu C, Zeng Q, Duan H, et al. E-net modeling and analysis of emergency response processes constrained by resources and uncertain durations[J]. IEEE Transactions on Systems, Man, and Cybernetics: Systems, 2015, 45(1): 84-96.

[214] Wang J, Tepfenhart W, Rosca D. Emergency response workflow resource requirements modeling and analysis[J]. IEEE Transactions on Systems, Man, and Cybernetics, Part C (Applications and Reviews), 2009, 39(3): 270-283.

[215] 庞海云, 刘南, 吴桥. 应急物资运输与分配决策模型及其改进粒子群优化算法[J]. 控制与决策, 2012, 27(6): 871-874,880.

[216] 薛坤, 冯春. 公平关切下的应急物资局部配送问题[J]. 系统工程, 2015, 33(1): 103-107.

[217] Sherali H D, Desai J, Glickman T S. Allocating emergency response resources to minimize risk with equity considerations[J]. American Journal of Mathematical and Management Sciences, 2004, 24(3/4): 367-410.

[218] 詹沙磊, 刘南, 陈素芬, 等. 基于需求更新的救灾品配送公平与效率协调模型[J]. 控制与决策, 2014, 29(4): 686-690.

[219] 张怡, 王雅婷, 冯春. 突发事件应急救援物资公平分配模型[J]. 系统科学学报, 2015, 23(4): 79-82,100.

[220] Duan X, Song S, Zhao J. Emergency vehicle dispatching and redistribution in highway network based on bilevel programming[J]. Mathematical Problems in Engineering, 2015, 2015(1923): 1-12.

[221] Ozbay K, Iyigun C, Baykal-Gursoy M, et al. Probabilistic programming models for traffic incident management operations planning[J]. Annals of Operations Research, 2013, 203(1): 389-406.

[222] Ran B, Boyce D E. Dynamic Urban Transportation Network Models: Theory and Implications for Intelligent Vehicle-Highway Systems[M]. New York: Springer Science & Business Media, 1994: 128-152.

[223] Kumar S N, Panneerselvam R. A time-dependent vehicle routing problem with time windows for e-commerce supplier site pickups using genetic algorithm[J]. Intelligent Information Management, 2015, 7(4): 181-194.

[224] Baum M, Dibbelt J, Pajor T, et al. Dynamic time-dependent route planning in road networks with user preferences[C]// Proceedings of the 15th International Symposium on Experimental Algorithms. 2016, 9658: 33-49.

[225] 杨晓飞. 基于随机场景的两阶段期望最短路模型及算法研究[D]. 北京: 北京交通大学, 2013.

[226] 冯琳耀, 袁林旺, 罗文, 等. 节点约束型最短路径的几何代数算法[J]. 电子学报, 2014, 42(5): 846-851.

[227] Tomsen E, Lindsay J M, Gahegan M, et al. Evacuation planning in the Auckland Volcanic Field, New Zealand: A spatio-temporal approach for emergency management and transportation network decisions[J]. Journal of Applied Volcanology, 2014, 3(1): 1-22.

[228] 付媛, 朱礼军, 韩红旗. K 最短路径算法与应用分析[J]. 情报工程, 2015, 1(1): 112-119.

[229] Talarico L, Sörensen K, Springael J. The k-dissimilar vehicle routing problem[J]. European Journal of Operational Research, 2015, 244(1): 129-140.

[230] 徐涛, 丁晓璐, 李建伏. K 最短路径算法综述[J]. 计算机工程与设计, 2013, 34(11): 3900-3906,3911.

[231] Ning Z, Song Q, Liu Y, et al. Markov-based vertical handoff decision algorithms in heterogeneous wireless networks[J]. Computers & Electrical Engineering, 2014, 40(2): 456-472.

[232] 黄飞腾, 郁军, 肖航. 基于 Markov 状态转移的动态可靠性分析[J]. 海军工程大学学报, 2002, 14(6): 80-83.

[233] 尚永爽, 许爱强, 李文海, 等. 部分可观测信息条件下系统最佳检修策略分析[J]. 系统工程与电子技术, 2012, 34(4): 749-753.

[234] Talluri K, van Ryzin G. Revenue management under a general discrete choice model of consumer behavior[J]. Management Science, 2004, 50(1): 15-33.

[235] 李金林, 徐丽萍. 基于顾客选择行为的存量控制稳健模型[J]. 北京理工大学学报, 2011, 31(5): 622-626.

[236] Keneally S K, Robbins M J, Lunday B J. A Markov decision process model for the optimal dispatch of military medical evacuation assets[J]. Health Care Management Science, 2016, 19(2): 111-129.

[237] Chizhov Y A, Borisov A N. Markov decision process in the problem of dynamic pricing policy[J]. Automatic Control and Computer Sciences, 2011, 45(6): 361-371.

[238] Puterman M L. Markov Decision Processes: Discrete Stochastic Dynamic Programming[M]. New York: John Wiley & Sons, 1994:256-278.

[239] 刘瑞玲. 一类改进的马氏决策过程及其相关问题研究[D]. 武汉: 武汉理工大学, 2014.

[240] Sharma H, Bansal J C, Arya K V, et al. Lévy flight artificial bee colony algorithm[J]. International Journal of Systems Science, 2016, 47(9-12): 2652-2670.

[241] Guerrero M, Castillo O, García M. Cuckoo search via Lévy flights and a comparison with genetic algorithms[D]// Fuzzy Logic Augmentation of Nature-Inspired Optimization Metaheuristics. Cham: Springer International Publishing, 2015: 91-103.

[242] Kanagaraj G, Ponnambalam S G, Jawahar N, et al. An effective hybrid cuckoo search and genetic algorithm for constrained engineering design optimization[J]. Engineering Optimization, 2014, 46(10): 1331-1351.

[243] Pinto A R F, Crepaldi A F, Nagano M S. A genetic algorithm applied to pick sequencing for billing[J]. Journal of Intelligent Manufacturing, 2018, 29(2): 405-422.

[244] 杨景明, 马明明, 车海军, 等. 多目标自适应混沌粒子群优化算法[J]. 控制与决策, 2015, 30(12): 2168-2174.

[245] Nickabadi A, Ebadzadeh M M, Safabakhsh R. A novel particle swarm optimization algorithm with adaptive inertia weight[J]. Applied Soft Computing, 2011, 11(4): 3658-3670.

[246] 正府网. "健康中国 2030"规划纲要[EB/OL]. (2016-10-25)[2018-12-10]. https:// www.gov.cn/gongbao/content/2016/content_5133024.htm.

[247] 王晶, 刘昊天, 黄钧. 考虑伤情分类的灾后创伤伤员救治与转运路径优化研究[J]. 中国管理科学, 2017, 25(8): 114-122.

[248] 罗永, 罗利, 周颖, 等. 混合整数规划下的手术排程比较研究[J]. 工业工程与管理, 2016, 21(2): 146-149, 162.

[249] 阎宇阳. 突发事件下医院手术室应急调度模型研究[J]. 软件导刊, 2019, 18(2): 100-104, 109.

[250] Denton B T, Miller A J, Balasubramanian H J, et al. Optimal allocation of surgery blocks to operating rooms under uncertainty[J]. Operations Research, 2010, 58(4): 802-816.

[251] Zhong L, Luo S, Wu L, et al. A two-stage approach for surgery scheduling[J]. Journal of Combinatorial Optimization, 2014, 27(3): 545-556.

[252] Wei X, Jiao Y, Lim G. Modified ant colony algorithm for surgery scheduling under multiresource constraints[J]. Advances in Information Sciences & Service Sciences, 2013, 5(9): 810-818.

[253] Weiss G. Scheduling: Theory, Algorithms, and Systems[M]. Operations Research Proceedings 1991. Berlin, Heidelberg: Springer, 2016: 35-42.

[254] Batun S, Begen M A. Optimization in Healthcare Delivery Modeling: Methods and Applications[M]//Handbook of Healthcare Operations Management. New York: Springer, 2013: 75-119.

[255] 白雪, 罗利, 杨晨曦, 等. 生产调度理论在医院手术室调度优化中的应用研究框架[J]. 华西医学, 2015, 30(10): 1990-1995.

[256] 舒文, 罗利. 基于目标规划的外科手术排程研究[J]. 技术与市场, 2008(2): 42-44.

[257] 钟力炜, 罗守成, 杨国平, 等. 手术排程优化及其计算机程序化管理初探[J]. 上海第二工业大学学报, 2009, 26(4):286-290.

[258] 刘春来, 王建军. 具有退化工件和老化效应的单机可拒绝排序问题[J]. 运筹与管理, 2017, 26(6): 95-101.

[259] 叶春明, 李永林, 刘长平. 新型仿生群智能算法及其生产调度应用[M]. 北京:科学出版社, 2015: 156-187.

[260] Velásquez-Restrepo P A, Rodríguez-Quintero A K, Jaén-Posada J S. Methodological approach to the planning and scheduling of operating rooms: A literature review[J]. Revista Gerenciay Politicas de Salud, 2013, 12(24): 249-266.

[261] 王昱, 唐加福. 医院手术调度问题的两阶段鲁棒优化方法研究[J]. 系统工程学报, 2016, 31(4): 431-440.

[262] Li X, Ishii H, Chen M. Single machine parallel-batching scheduling problem with fuzzy due-date and fuzzy precedence relation[J]. International Journal of Production Research, 2015, 53(9): 2707-2717.

[263] Noori-Darvish S, Mahdavi I, Mahdavi-Amiri N. A bi-objective possibilistic programming model for open shop scheduling problems with sequence-dependent setup times, fuzzy processing times, and fuzzy due dates[J]. Applied Soft Computing, 2012, 12(4): 1399-1416.

[264] Nailwal K K, Gupta D, Sharma S. Fuzzy bi-criteria scheduling on parallel machines involving weighted flow time and maximum tardiness[J]. Cogent Mathematics, 2015, 2(1): 1-10.

[265] Stanujkic D, Magdalinovic N, Jovanovic R, et al. An objective multi-criteria approach to optimization using MOORA method and interval grey numbers[J]. Technological and Economic Development of Economy, 2012, 18(2): 331-363.

[266] 曾波, 刘思峰. 一种基于区间灰数几何特征的灰数预测模型[J]. 系统工程学报, 2011, 26(2): 174-180.

[267] Luo D, Wang X. The multi-attribute grey target decision method for attribute value within three-parameter interval grey number[J]. Applied Mathematical Modelling, 2012, 36(5): 1957-1963.

[268] 李晔, 牛玉飞, 郭三党. 基于后悔理论的三参数区间灰数信息下的风险型决策方法[J]. 数学的实践与认识, 2017, 47(24): 102-109.

[269] 韩二东, 郭鹏, 赵静. 区间灰色不确定语言多属性群决策方法[J]. 计算机科学与探索, 2016, 10(1): 93-102.

[270] Hassan K M, Alireza A, Meisam J E. Application of three parameter interval grey numbers in enterprise resource planning selection[J].International Journal of Information, Security and Systems Management, 2012, 1(2): 72-77.

[271] 刘卫锋, 何霞. 三参数区间值模糊软集及其决策应用[J]. 模糊系统与数学, 2015, 29(4): 116-124.

[272] Sahu N K, Datta S, Mahapatra S S. Decision making for selecting 3PL service provider using three parameter interval grey numbers[J]. International Journal of Logistics Systems & Management, 2013, 14(3): 261-297.

[273] Yang B H, Zhao J S. Correlation coefficients of hesitant three-parameter interval grey number

and their applications to clustering analysis[J]. Journal of Grey System, 2013, 25(2): 139-148.
[274] 朱山丽，肖美丹，李晔. 三参数区间灰数的多属性灰靶决策方法[J]. 河南科学，2016, 34(7): 1031-1036.
[275] 胡军华，林增钰. 基于四参数区间数的多准则决策方法[J]. 运筹与管理，2013, 22(6): 84-91.
[276] 王娜，胡丽平，李炳军. 三参数区间灰数的距离熵模型及应用研究[J]. 河南农业大学学报, 2014, 48(3): 386-390.
[277] 林增钰. 基于四参数区间直觉模糊集的多准则决策方法研究[D]. 长沙：中南大学, 2012.
[278] 马祖军, 代颖, 李双琳. 带限制期的震后应急物资配送模糊多目标开放式定位-路径问题[J]. 系统管理学报, 2014, 23(5): 658-667.
[279] 文诗华, 郑金华, 李密青. 多目标进化算法中变异算子的比较与研究[J]. 计算机工程与应用, 2009, 45(2): 74-78.
[280] Yang X S, Deb S. Multiobjective cuckoo search for design optimization[J]. Computers & Operations Research, 2013, 40(6): 1616-1624.
[281] Deb K, Agrawal S, Pratap A,et al. A fast elitist nondominated sorting genetic algorithm for multi-objective optimization:NSGA-II[C]//International Conference on Parallel Problem Solving from Nature. New York: Springer-Verlag, 2000: 849-858.
[282] Liu C H. Using genetic algorithms for the coordinated scheduling problem of a batching machine and two-stage transportation[J]. Applied Mathematics & Computation, 2011, 217(24): 10095-10104.
[283] Garcia J M, Lozano S. Production and delivery scheduling problem with time windows[J]. Computers & Industrial Engineering, 2005, 48(4): 733-742.
[284] 牛力，韩小汀. 基于两阶段调度的制造单元协同调度算法研究[J]. 计算机工程与应用，2013, 49(19): 232-237.
[285] 胡觉亮，李红芳，董建明，等. 考虑加工与运输协同调度的单机排序问题[J]. 管理工程学报, 2013, 27(1): 166-170.
[286] Ng C T, Cheng T C E, Yuan J J, et al. On the single machine serial batching scheduling problem to minimize total completion time with precedence constraints, release dates and identical processing times[J]. Operations Research Letters, 2003, 31(4): 323-326.
[287] Liu L L, Ng C T, Cheng T C E. On scheduling unbounded batch processing machine(s)[J]. Computers & Industrial Engineering, 2010, 58(4): 814-817.
[288] 王文鹏，余新宁. 资源约束平行处理机调度的 MILP 模型[J]. 微计算机信息，2006, 22(9): 267-268, 286.
[289] Simchi-Levi D. New worst-case results for the Bin-packing problem[J]. Naval Research Logistics, 1994, 41(4): 579-585.
[290] Gallego M C V. Algorithms for scheduling parallel batch processing machines with non-identical job ready times[D]. Miami: Florida International University, 2009.